現代日本女性の中年期危機についての研究

——危機に対するソーシャル・サポートと容姿を維持向上する努力の効果——

瀬戸山 聡子 著

風 間 書 房

目　　次

第1章　序論 ·· 1

1節　はじめに：発達心理学における中年期の捉え方と日本の事情

　　　 ·· 1

2節　成人発達における中年期—女性に着目して— ······················· 3

　⑴　中年期の捉え方 ··· 3

　⑵　中年期の発達課題 ·· 7

　⑶　発達課題の検討における性差への配慮 ··································· 10

　⑷　中年期危機の位置づけ ·· 11

　⑸　中年期危機の内容 ·· 14

　⑹　女性が中年期危機を予防，または軽減する要因 ······················ 16

3節　中年期女性とソーシャル・サポート ································· 20

　⑴　ソーシャル・サポートの捉え方 ··· 20

　⑵　女性の中年期危機においてソーシャル・サポートが果たす役割 ········· 22

4節　中年期女性の容姿の維持向上への取組み ······················· 23

　⑴　中年期女性の容姿を巡る世の中の動向 ··································· 23

　⑵　心理学における容姿についての研究の概観 ····························· 24

　⑶　中年期女性の容姿を維持向上する努力の意味 ························· 26

　⑷　女性の中年期危機に及ぼす容姿の衰えの影響 ························· 29

5節　本研究の目的と意義 ·· 31

　⑴　目的 ··· 31

　⑵　意義 ··· 32

6節　本研究の構成 ·· 33

7節　本研究の調査対象者 ·· 33

⑴ 対象者A群 ･･････････････････････････････････････ 35

⑵ 対象者B群 ･･････････････････････････････････････ 36

⑶ 対象者C群 ･･････････････････････････････････････ 38

⑷ 対象者D群 ･･････････････････････････････････････ 39

⑸ 対象者E群 ･･････････････････････････････････････ 40

第2章　現代日本女性の中年期の時期区分〔研究1〕･･････････････ 45

1節　目的 ･･･ 45

2節　方法 ･･･ 46

3節　結果と考察 ･････････････････････････････････････ 46

⑴ 現代日本女性は中年期の開始年齢と終了年齢を何歳と位置づけるのか

　――般的開始年齢と一般的終了年齢，個人的開始年齢に着目して― ･･････ 46

⑵ 現代日本女性は中年期の特徴をどのように捉えているのか

　─開始年齢と終了年齢を決定する理由とは何か― ････････････････ 50

4節　まとめ ･･･････････････････････････････････････ 53

第3章　現代日本女性の中年期危機〔研究2〕･･･････････････････ 55

1節　目的 ･･･ 55

2節　女性の中年期危機についての質問紙調査（研究2-1）････････････ 56

⑴ 目的 ･･･ 56

⑵ 方法 ･･･ 56

⑶ 結果と考察 ･････････････････････････････････････ 57

⑷ まとめ ･･ 65

3節　女性の中年期危機についての面接調査（研究2-2）･･･････････ 66

⑴ 目的 ･･･ 66

⑵ 方法 ･･･ 66

⑶ 結果と考察 ･････････････････････････････････････ 70

目　次　iii

　　⑷　まとめ ……………………………………………………… 76

　4節　日本女性用中年期危機尺度の作成（研究2-3）……………… 77

　　⑴　目的 …………………………………………………………… 77

　　⑵　方法 …………………………………………………………… 77

　　⑶　結果と考察 …………………………………………………… 79

　5節　まとめ ……………………………………………………… 101

第4章　中年期女性へのソーシャル・サポート〔研究3〕………… 107

　1節　目的 ………………………………………………………… 107

　2節　中年期女性用ソーシャル・サポート尺度の検討 ……………… 108

　　⑴　尺度の選択 …………………………………………………… 108

　　⑵　JMS-SSSを中年期女性用ソーシャル・サポート尺度として用いる際の

　　　　修正事項 …………………………………………………… 110

　3節　中年期女性用ソーシャル・サポート尺度の作成 ……………… 111

　　⑴　目的 …………………………………………………………… 111

　　⑵　方法 …………………………………………………………… 112

　　⑶　結果と考察 …………………………………………………… 112

　4節　ソーシャル・サポート個人総得点と日本女性用中年期危機尺度

　　　　得点との関連 ……………………………………………… 120

　5節　まとめ ……………………………………………………… 121

第5章　中年期女性の容姿を維持向上する努力〔研究4〕………… 125

　1節　目的 ………………………………………………………… 125

　2節　女性性の観点からの検討

　　　　－質問紙調査による女子青年との比較－（研究4-1）………… 126

　　⑴　目的 …………………………………………………………… 126

　　⑵　方法 …………………………………………………………… 126

iv

　　⑶　結果と考察 ………………………………………………… 128

　　⑷　まとめ ………………………………………………………… 144

　3節　就業上の必要性からの検討

　　　　－均等法第1世代の女性達への面接調査より－（研究4-2）……… 145

　　⑴　目的 …………………………………………………………… 145

　　⑵　方法 …………………………………………………………… 147

　　⑶　結果と考察 …………………………………………………… 149

　　⑷　まとめ ………………………………………………………… 157

　4節　誰のための容姿を維持向上する努力か

　　　　－中年期女性と女子青年への質問紙調査より－（研究4-3）……… 160

　　⑴　目的 …………………………………………………………… 160

　　⑵　調査1 ………………………………………………………… 160

　　⑶　調査2 ………………………………………………………… 162

　　⑷　まとめ ………………………………………………………… 164

　5節　容姿維持向上努力尺度（中年期女性用・女子青年用）の作成

　　　　（研究4-4）…………………………………………………… 166

　　⑴　目的 …………………………………………………………… 166

　　⑵　予備調査 ……………………………………………………… 167

　　⑶　本調査 ………………………………………………………… 176

　6節　容姿維持向上努力尺度得点と，日本女性用中年期危機尺度得点

　　　　とソーシャル・サポート個人総得点との関連 ………………… 200

　7節　まとめ …………………………………………………………… 202

第6章　女性の中年期危機に対するソーシャル・サポートと容姿

　　　　維持向上努力の効果〔研究5〕………………………………… 209

　1節　目的 ……………………………………………………………… 209

2節　自尊感情と，ソーシャル・サポート，容姿維持向上努力，および女性の中年期危機との因果関係（研究5-1）……………………211

　⑴　目的 ……………………………………………………………… 211

　⑵　方法 ……………………………………………………………… 211

　⑶　結果と考察 ……………………………………………………… 212

3節　ソーシャル・サポート，容姿維持向上努力，自尊感情と女性の中年期危機を用いた仮説モデルの構築と検証（研究5-2）………225

　⑴　目的 ……………………………………………………………… 225

　⑵　方法 ……………………………………………………………… 226

　⑶　結果と考察 ……………………………………………………… 226

4節　まとめ ………………………………………………………………246

第7章　総括と展望 ………………………………………………………251

1節　結果の概要 ………………………………………………………251

　⑴　第1章：先行研究の展望と，本研究での理論仮説ならびに仮説モデルの提案 ……………………………………………………………… 252

　⑵　第2章：現代日本女性の中年期の時期区分についての探索的研究（研究1）……………………………………………………… 252

　⑶　第3章：現代日本女性の中年期危機を測定する尺度の作成（研究2）…… 254

　⑷　第4章：中年期女性へのソーシャル・サポートを測定する尺度の作成（研究3）……………………………………………………… 257

　⑸　第5章：中年期女性の容姿を維持向上する努力を測定する尺度の作成（研究4）……………………………………………………… 259

　⑹　第6章：女性の中年期危機に対するソーシャル・サポートと容姿維持向上努力の効果についての仮説検証とモデル構築（研究5）…………… 263

2節　総合的考察 ………………………………………………………267

　⑴　現代日本女性の考える中年期とはいつを指すのか …………… 267

⑵ 現代日本女性の中年期危機の特徴 ･････････････････････････････ 269

⑶ 中年期女性が知覚するソーシャル・サポートの特徴 ･･･････････････ 270

⑷ 現代中年期女性の容姿維持向上努力の特徴 ･･････････････････････ 271

⑸ 女性の中年期危機に対するソーシャル・サポートと容姿維持向上努力の

効果 ･･･ 272

3節　本研究の意義―生涯発達的視点から捉えた現代日本女性の中年期 ･･･275

⑴ 現代中年期女性が考える中年期の特徴の整理 ････････････････････ 276

⑵ 女性の中年期危機に対する容姿の維持向上努力とソーシャル・サポートの

セルフケア効果の可能性 ･･･････････････････････････････････････ 276

⑶ 女性の中年期危機に対する容姿維持向上努力とソーシャル・サポートの

臨床的介入への基礎資料の提供 ･･･････････････････････････････ 277

4節　今後の課題 ･･･ 278

引用文献 ･･･ 281

初出一覧 ･･･ 293

あとがき―謝辞に代えて― ･･･････････････････････････････････ 295

第1章　序　　論

1節　はじめに：発達心理学における中年期の捉え方と日本の事情

　発達という見地から，中年期とはライフサイクル上の１つのステージであり，一般的には40歳〜60歳頃が該当すると言われることが多い。しかし，人生の年代の境界を厳密に定義することは大変難しい問題であり，しかも中年期の本質には付加価値的要素が多いため，その概念的把握は困難であるとされる（佐藤・茂野・滝沢・飯田，1986）。これまで一般的に，青年期や老年期の心理はよく研究されているが，中年期の心理はあまり研究されてきていなかったという（関塚・坂井・島田・田淵・亀田・笹川・小池・保田，2002）。その理由としては，かつて中年期を含む成人期が安定期であり，大きな発達の変化や変化の共通特徴は観察されない（Flavell, 1970）発達停止期と考えられており，発達心理学研究の対象外であったためと思われる。しかし，平均寿命が延び続けた結果，成人期以降の人生も大幅に延びた現代において生涯発達の見地から鑑みると，中年期の始まりはまさに人生の折り返し地点であり，中年期をいかに過ごすかが後半の人生に大きな影響を与えることは自明となり，その重要性も無視できなくなった（國吉，1997）といえよう。

　日本において中年期研究が注目・展開されるようになった背景について，大橋（1990）は，1970年頃より20歳〜64歳人口の全人口での割合が60％以上となり，かつ，社会の経済構造が低成長期に入り中高年層の人口過剰が突出してきたことを指摘する。こうした社会的要因は，いわゆる中年期の様々な発達課題を新たに生み出す結果となり，今日では中年期に人生の転回点や危機があるという認識が一般的となった（國吉，1997）。

人生の転換点に対応することとして，大橋（1990）はまた，『昭和59年版
国民生活白書』より1970年以降の傾向として，中年期男性の自殺率と精神障
害の受療率の著しい増加を指摘する。なお，浅野（2005）によると，日本に
おける男性の自殺死亡率の年代傾向は，1990年代以降，青年期から中高年期
に自殺率のピークが移行し，2001年には50歳代と75歳以上の2ヶ所に山が見
られ，かつ，性差についても日本を含む欧米の多くの国で男性の自殺率が女
性の2～4倍（日本の場合は2001年のデータで2.65倍）であるという。彼女は，
さらにその理由として日本の性役割分業のあり方や，男性には「男らしさ」
規範が内在化されているため，悩みがあっても他者に相談できずに抱え込む
傾向があることを指摘する。このように，中年期男性の自殺の問題は中年期
危機として，現在も進行中の解決すべき危機であることがわかる。

　一方，岡堂（1999）は，家族の視点より考えた成人発達のプロセスに見ら
れる課題と危機として，中年期は子どもが10代の時期・巣立つ時期に該当す
ると同時に，夫婦ふたりだけの生活の再構築や親の老いと死への対応を求め
られる時期であると主張し，さらに，多くの親が経験する典型的な心理社会
的危機としての空の巣症候群や，自らの老いの自覚などについても指摘して
いる。なお，岡堂（1999）では特に性差について論じられてはいないが，日
本における性役割分業のあり方を考えると，これらは特に女性がより強く感
じるだろう。また，関塚・坂井・島田・田淵・亀田・笹川・小池・保田
（2002）はこの時期からの身体的変化として，加齢に伴い，動脈硬化や高脂
血症，骨粗鬆症や更年期障害などが起こりやすくなり，特に女性の場合は女
性ホルモンの乱れからメンタルヘルスにも影響を及ぼし始めると述べている。
つまり，同じ中年期といえども，女性は男性とは異なる発達課題や中年期危
機をもつ可能性がある。

　このように，中年期という時期は，役割や身体機能の変化に関わる臨床的
な問題が数多く指摘されてきたことにより，成人期の中でも負の側面ばかり
が強調されてきた印象がある。しかし，日本人女性が中年期をどのように過

ごしているのかを鑑みると，心理的不適応を起こしている人の存在も指摘される一方で，多くの中年期女性がその時期の心理社会的危機を乗り越え，適応しながら老年期へと進んでいるのも事実である。つまり，中年期について検討するにあたっては，危機をどのように乗り越えたか，または危機を迎えるにあたって予防的に実践していることについて検討することが必要であろう。本書ではこうした問題意識から，特に女性を対象にした中年期研究に取組みたい。

　本章では，まず成人発達における中年期について整理し，その際に女性と男性とで中年期の有り様や危機が異なるのかについて概観し，あわせて危機への対応および予防への取組みについても検討する。

2節　成人発達における中年期－女性に着目して－

　本節では，まず中年期が心理学上，行政上，医学上どのような時期として捉えられているかを概観し，本論文で取り扱う中年期について検討する。次に，中年期の発達課題と危機について概観し，女性と男性とでの危機の違いや有り様などについて展望し，中年期女性の危機への対応または予防について検討する。

⑴ 中年期の捉え方

　第一に，中年期を年齢に着目して区切り，その年齢区分に見られる特徴を列挙する考え方がある。各年齢区分の特徴については次節で検討することとし，まずは中年期の開始年齢と終了年齢について整理する。そのさきがけとなるのは，人生を午前・正午・午後にたとえ，40歳前後を「人生の正午」と，中年期を「人生の午後」と呼び，とりわけ人生後半における発達について注目した Jung (1933) である。また「発達課題」という用語を最初に用いたとされる Havighurst (1948) は，36歳～60歳を「成人後期」とした。さらに，

成人の発達研究の一環として，Gould（1978）は35歳〜50歳を「中年移行期〜中年期」と，Levinson（1978）は40歳〜65歳を「成人中期〜成人後期（老年への過渡期）」と，そしてSheehy（1974）は35歳〜50歳を「締切りの10年〜再生かあきらめかの時期」と，Jaques（1965）は35歳〜45歳を「中年期危機期」と呼び，それぞれ成人期における中年期の時期を年齢で区分した。日本においても，岡本（1995）が概ね30歳代後半か40歳頃〜60歳頃までを中年期としている。

日本の行政においては，厚生労働省により1971年に制定された中高年齢者等の雇用の促進に関する特別措置法―通称中高年雇用促進特別措置法で45歳〜65歳が「中高年の年齢範囲」と定められており，また『健康日本21』（厚生労働省，2000）では，45歳〜64歳を「中年期」（65歳以上を「高年期」），『平成10年版国民生活白書』（内閣府，1998）では，40歳代〜50歳代を「中年世代」（60歳代以上を「高年世代」）としている。つまり，日本において行政上区分される中年期は，概ね40歳代〜60歳半ばを指しているが，年齢区分的に開始年齢についても終了年齢についても一致がみられているわけではない。

医学的な時期区分としては，中年期という用語は用いられてはいないが，これに代わる概念として更年期という用語が該当すると考えられる。更年期は，男女ともにホルモンの分泌が減少し始め，女性の場合，最終的に生殖機能が消失する時期となる。更年期は長い間もっぱら女性について用いられており，宮崎（2001）や秋山・長田（2003）によると，1976年の第1回国際閉経学会によるその定義は「女性の加齢の過程において生殖期 reproductive stage より非生殖期 non-reproductive stage へ移行する期間」であり，一般的に更年期の時期は閉経を中心にその前後10年くらいを指すとされる。浅野（2005）によれば，日本女性の平均閉経年齢は50歳〜51歳となるため，更年期は40歳〜60歳あたりに該当すると，また秋山・長田（2003）も45歳〜55歳を中心に広くは40歳〜60歳が該当すると指摘しており，更年期は上記心理学上および行政上の中年期という時期とかなり重なっていることがわかる。し

かし浅野（2005）は同時に，月経の長さには個人差があることも指摘しており，更年期の開始年齢および終了年齢も明確に区分することは困難であると考えられる。なお，このように更年期は女性についてのみ語られてきたが，近年，医学的研究を中心に男性の更年期についての検討もされている（天野，2010；河・松田，2010；石蔵，2008など）。

　これらのことから，中年期研究においては，中年期としての調査対象者の年齢をどのように設定するのかについても検討を要することが示唆される。

　中年期を捉える二番目の考え方として，ライフイベントに着目して特徴づける考え方がある。たとえば，先述の岡堂（1999）の，家族の視点から捉えた成人発達のプロセスにおける課題と危機についての考え方（10代の子どもとの関係，子どもの巣立ち，夫婦関係の再構築，自らの老いの自覚，親の老いと死など）は，まさにこれに該当するといえよう。

　しかし，菅原（2007）は中年期・高齢期の定義について先行研究を展望し，年齢による区分のみならず社会的役割・ライフイベントによる区分についてもその曖昧さを指摘した。佐藤・茂野・滝沢・飯田（1986）も，確かに中年期にも職業や家庭などを巡る，その時期特有のライフイベントがある程度は予想されるものの，人生前半の時期（例：第二次性徴の始まりは児童期から前青年期の境界など）ほど厳密に定義づけられるわけではなく，どのようなライフイベントがどのような順序でいつ起こるかには個人差が大きく影響することを指摘し，否定的な意見を述べている。また善積（2005）は，過去からの日本女性の結婚・家族についてのデータを整理した。そこからまず，1905（明治38）年，1927（昭和2）年，1959（昭和34）年，1974（昭和49）年にそれぞれ生まれた女性のライフサイクルのモデルを作成し，比較検討した。それによると，平均寿命の延びにより生じた既婚成人女性のライフサイクルの変化について，かつては成人期のほとんどが出産と育児に費やされていた人生から「脱親期30年の時代」になったこと，育児期後にパートで働く女性や出産後も働き続ける女性が増え，共働き世帯が片働き世帯を上回り，ライフコ

ースが多様化（例：専業主婦，再就業，両立など）していること，子どもの存在意義の変化により必ずしも子どもをもつ必要がないと考える人が増えていること，さらには，国立社会保障・人口問題研究所（2003）の『独身者調査』のデータより，結婚観の変化により独身生活に利点を感じる女性の割合が86.6％となり，結婚に利点を感じる人の割合である69.4％より多く，とりわけ女性の方が男性よりも多く利点を感じていることなどが指摘されている。これらのことから，結婚・出産・子育て終了などのライフイベントを中年期の特徴と捉えることは適切ではないと考えられる。したがって，本書でも，ライフイベントにより中年期が特徴づけられるという立場はとらない。

　一方，三番目の考え方として Neugarten & Datan（1974）は，中年を定義するのは暦年齢でも特有の出来事でもなく，心のある状態（a state of mind）と捉え，その時期の独特な主観的体験・関心事・仕事・愛・時間・死などにより特徴づけられるとした。また，Vaillant（1974, 1975）および Haan（1972）は，精神の健康を人生の問題に対する反応の方法とした上で，自我の防衛機制の変化の観点から中年期を検討し，愛他性（altruism）と禁圧（suppression）が増加し，反動形成（reaction formation）と幻想（fantasy）が減少する時期とした。これらは，いずれも精神分析的な視点から中年期を捉えており，実証的な研究手法を用いることが困難である。したがって，本書では中年期を検討するにあたり，これらの精神分析的な立場はとらない。

　以上の検討結果より，中年期の定義や年齢的な区切りについては学術的に明確な区分は示されていないことがわかった。そこで本書では，先行研究より曖昧に用いられてきた年齢による区分や社会的役割・ライフイベントによる区分を踏まえた上で，調査対象者については「概ね30歳代後半〜60歳代前半」とすることとする。なお，調査対象者自身が自分を中年期であると位置づけるかは不明であり，その位置づけ方の検討自体が課題である。

⑵ 中年期の発達課題

　世界でも突出した長寿国となり，特に「人生90年の時代」（江見，2005；宮城，2006）が到来しつつある日本人女性にとっては，40歳代半ばが人生の中間点に該当する。また，青年期や老年期との比較において中年期が精神的・身体的に安定期であるとはいえ，成人期の始まりを仮に25歳と仮定しても老年期の始まりまでは40～50年となるので，その間の発達の変化が大きい（村田，1989）ことは容易に予想できる。実際，近年の熟年離婚・空の巣症候群・自殺者の増加など中年期の様々な問題が発生するにつれ，中年期の発達課題も注目されるようになってきた。

　中年期に獲得すべき発達課題にはどのようなものがあるだろうか。発達課題については，それぞれの段階で獲得すべき課題を挙げる研究者と，課題の獲得に成功する場合のみでなく失敗する場合を危機として含み込み，成功と失敗の両極によって発達課題の特徴を示す研究者とがいる。以下，順に検討する。

　それぞれの発達段階での課題を挙げる研究者の代表としては，まず Havighurst（1972）が挙げられる。彼は，中年期の発達課題として「10代の子どもが責任を果たせる幸せな大人になるように援助する」・「大人の社会的な責任，市民としての責任を果たす」・「職業生活で満足のいく地歩を築き，それを維持する」・「大人の余暇活動をつくりあげる」・「自分をひとりの人間としての配偶者に関係づける」・「中年期の生理学的変化の受容とそれへの適応」・「老いてゆく親への適応」の 7 つを挙げた。Schaie & Willis（2001）は，Havighurst（1972）の発達課題が今日の中年期に関する具体的な研究課題の領域にかなり直接的に関連していると評価している。また Gould（1978）は，成人期の発達を子ども時代の 4 つの誤った憶測（false assumption）を克服するプロセスと捉え，成人期も 4 段階に分け，誤った憶測が一つずつ段階的に克服されると考えた。彼の想定した中年移行期～中年期の誤った憶測は，4 番目の「この世界には本当の死や悪魔は存在しない」である。中年期になる

と，多くの人は親や親類，友人の死を経験するため，それを通して自らの死も避けられないものであることを受け入れる。したがって彼の説によれば，誤った憶測を全て克服し成人の意識を獲得する，つまり精神的に成熟するのは中年期以降ということになる。

　一方，課題獲得の成功と失敗の両極によって発達課題の特徴を示す研究者の代表としては，まず Erikson（1950）が挙げられる。彼は，人間の心理社会的発達について8段階の個体発達分化の図式（Epigenetic Scheme）を提唱し，その後の成人期の発達研究に理論的基礎を与えた。その中で，初めて各段階の発達課題を特定し，またその課題達成に失敗した場合に生じる状態を危機としたのである。中年期の発達課題および危機は「生殖性（または世代性）vs 停滞（または耽溺）」である。また Peck（1956）は，Erikson（1950）が発表した発達課題が各段階に1つずつしか存在しないのは不十分であると考え，特に中年期と老年期に特化した発達課題を中年期で4つ，老年期で3つ挙げた。彼が主張した中年期の発達課題は「叡智の尊重 vs 体力の尊重」―体力の衰えにより，身体に基礎をおく価値から英知に基礎をおく価値への転換が求められること，「人間関係における社会化 vs 性化」―更年期の訪れにより，異性関係における性的要素の重要性から精神的要素の重要性への移行が求められること，「カセクシス的柔軟性 vs カセクシス的貧窮」―子どもの独立や友人・親類縁者との死別により，従来の人間関係の構造を新たな人間関係の構造へと変化させ，情緒的にも新たな人間関係への振り替えが求められること，「精神的柔軟性 vs 精神的硬さ」―思考の柔軟性が徐々に失われることにより，自分が今まで実践してきた考え方や行動のパターンに支配されないような柔軟な思考が求められること，の4つである。そこには，若さの衰えや空の巣症候群，自分のやり方に固執することで周囲の人々，特に若い世代との価値観のギャップに苦しむ心理的変化についても具体的に言及されている。一方 Levinson（1978）は，中年期に顕在化しやすい「若さ vs 老い」，「破壊 vs 創造」，「男らしさ vs 女らしさ」，「愛着 vs 分離」の4つの発達課題

が力動的な緊張のバランスにより生じた際，個々人がそれぞれ自分にふさわしい形で解決すること—つまりこれらを認めた上，自分の中で統合していくこと—が求められると考えた。そして，特に「若さ vs 老い」が中心課題になると主張した。さらに，1996年に同様の方法にて実施した性差研究（Levinson, 1996）における45名のライフスタイルが異なる中年期女性（会社員・研究者・専業主婦）への面接調査の結果より，女性も男性とほぼ同様の発達プロセスをもつと結論づけた。また田畑（1992）は，中年期女性の発達課題として，母親役割・女性性・娘役割などに見られる「喪失と解放」を，東山（1992）は，親子関係に着目して「密着と分離」を，それぞれ挙げている。

　以上の先行研究の指摘する発達課題は，研究者により違いはあるが，共通するものとして「喪失体験」・「役割の変化」・「老いの始まりの認識」・「死の認識」の4つにまとめられると考えられる。以下，複数の課題に該当するものも列挙し，順に検討する。

　「役割の変化」については，Havighurst（1972）の「大人の社会的な責任，市民としての責任を果たす」・「自分をひとりの人間としての配偶者に関係づける」，Erikson（1950）の「生殖性（または世代性）vs 停滞（または耽溺）」，Peck（1956）の「叡智の尊重 vs 体力の尊重」・「人間関係における社会化 vs 性化」，Levinson（1978）の「男らしさ vs 女らしさ」が挙げられる。次に「喪失体験」については，Peck（1956）の「カセクシス的柔軟性 vs カセクシス的貧窮」・「精神的柔軟性 vs 精神的硬さ」，Levinson（1978）の「男らしさ vs 女らしさ」・「愛着 vs 分離」，田畑（1992）の「喪失と解放」，東山（1992）の「密着と分離」が該当すると考えられる。「老いの始まりの認識」については，Havighurst（1972）の「中年期の生理学的変化の受容とそれへの適応」・「老いてゆく親への適応」，Peck（1950）の「叡智の尊重 vs 体力の尊重」・「人間関係における社会化 vs 性化」，Levinson（1978）の「若さ vs 老い」・「男らしさ vs 女らしさ」が挙げられる。そして「死の認識」については，Gould（1978）の「この世界には本当の死や悪魔は存在しない」，Peck

(1956) の「カセクシス的柔軟性 vs カセクシス的貧窮」が該当すると考えられる。

　また，これらの4つの発達課題はさらに大きくまとめることが可能である。まず，中年期の役割の変化は自分および周囲からもたらされる喪失体験から引き起こされることが多い。また，老いと死はひと続きのものとして考えることができる。つまり，4つの課題は「老いの始まりの認識による死をめぐる課題」と「喪失体験による役割の変化についての課題」との2つにまとめられるであろう。そして本書では，この2つの中年期の発達課題を取り上げ，検討してゆく。

(3) 発達課題の検討における性差への配慮

　上記のように発達課題を整理してきたが，発達課題について男女の違いを指摘する先行研究が存在する。たとえば Gilligan (1982) は，(2) で整理した Erikson (1950) を始めとする欧米の成人発達研究に対して，道徳観の発達の差異を題材にこれらの発達課題が適用できるのは男性のみであるとし，それらの理論の限界を指摘している。佐藤・茂野・滝沢・飯田 (1986) は，(2) の研究を含む，発達課題としての中年期危機についてのそれまでの諸外国の先行研究を，①社会的役割の変化，②自らの限界と死の受容，③自らの幼児的問題の解決，の視点から考察した。その上で，これらの研究の多くが主として男性を念頭に考えられており女性についての研究が少なく，そして数少ない研究のほとんどが閉経や空の巣に関連したものであることを指摘し，女性独自の中年期危機を，①男性と異なった形での役割の変換，②その途上での男性と同様の自らの死と限界の受容，③加えて自らの幼児期葛藤の解決，から論じ，今後，女性に着目する発達課題としての中年期危機研究が必要であると述べている。同様に柏木・高橋 (1995) は，発達研究においてその理論が伝統的な家父長制や性別による分業を当然として構築されてきたと指摘し，発達心理学についての従来の様々な問題を整理した。

一方，久保田・中村（2005）は女性のライフスタイル選択の複雑さを挙げ，男女の区別の必要性を主張する。彼女らによると，男性は常に「私」としての生き方が優先されるので，それが中年期に至りそのままでは続行不可能になった時に変更を求められて危機に陥ることが多いのに対し，女性の危機の場合は「私であること」や「他者のため（妻・母親といった伝統的な女性の役割）の私であること」といった複合的な立ち位置の間で常に迷い揺れながら模索した結果の生き方であるので，男性以上に「果たしてこれで良かったのか」という後悔や「老いる前に他の選択肢を選び直さなければ間に合わない」という焦燥感にかられやすく，そして危機の様相も複雑になるという。

また岡本（2002）は，女性のライフコースについて，学校を卒業するまでは性別による相違が認められないにもかかわらず，女性の場合，成人期以降に就職・結婚・出産いずれのライフイベントによっても大きく方向が枝分かれしていくが，どのライフコースを選択しても自分の生き方についてのストレスや危機が潜在することを主張している。そして岩間（2008）も，男女雇用機会均等法が施行されたとはいえ，女性の非正規雇用者が増加し続けていることや，日本女性の働き方における特徴として，いわゆるM字型就業（出産・子育て期には労働市場から退出し，子育てが一段落した後に再就業する）が顕著であり，働き続ける人が少ないことを指摘している。

以上の検討結果より，発達理論の成り立ちや成人女性のライフコースの複雑さを考えて，少なくとも現在の日本においては発達課題としての中年期危機を検討する際，女性と男性とを区別して検討することが必要であると示唆される。

⑷ 中年期危機の位置づけ

中年期の発達課題に着目する考え方の中には，中年期の発達課題の獲得に失敗した場合としての危機そのものについて焦点を当てた先行研究がある。この中年期危機研究は，Jaques（1965）が芸術家の創造性の現れる時期の研

12

究である『死と中年の危機』において，「中年の危機」という言葉を提唱したことに端を発した。Levinson（1978）は，心理学的研究として初めて中年期危機の存在を実証した著書『人生の四季』において，中年の危機を「人生半ばの過渡期（mid-life transition）」と呼んだ。そして，先述した4つの発達課題を30歳代までとは異なるより高い次元で再統合することが，中年期危機を乗り越えることであると主張した。

中年期危機研究には，大きく，危機を経験したことにより改めて自我同一性の再構成がなされるという視点からの研究と，危機を経験したことによる不適応状態に着目する研究があると考えられる。前者の例としては，岡本（1985，1986，1991）がある。彼女は，Erikson（1950）の8段階の個体発達分化の図式（Epigenetic Scheme）をベースにしながらも「生殖性（世代性）の獲得」ではなく，中年期における，青年期に獲得した自我同一性（＝本当の自分とは何かを示すもの）の揺らぎと再体制化の過程として中年期危機を捉え，実証データを提示・考察した。つまり，青年期に自我同一性を獲得できなかった場合は中年期に再葛藤が起こり，たとえ青年期に自我同一性を獲得した場合でも，平均寿命が延び長寿社会になったことによる捉え直しを中年期に求められるため，それらの両方を中年期危機と考えたのであった。彼女の一連の研究は，生涯発達心理学の見地から中年期における日本の実証研究として高く評価され，その後も自我同一性を核とした研究は数多く見られる。

一方，中年期危機を経験したことによる不適応状態に着目する研究として，長尾（1990）の例がある。彼は，先行研究の諸見解と自らの臨床経験に基づき，中年期危機を「40歳代〜50歳代にかけて，身体や社会的役割等の外的変化と共に，自らの体力や諸能力の限界の認識と永遠の自己拡散欲求との心理的葛藤が生じ始め，それまでの生き方への後悔や反省への執着や，一時的に時間的展望が希薄になる状態（p.1326）」と定義した上で，さらにその結果，「アルコール依存症，心身症，うつ病，幻覚精神病などの精神疾患に陥る場合もあり得る（p.1326）。」と言及している。またこれに関連して，空の巣症

候群による心理的不適応や自殺の問題なども，中年期の危機として指摘した。中年期は，身体的（体力の衰えの認識）にも，社会的（自分の能力や地位の向上への限界の認識）にも，心理的（子どもの自立や親の介護，離別などの体験）にも変化が多い時期であり，そのような変化は人生や能力の限界，いわば自己の有限性を痛切に実感させるので，それだけに自己のあり方が改めて問い直される時期となり，心理的な危機が生じやすい（久保田・中村，2005）といえる。実際，中年期危機の内容や危機への対応についての検討は，事例検討もしくは臨床事例検討（藤井・上地，1992；氏原・川上・東山，1992；長谷川・杉本・武井，1997；本山，2004など）や面接調査研究（岡本，1985，1986；堀内，1993など）であれば，日本でもコンスタントに報告されている。

　一方，Neugarten & Datan（1974），Neugarten（1975，1979）は，約20年にわたり中年の心理学的研究を実施し，それによると深刻な危機を経験する者は少なく，たとえ経験した場合でも通常のライフコースのリズムに予期しなかった障害が発生したことによるものであると結論づけた。そして，自己のライフコースの感覚を大きく見失うような病的な不適応状態としての中年期危機を否定し，代わりに，自己概念や同一性，時間に関する展望の感覚が大きく変更を迫られる体験と捉えた。さらに100名の女性（43歳〜53歳）への面接調査より，ほとんどの中年期女性が更年期や子どもの独立を心的な外傷として捉えてはおらず，むしろストレスからの解放と考えていると主張し，女性の典型的な中年期危機に否定的な見解を述べている。また近年では，成人期には喪失や有限性が存在すると指摘しつつも適応的な時期であるとの立場に立つ先行研究（e.g., Lachman & Baltes, 1994; Staudinger & Bluck, 2001）や，具体的に成人期の感情のポジティブ性と安定性（Carstensen, Pasupathi, Mayr & Nesselroade, 2000; Charles, Reynolds, & Gatz, 2001; Harker & Keltner, 2001），加齢に伴う理想−現実自己のずれの減少による自尊感情の生涯維持（松岡，2006），中年期女性の適応的なパーソナリティ変化（Helson & Wink, 1992）などを指摘する実証的研究もある。さらに，中年期女性を対象にした調査より，中年

14

期危機を経験したことによる自我同一性の再構成についても劇的なプロセスではなく人生の微調整程度であると指摘し，中年期危機自体を否定する研究（Stewart & Ostrove，1998）も見られる一方で，危機（この場合は中年期に限っていない）を中高年期の標準的な発達メカニズムが不全の場合に起こるリスクと捉えた研究（若本，2010）もある。

　これらの中年期危機についての先行研究を踏まえ，本書では危機を経験したことによる不適応状態に着目する。その上で，Neugarten ら（1974，1975，1979）の指摘を受け，不適応状態の特性を明らかにしたり治療を目的とするのではなく，不適応状態ではない女性を対象にした危機の予防・軽減を目的とする。さらに，生涯発達における中年期女性の心理特性を明らかし，中年期危機を予防または軽減する要因について検討する。

(5) 中年期危機の内容

　本書では深刻な中年期危機に陥った女性を対象とするものではないが，そのことにより中年期危機が存在しないというわけではない。むしろ中年期危機に直面した時に，それを軽減したり，深刻な危機に陥らない女性に着目するものである。そこで本項では，中年期危機の具体的な内容について整理し，中年期危機を測定する尺度について検討する。

　そもそも，中年期危機の状態を測定する尺度は少ない。Waskel（1992）の「中年期危機を引き起こした出来事」は，中年期危機そのものではなく出来事に注目しているため，本書で検討する中年期の発達課題に対応していない。また，串崎（2005）は Erikson（1950）の中年期の発達課題である生殖性（世代性）に注目し，中年期の肯定的・否定的両側面の心性を測る尺度として「ジェネラティヴィティ尺度」を作成したが，これも生殖性（世代性）のみに注目しているため，本書で検討する発達課題とは対応していない。

　岡本（1985）は，文章完成法と面接調査により中年期の心理的変化の特徴について，否定的変化の特徴―すなわち中年期危機として「身体感覚の変化

（体力の衰え・体調の変化）」・「時間的展望のせばまりと逆転」・「生産性における限界感の認識」・「老いと死への不安」を，肯定的変化の特徴―すなわち危機を乗り越えた変化として「自己確立感・安定感の増大」・「再生同一性の確立」を挙げている。「身体感覚の変化（体力の衰え・体調の変化）」・「時間的展望のせばまりと逆転」・「老いと死への不安」は，(2)で整理した「老いの始まりの認識による死をめぐる課題」の発達課題に対応しており，「生産性における限界感の認識」は「喪失体験による役割の変化についての課題」に対応していると考えられる。ただし，岡本（1985）では男女の区別はされておらず，尺度としては作成されていない。長谷（1997）は，岡本（1985）の指摘をもとに「Identity Process Scale In Middle」を作成したが，これは中年期女性の心理的特徴を捉えるものであり，発達課題を検討してはいるものの，中年期危機に着目したわけではない。一方，それに対して長尾（1990）は，男女を区別した中年期の危機状態尺度を作成している。彼は，精神病院に通院・入院し神経症と診断された40歳代〜50歳代の患者のうち，彼の定義した中年期危機に該当する人のカルテをもとに特性項目を抽出し，因子分析により男女それぞれの中年期の危機状態因子を見出した。それによると，男性用因子として「死の不安」・「時間的展望の欠如」・「将来の絶望」・「疲労感」・「今までの生き方の回顧」・「若い世代に対する劣等感」・「身体が老化していく不安」・「生殖性の欠如」が，女性用因子として「身体が老化していく不安」・「死の不安」・「今までの生き方の後悔」・「自立することの不安」・「過去の執着と分離不安」・「時間不信」・「新しい生き方の模索」が検討されている。女性用因子のうち，「身体が老化していく不安」・「死の不安」・「今までの生き方の後悔」・「時間不信」は「老いの始まりの認識による死をめぐる課題」の発達課題に対応し，「自立することの不安」・「過去の執着と分離不安」・「新しい生き方の模索」は「喪失体験による役割の変化についての課題」に対応すると考えられる。しかし，長尾（1990）では神経症の定義が曖昧であり，かつ，特性項目の抽出過程も不明であるため，その使用にあたっては再

度検討の必要があると考えられる。そこで本書では，長尾（1990）の女性用
因子をベースにして新たな日本女性用中年期危機尺度を検討する。

(6) 女性が中年期危機を予防，または軽減する要因

　本項では，中年期女性が危機を予防する，あるいは危機そのものに対して
あまり辛さを感じずにやり過ごすための要因を検討する。その際，（3）で検
討した通り，女性のライフコースがどのようなライフスタイルを選択するか
により大きく枝分かれすることを考慮し，そもそもライフスタイルに共通す
る要因を検討したい。ただし，各人のライフスタイルによりその要因が与え
る影響は異なる可能性が考えられる。この点についても検討の必要性はあろ
う。以下に，（2）で整理した2つの中年期の発達課題について，中年期危機
として捉えた場合にそれを予防する，または深刻な危機にならないように軽
減する要因について検討する。

　1つ目の「喪失体験による役割の変化についての課題」に対しては，ソー
シャル・サポートを想定する。理由として，杉村（1999）が女性の生涯発達
において，青年期の自我同一性獲得と中年期の同一性再構成は最も大きな危
機であるが，そこに一貫して中核的な要素として機能するのは「関係性」で
あり，女性は自分にとって重要な他者との関係性の中に自分を位置づけ自己
の存在を確認する，と述べている。さらに彼女は，中年期女性の自我同一性
再構成上，重要な他者である両親，パートナー，子どもとの肯定的・否定的
両側面からの両価的な関係性に関与していくことの必要性を指摘する。また
伊藤（1999）は，女性の生涯発達を考える際に，個人志向性・社会志向性と
いう概念を提唱した。個人志向性とは「自他分離方向を志向し，個性的・主
体的に個として自己を生かそうとするあり方（p.90）」で，社会志向性とは
「自他合体への志向を意味し，社会で共有された規範や他者との関係性を重
んじ他者との調和的共存や社会への適応をめざすあり方（p.90）」である。
彼女は，女性が青年期に社会志向性が上昇し30歳代以降から個人志向性が高

まることを明らかにし，女性の発達プロセスとして「関係性を確保しその中から自分自身を見つけていく（p. 93）」ことを主張する。さらに岡本（1999）は，成人女性が他者をケアすること，ケア役割を担うことの生涯発達への意味について先行研究を展望した上で，女性は家族のケア役割を担うこと（例：育児・親の介護など）により精神的に発達するが，その一方で，現実の生活においては否定的な側面も頻繁にあることを指摘する。そして，女性がケア役割を担うことによる閉塞感の軽減として，自分自身を大切にして楽しみをもつことや，パートナーとのケアの共有などの重要性を挙げている。

　これらの研究より，女性は自我同一性獲得および再構成のプロセスにおいて，対人関係を基盤にし，他者をケアすることによりその中から自分を確立していくことが示唆される。であるならば，中年期女性は生涯発達の中で逆に周囲からケアされること，自分が支えられている感覚をもてるということが，重要となってくるのではないだろうか。なお，岡本（1996）でも育児期の女性にとって夫との関係性が重要であるとの指摘がされており，既婚女性にとっては夫の，未婚女性にとってはパートナーからのソーシャル・サポートは精神的安寧のためにも非常に重要であると考えられる。そこで本書では，3節でソーシャル・サポートについて概観し，女性の中年期危機における役割を検討する。

　2つ目の「老いの始まりの認識による死をめぐる課題」に対しては，自分の容姿を維持向上するための努力に向けた取組みを想定する。生体としてこの世に生を受けて生存し始めた以上，特に成人以降は，老化という物理的・身体的な変化と死ぬまでつき合い続けなければならず，誰でも知的に理解してはいるものの，中年期に差し掛かるとそれが現実のものとして実感されるようになる。

　Havighurst（1972）の挙げた中年期の発達課題の中にも「中年期の生理学的変化の受容とそれへの適応」があり，具体的には「男性の鼻や耳や睫に硬い毛が生える」・「女性の鼻の下に毛が生える」・「皮膚の乾燥と皺」・「胴まわ

りの脂肪の沈着」・「老眼—目の水晶体の調節力喪失」を列挙している。彼は中年期危機という言葉は用いていないが，加齢による身体的変化の特徴として外見の衰えや身体機能の低下に着目し，その受容と適応を発達課題として取り上げていることは，当時珍しい視点であったと推察される。また岡本（1985）は，中年期の自我同一性再構成のプロセスの始まりは「体力の衰えを始めとする身体感覚の変化による自我同一性基盤の動揺，時間展望のせばまりによる生産性の危機，および老いと死への不安（p. 301）」であると指摘し，Whitbourne（2001）も心理的・身体的な老いの始まりは40歳代の中年期であると主張する。中年期女性の場合は，平均寿命が延びたことにより自分の死についてはまだ先のことと捉える可能性が高いが，少なくとも老いについては個人差はあれども中年期になると直面するであろう。したがって本書では，死よりも老いの方により着目する。

　Montepare & Lachman（1989）によると，老いに対する感情は40歳代が最も否定的で，50歳代以降受容されていくという。受容というと，老いを諦めて受け入れる印象があるが，昨今の日本では，化粧品の日進月歩の技術革新の活用や，アンチエイジングにより健康で若々しい身体をつくるという取組みを行う人達が増えてきていると考えられる。そこで本書では，万人が実感し始める中年期の老いの課題に着目して検討し，4節で，多くの人が何らかの試みをすると予想される，容姿を維持向上するための取組みを要因として考え，女性の中年期危機における役割を検討する。とすると，Havighurst（1972）が指摘した「中年期の生理学的変化の受容とそれへの適応」に着目するのが重要と考えられるが，生理学的な老いの課題について考える時，女性の老いというとほとんど閉経や更年期障害に注目が当たってきた。

　柴田（2001）は，社会学や心理学の分野で1980年代後半より中年期女性を対象とした実証的研究が行われてきた理由について，閉経が性的魅力の喪失や，若さの喪失を意味するというそれまでの欧米における閉経の捉え方への疑問から生じたと指摘している。しかし，閉経についてのそういった捉え方

は日本においてもステレオタイプとして存在しており，それに対して秋山・長田（2003）は，50歳代未満の女性は閉経に対して中立的評価をする人が多く，50歳代以上では肯定的評価をする人が多いことを明らかにしている。

　確かに閉経も老いの課題として考えられるかもしれないが，閉経をむしろ産む性からの‘解放’と捉える研究もある（Neugarten, 1979；跡上・平石・吉沢，2002；田仲，2009；田仲・上長・齊藤，2011など）し，閉経へと向かう，または閉経に伴う更年期障害による体調不良についての対応は可能であるが，閉経そのものを避けることはできない。また，更年期障害の症状の有無や強弱については個人差が非常に大きい。さらに，女性＝母親という時代では女性の老い＝閉経であったと考えられるが，現代では女性のライフスタイルが多様化しており，敢えて結婚や母親になることを選択しない人達もいる（善積，2005）ため，女性の老い＝閉経という捉え方はなくなってきているのではないだろうか。つまり，閉経や更年期障害自体は危機ではないと考えられ，したがって本書では，老いを女性＝母親という産む性からの側面ではなく，元々の発達課題である身体的機能や若さの衰えとして捉え，その課題への対応として若々しい容姿の維持向上に向けての取組みに着目する。

　ただし，閉経未経験者と閉経経験者とで閉経に対する捉え方が異なるという指摘をする研究もある。田仲・上長・齊藤（2011）によると，閉経を経験していない中年期女性の方が，更年期や閉経を否定的に捉える傾向があり，そのことが自尊感情に負の影響を及ぼすことが示唆され，一方，閉経後12ヶ月以上経過した，つまり閉経から時期が経った中年期女性の方が，更年期や閉経に対する否定的意識が低下し，自尊心を高めることが示唆された。つまり，閉経を経験していない女性は，経験していないがゆえに閉経に対するステレオタイプな否定的イメージをもちやすく，閉経経験者は経験したことによる安堵感より閉経に対する中立的・肯定的イメージをもちやすいと考えられる。このことから，中年期女性の心理特性について検討する際は，対象者が中年期を意識すると，閉経経験の有無により心理特性が異なる可能性があ

る。本書では女性の中年期危機に焦点を当てた調査を実施するため，調査時点で対象者に更年期や閉経がイメージされた場合，そのことが精神的健康に影響を及ぼすかもしれない。したがって，分析する対象者のグルーピングの際に，平均閉経年齢の時期—日本の場合，「50.5歳」（日本産科婦人科学会，2008），「51歳」（後山，2005；林・西原，2008；田仲，2009；田仲・上長・齊藤，2011），「50〜51歳」（浅野，2005）あたりに一致を見ており，ほぼ50歳〜51歳で間違いないであろう—を考慮することが必要と推察される。

3節　中年期女性とソーシャル・サポート

本節では，まずソーシャル・サポートの捉え方について概観し，その上で，女性の中年期危機の際にどのように使われているかについて検討する。

⑴ ソーシャル・サポートの捉え方

ソーシャル・サポートについては，諸家の定義があるが，一般的に多く用いられているのは，最初に具体的に定義したと言われる Cobb (1976) の「ソーシャルサポートとは，ケアされ愛されている，尊敬されている，そして互いに義務を分かち合うネットワークメンバーである，と信じさせるような情報」や，稲葉・浦・南 (1987) の「特定の個人が，特定時点で，彼・彼女と関係を有している他者から得ている有形・無形の援助」である。本書では，ネットワークメンバーではなく個人間のサポートに注目するため，稲葉・浦・南 (1987) の定義を援用する。

ソーシャル・サポートを具体的測度として捉える場合，婚姻状況・対人関係の数・知人の数など，社会的絆の存在や結びつきを表すソーシャルネットワーク (social network) の特徴から捉える構造的測度 (structural measures) と，愛情・所属感・物理的援助などの利用可能性や実行された頻度など，実際に行われる対人的相互作用の内容から捉える機能的測度 (functional measures）の 2 側面が考えられる。また機能的測度は，おおまかには「知覚されたサポート（perceived support）」―サポートが必要な時にどの程度入手可能と思われるか，すなわち利用可能性の観点から捉えるものと，「実行されたサポート（enacted support）」―サポート行動が実際にどの程度行われたか，という観点から捉えるものとに区分される（橋本，2005）。House（1981）は，機能的測度としてのソーシャル・サポートの内容を「情緒的サポート」―共感したり愛したり信じてあげたりすること，「手段的サポート」―援助を必要としている人に直接手を貸すこと，「情報的サポート」―個人的または社会的問題に対処していくために必要な情報や知識を与えること，「評価的サポート」―個人の業績に適切な評価を与えてやること，の 4 種類に分けた。またVaux（1988）は，知覚されたサポートについて着目し「手段的（道具的）サポート」―ストレスの解決に直接役立つような資源や情報を与えること，「社会情緒的サポート」―ストレスに苦しむ人のへの情緒や自尊心，自己評価を高めるように働きかけることの 2 種類に分け，日本でも基本的にその見解が採用されている（稲葉，1992；浦，1992など）。

　また小杉（2005）は，心理学のストレス研究におけるソーシャル・サポートの使われ方について「自尊感情・自己効力感などの主観的なポジティブ感情の増加と抑うつ・不安感などのネガティブ感情の低下とをもたらし，その結果，間接的に精神的健康に良好な影響を及ぼす（p.ⅱ）」ことを説明し，その理由として「精神的健康度が高い人ほどサポートを多く受けると"自己認識"するとの膨大な研究がある（p.ⅱ）」ことを挙げ，「サポートを受けたという自己認識はあくまで本人の主観的判断，つまり期待であるので実際にサポートを受けたか否かの事実とは直接には関係しない（p.ⅱ）」と述べている。

　上記のことから，本書で用いるソーシャル・サポートは，機能的測度としての知覚されたサポートとする。また，内容としてはVaux（1988）で挙げられた手段的サポートと社会情緒的サポートを考慮する必要があると考える。

⑵ 女性の中年期危機においてソーシャル・サポートが果たす役割

ソーシャル・サポート研究においては，危機的な状況をストレスとして捉え，ストレスの有り様とソーシャル・サポートの関連を述べているものが多い。

清水（2004）は，41歳〜60歳の子どもをもつ有職と無職の中年期女性の，子どもの巣立ちとアイデンティティとの関連について検討した。その結果，子どもの巣立ちに伴うアイデンティティ拡散危機の際には，相談相手としての友人（＝ソーシャル・サポート）の存在が重要であること―抑うつ的な混乱を軽減し，将来の模索や向上心を高める―を見出した。また吉村（1997）は，自らに対して「おばさん」という中年期の否定的なイメージを感じた際に，「女性達の中年期に対する生の声を聞き，それを大切な情報として自分に生かしたい（p.74）」と，中年期女性への面接調査を実施した。その結果，訪れる老いに対しては「共に生きられる仲間（＝ソーシャル・サポート）を大切にし，語り合う人を，機会を，場所をもつ（p.81）」ことが人生の捉え直しのチャンスとなると述べている。なお中年期女性の事例ではないが，山崎（2012）は，心理・社会的危機状態にある30歳代前半女性への心理療法において，「選択する主体―多様な生き方が可能になった現代において，自分の生き方を自分で選択する事が求められている（p.103）」（伊藤，1999）を抱える態度で支えた（＝サポートした）結果，岡本（1999）が提唱した「危機⇒再体制化⇒再生の繰り返しのプロセス（p.10）」が認められたこと指摘している。つまり，中年期危機に対するサポート源としては，友人やカウンセラーといった，家族に限らない本人にとって重要な他者を考慮することが重要と思われる。これに関して，上野・電通ネットワーク研究会（1988）は「女縁」という用語を用いて，子育て後の主に30歳代〜50歳代を中心とする主婦が自ら構築する，趣味や志による女性同士の友人のネットワークや様々な活動の重要性を指摘している。それによると，この従来の地縁・血縁を超えたつながりは女性特有のものであり，ソーシャル・サポートおよびソーシャ

ル・ネットワークの重要性を示しているという。

　本書では，中年期女性のサポート源としては2節で整理した通り，まず最も身近な他者であるパートナー（夫・恋人），愛着の対象として誰よりも傾倒してきた子ども，自らの原点でありかつ自らの老いともつながる原家族（両親・同胞など），そして，必要に応じてパートナーの原家族（義父母など）などのパートナー以外の家族を想定していた。しかし上記の検討結果より，それに加えて友人も想定することの必要性が示唆される。

4節　中年期女性の容姿の維持向上への取組み

　本節では，日本の中年期女性と美しさを巡る世の中の流れについて概観し，容姿についての心理学研究を概観した上で，本書で取り扱う容姿の維持向上への取組みについて検討する。次に，女性の中年期危機の際にどのように使われているかについて検討する。

⑴　中年期女性の容姿を巡る世の中の動向

　川島（2003）によると，今や街を歩く人の見た目では年齢が判断つかなくなっており，その背景として1990年代以降のファッションのエイジレス化の傾向や，活動的で若さを保つことに積極的な既婚層の増加が指摘されている。またあわせて，従来は若者のキーワードであった美しさという用語が40歳代〜50歳代，ひいては60歳代にまで波及しており，日本でかつて暗黙の了解とされていた，既婚女性は第一線を退くものでましてや年を重ねてから若さや美しさに執着するのは恥ずかしいという良妻賢母を求める価値観が変化し，中高年が美しさを求めることが自然なものと受け入れられるようになったことを挙げている。彼女はその理由として，①美しさに対する情報の氾濫—テレビコマーシャルなどにおけるダンディな中高年俳優の起用や美しい女性のイメージなど，②若さを保つ技術力の日進月歩の進歩—アンチエイジング化

粧品，脂肪を燃焼させるボディケア用品，プチ整形に代表される美容整形グッズなどの開発，③中高年既婚女性を取り巻く消費への自由裁量度の増加—50歳代以上の層は住宅ローンや教育費の目処がついてくることにより，今まで我慢してきた自分のための消費に割ける金銭的ゆとりが発生し，自分のことは後回しという環境にいる40歳代層は，その親世代である実家の援助を受けてそれなりにゆとりを得ていることなどを挙げている。

　また昨今，実際テレビやインターネットなどのメディアでは美を追求する中高年に注目が集まっており，中高年女性向けのファッション雑誌や化粧品が次々と発売され，化粧品メーカーも中高年への販売強化に乗り出している。これには少子高齢化を視野に入れた企業の販売戦略もあろうが，その背景には現代中年期女性の美に対する認識の高さが伺える。

　2節で整理した通り，従来女性の中年期研究については，中年期危機としての更年期障害や空の巣症候群が取り上げられることが多く，産む性としての側面に焦点が当てられてきた。しかし世の中のこういった変化も，中年期女性の老いへの対処という発達課題に対応するものと示唆される。

⑵ 心理学における容姿についての研究の概観

　鍋田（2004）によると，容姿（physical appearance）の美しさの要因には，知覚がより良いゲシュタルトを求めそれを楽しむという美的体験の側面と，知覚が入力情報を減らすためにパターンや規則性—スーパーサインを見出し，ある種の快感の発生と美的感情の生起を促すという側面があるという。また彼は，容姿やボディイメージに関する心理学の課題については，以下の2つの方向性があると指摘する。

　1つの流れが，容姿に苦しむ人々への臨床活動や支援活動であり，たとえば，顔の火傷や血管腫などのために外観を損なうこと（disfigurement）に対するケアならびに支援や，摂食障害や醜形恐怖など，何らかの原因で主観的に自らの容姿やボディイメージが気に入らず悩むといった問題を抱える人へ

の，主に臨床的な側面からの支援などである。

　2番目は，化粧や装う行為など，美しさをいかに増加させ対人魅力を強化するか，そして人がそれにどのような意味をもつか，という社会心理学研究である。特に化粧の心理的効果については，主として1980年代以降，数多くの研究が行われてきた。松井・山本・岩男（1983）は，10歳代〜50歳代の女性を対象に，化粧行動のもつ心理的効用を見出しモデル化した。それによると，「化粧行為自体がもつ満足感」－化粧による自己愛撫の快感や変身願望の充足，ストレス解消などの自分自身への効用，「対人的効用」－化粧による外見の操作による自己顕示欲求の充足や社会的主役割への適合などの社会的な効用，「心の健康」－化粧による自信や自己充足感の増加，積極的な自己表現や対人行動への変化，などがあるという。宇山・鈴木・互（1990）も20歳代〜60歳代の女性を対象にしたメイクの心理的効果として「積極性上昇」，「リラクゼーション」，「気分の高揚（対外）」，「気分の高揚（対自）」，「安心」の5因子を見出し，かつ，年代の若い人ほど積極性が上昇し，年代の高い人ほどリラクゼーション効果を強く感じていることを明らかにした。さらに，鈴木・互（1993）は年代によるメイクの心理的効果の違いの意味について，鍋田（1991）の「10代後半から20代前半が人生において最も外面的自己に意識を向け，30代・40代とその意識を低下させていき，特に40代になると自分にとっての自分の方が，他者に映る自分や他者との関係性での自分より大切になる（p.193）」との指摘を受け，若い世代は他者の目を重視し自らの内面の未熟さを補う目的でメイクをするため，メイクを手助けとして積極性が上昇し，一方，年を重ねると内面の充実により容貌へのこだわりが低下するため，メイクにより自己を再確認することでリラックス感や安心感が生じる，と主張している。また菅原（1993, 2001）は，化粧の役割として，自分自身が変化を鏡で見ることによる評価と，他者の目を通した反応による評価とで，役割期待への動機が高まりアイデンティティの自覚に影響を及ぼすことを指摘した。さらに大坊（2001）は，化粧することによる効用について，自分自身

と他者との関係の中でそれぞれに関連し合いながら対自的にも対人（＝対他）的にも循環し，自尊心や満足感，社会的適応感を向上させると主張する。

　なお，阿部（2002）も生理心理学の立場から，ストレスの低減効果としての化粧やマッサージの効果の有効性を指摘する。つまり化粧や装う行為には，他者に対する魅力向上という効果とともに，自らのストレスを軽減させ，自尊心や満足感を高めて心の健康に寄与する効果もあると考えられる。

　本書では，中年期危機をストレス反応として捉え，中年期危機を予防または軽減する要因として，容姿を維持向上するための努力について検討する。

(3) 中年期女性の容姿を維持向上する努力の意味

　現在，日本では美しさを求める中年期女性が数多く見受けられる。女性が美しさを求めるその理由として，本書では老いとの関わりに位置づけて検討する。しかしその他にも，女性性―女らしくありたいと感じることや，就業上の必要性―仕事をする上でのマナーの一環などが推測される。

　そこで本項では，中年期女性がこのように容姿を維持向上するための努力をすることの意味について，女性性および就業上の必要性との対比において検討する。

老いへの取組みか，女性性の追求か

　女性性（femininity）とは，一般的に女性らしさや女性的なイメージの総体，女性に望ましい特性と捉えられている（江原・長谷川・山田・天木・安川・伊藤，1989；神田，1993）が，厳密な定義は困難である。油井（1995）は，女性性概念が政治経済や文化レベル，所属する集団や個人によって異なり，さらに時代的な変遷によっても変転する可能性を指摘する。

　瀬戸山（2009）は，女性性についての心理学および近接領域での実証的先行研究を整理し，女性性概念の把握の仕方や具体的内容，その測定方法を展望した。その結果，心理学研究において女性性を測定する尺度項目の特徴と

して，日本で開発された尺度には「かわいい」・「色気のある」・「おしゃれな」などの外見に関する項目が含まれていることが明らかとなった。さらに今後の課題として，以下の3点が指摘された。

第一に，先行研究および既存尺度の多くが主に若い世代（中学生～大学生）を対象としてきたこと，つまり多くの尺度が青年期における女性性を測っているということになる。しかし，発達的視点で考えた場合，上記女性性には［青年期＝男性を意識した女性性→成人期＝多くの場合，家庭をもち子どもを産み育てる母性へのスイッチ］という流れが見てとれるが，現実的には母親達は中年期以降，子どもの巣立ちにより母性は発揮できなくなる。

第二に，日本で作成された尺度の項目内容および研究結果より「やさしい」・「思いやりのある」・「繊細な」などの，社会的に望ましい女性性や理想とする女性性が検討されてきたものの，それが実際，各人が考える女性性であるかどうかは不明である。

第三に，生涯発達の視点より人生の中間地点に当たる中年期女性に注目した場合，この年代における女性性研究がまだ十分とはいえないことが示された。岩谷（2001）は，40歳～78歳の閉経前後の女性を対象に，生活の認識（家庭・仕事・人間関係・健康・経済・生きがい・異性関係・美への関心など）と性の関心について検討した。その結果，生活の認識について，「生活への満足」（「生き甲斐を感じている」など），「経済的不安」（「現在/将来に経済的な不安がある」），「美への関心」（「きれいでありたい」など），「更年期症状」（「更年期障害を感じている/感じたことがある」），「異性への関心」（「いつまでも女性として認められたい」など）の5因子が見出された。その中で，「生活の認識」は全体に満足度が高かったが，未閉経群に比較して閉経群が有意に高かった。また，「美への関心」は両群に有意差がなく，しかも全体に高い結果であった。「異性への関心」は，両群とも低かったが，群間比較では未閉経群が有意に高かった。性の関心については，「手段性の性」（「淋しさ/欲求不満の解消」など），「連帯性の性」（「夫婦関係維持」など），の2因子が見出された。「手段性の性」

については，両群とも低値で有意差は認められなかったが，「連帯性の性」
は，より若い年齢層である未閉経群が有意に高く，性行動を異性との結びつ
きを意識する「連帯性」として意識していることが明らかとなった。ここに
中年期女性の実態として見られるのは，母親であり子育て終了世代である彼
女達は，閉経後も生活の満足度は高く「美への関心」を大いにもつが，それ
は「異性への関心」からとは限らないということである。しかも，年齢を重
ねるにつれて「異性への関心」や異性への結びつきとしての「連帯性の性」
意識が低くなることから，中年期女性の「美への関心」は，自分へと向かっ
て進んでゆくことが示唆される。

　そこで本書では，中年期の発達課題としての老いへの対応（予防・軽減）
との関わりを検討する上で，中年期女性が美しさを求めて自分の容姿を維持
向上するための取組みを行う意味について，女らしさの追求であるのか，む
しろ自らの若さの維持であるのかを確認する必要がある。上記岩谷（2001）
の結果を鑑みると，筆者は自らの若さの維持のためであると推測するが，こ
の点については第5章で検討する。

老いへの取組みか，就業上の必要性か

　今日，女性の働き方は男性に比べて格段に多様化し，自由になったといえ
る。それには，戦後70年を経て，憲法第24条に基づく両性（男女）の平等や，
同法26条第1項に基づく教育を受ける機会の平等の理念，男女雇用機会均等
法の制定とその思想の根づきなどの効果が目に見えて表れてきた結果，女性
の高学歴化およびITの進歩などによる産業界における女性の労働年数の延
長，景気状況や基幹産業のニーズに合わせた産業構造の再編などによる女性
の（家庭の主婦として以外の）職業の獲得機会の増大，ならびに経済的自立が
促進されたことなどが要因と考えられる。なお，厚生労働省（2015）の『平
成26年版働く女性の実情』では，労働総人口における女性の割合は42.9％で，
雇用者という側面からも，総雇用者数に占める女性の割合は43.5％である。

さらに，女性の婚姻状況別雇用者（非農林業）については，既婚者は女性の総雇用者数の57.8%，未婚者は30.1%，離/死別者は11.4%である。つまり，雇用者の約44%が女性であり，結婚後も働いている女性が多いことが示され，このことは現代社会における女性—特に20歳代〜30歳代の若年層—においては「仕事か家庭か」ではなく，「仕事も家庭も」という生き方への志向が高まっている（伊藤，2000）ことを反映している結果となっていると考えられる。

　こうした女性の仕事の場への進出は，彼女達に仕事の場にふさわしいマナーを身につけることを要求するであろう。マナーの中には言葉使いや立ち居振る舞いとともに，化粧や服装に対する配慮も必要となる。たとえば「アフター5」とは，働く場での服装や化粧とプライベートな場での服装や化粧が異なることを意味する表現である。あるいは，家庭の中で家事をする際の服装と仕事場での服装とは異なるものであろう。そして，結婚後も働き続ける女性や再就業する女性の増加により，中年期女性が自分の容姿を家の中や比較的インフォーマルな場だけにふさわしいものから仕事の場にもふさわしくしていく必要性が求められ，それが (1) で整理した動向と一致している可能性もある。その場合，中年期の発達課題としての老いへの対応（予防・軽減）との関わりはないことになる。

　そこで，中年期女性が美しさを求めて自分の容姿を維持向上するための取組みを行う意味について，就業上の必要性からではなくむしろ自分の若さの維持であるのかを確認する必要がある。この点についても第5章で検討する。

⑷ 女性の中年期危機に及ぼす容姿の衰えの影響

　女性が中年期危機に陥る要因として，身体的変化の中でもとりわけ容姿との関連について，次のような興味深い指摘がある。吉村（1997）は，体型の変化により自らに対して中年期の否定的なイメージを感じた際に，「自分を中年だと認めることには抵抗がある女性は多い気がする。私自身が中年を迎

え，変わりゆく自分とどんなふうに向き合い，年を重ねてゆくのか，自分の中でビジョンがもてなかったのだと思う。(p.74)」と感じ，中年期女性への面接調査を実施して「貴方は，中年期における肉体的に変化や衰えをどう感じていますか？(p.75)」と訊ねた。その結果，現代女性の中年期におけるキーワードは「エイジレス＝時の流れを感じさせない (p.75)」であると主張している。また田中 (2006) も，中年期のキャリア・ウーマンにとって，加齢による二度と取り戻せない身体の否定的変化は思った以上に堪えるものであり，とりわけ身体や容姿への存在価値が大きい人ほど衝撃も大きく，執着が強い人ほど失うことによるフラストレーションが強くなることを指摘している。さらに，中村・藤原 (2006) は，30歳代後半〜40歳代前半の女性を対象とした「中年期イメージ」についての質問紙調査の結果より，40歳代前半の分析対象者の方が，30歳代後半の対象者よりも心の年齢を実際の暦年齢よりも10歳若く意識している割合が高かったことについて，それが老いに対する焦りであり，若く見られたいという抵抗ではないかと指摘する。このように，2節の佐藤・茂野・滝沢・飯田 (1986) の指摘にある通り，従来，女性の中年期危機については更年期障害に由来する精神・身体的変化や空の巣症候群が指摘されているが，古くは Havighurst (1972) で示された「中年期の生理的変化（身体機能の衰え，加齢の身体的徴候）の受容とそれへの適応」，つまり身体機能の衰えや容姿の衰えという中年期危機の可能性が示唆される。

　以上の結果より，本書では，化粧行動や肌・髪の手入れ，おしゃれを目的とする被服行動，ダイエットや体型維持を目的とする各種エクササイズや運動，これらを実行するための情報収集や意識なども含めた，自分が美しくなるための取組みに着目して，女性の中年期危機を予防，または軽減するための要因として検討する。なお研究を進めるにあたり，容姿の維持向上に向けての努力を測定する尺度を作成するが，中年期女性の容姿の維持向上のための努力の特徴を浮き彫りにするために，女子青年用尺度も同時に作成し，比較検討する。

5節　本研究の目的と意義

⑴ 目的

　本研究では，発達課題としての中年期危機を乗り越え，またはあまり意識せずに適応してゆく健康度の高い現代日本の中年期女性に着目して，以下の点を明らかにする。

1）知覚されたソーシャル・サポートと容姿を維持向上する努力に注目し，女性の中年期危機への効果について検討する。

2）上記1）の結果より，新たな中年期女性像についての知見を得，現代日本の中年期女性の中年期危機への予防と軽減に関する新たなモデルを検討する。

　本研究における仮説は，以下の①と②である。ソーシャル・サポートと容姿を維持向上する努力を中年期危機に対する要因と仮定するが，直接中年期危機を低減するだけでなく，媒介変数として自尊感情を仮定する。知覚されたソーシャル・サポートのうち，社会情緒的サポートは情緒や自尊心，自己評価を高めるように働きかけ（Vaux, 1988），化粧行動は対自的にも対人（＝対他）的にも循環し，自尊心や満足感，社会的適応感を向上させる（大坊，1997）ことから，ソーシャル・サポートと容姿を維持向上する努力により自尊感情が高まり，中年期危機が低減されることが予想される。

①ソーシャル・サポートと容姿を維持向上する努力は自尊感情を増加させ，間接的に中年期危機を軽減させることにより，危機を予防する。

②ソーシャル・サポートと容姿を維持向上する努力は直接的に中年期危機を低下させることにより，危機を軽減する。

　本研究の現時点でのモデル図を示す（Figure 1-1）。

(2) 意義

本研究の意義は次の3点である。

第一に，従来の成人女性の生涯発達研究は，ライフイベントやケア役割の文脈で検討されてきた。しかし，現代日本における女性のライフスタイルの多様化を考慮した場合，今後は個々人が選択したライフスタイルに共通する要因の検討が必要である。本研究におけるソーシャル・サポートと容姿を維持向上する努力は，あくまで本人が意識的に活用するものであるため，この条件にあてはまる。

第二に，容姿については，主として容貌に障害をもつ人や高齢者への化粧行動の心理的効果，対人魅力向上の観点に研究の焦点が当てられることが多かった。阿部（2002）は，負の感情をストレス反応と捉え，化粧行動の感情調整（＝ストレス緩衝）効果について社会生理心理学の観点から検討しているが，本研究はこれを更に進め，化粧行動だけでなく，ファッションやダイエットなどの美容に関する行動および意識も含めた「美への希求」そのものが，女性の中年期危機の予防と軽減に作用することを検証するものであり，現在，実証的研究はほとんど見られない。したがって，本研究によって検討される

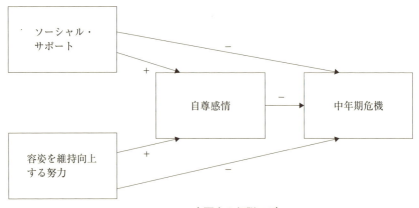

Figure 1-1　本研究の仮説モデル

結果は，今後の成人女性の生涯発達研究の発展に寄与するものと思われる。

　第三に，本研究は生涯発達における中年期女性の心理特性を明らかにすることにつながり，中年期危機により不適応状態に陥っている女性への臨床的介入にも役立つと考えられる。

6節　本研究の構成

　本研究は，次ページの Figure 1-2に示すように，全7章から構成される。

　第1章では，序論として中年期および中年期の発達課題と危機について先行研究を整理し，本研究における問題意識と本研究の目的について展望した。

　第2章から第6章までは，調査研究を行う。第2章では，現代日本女性が中年期をいつからいつまでと捉えているかについて検討する。第3章では，現代日本女性の中年期危機を捉える尺度について検討する。第4章では，中年期女性のソーシャル・サポートを測る尺度について検討し，女性の中年期危機との関連を検討する。第5章では，中年期女性の容姿を維持向上する努力を測る尺度について検討し，中年期危機との関連を検討する。第6章では，ソーシャル・サポートと容姿を維持向上する努力の女性の中年期危機への効果について検討し，モデル化を行う。なお，本書では研究1～研究5まで大きく5つの研究を行うが，その内訳ならびに各研究と調査対象者群との対応は次ページの Table 1-1の通りである。

　第7章では，第1章から第6章までの検討を踏まえて本研究の総括を行い，現代日本女性の中年期危機の予防と軽減に有効な提言を行う。

7節　本研究の調査対象者

　本書の質問紙調査研究においては，対象者A群～対象者E群までの大きく5群の対象者群があり，各研究でそれぞれ下記の対象者群のいずれか，また

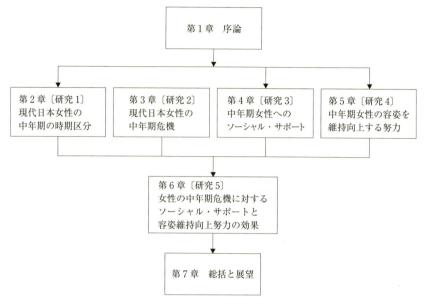

Figure 1-2　本研究の構成

Table 1-1　各研究と調査対象者群との対応一覧

研究 No.	対象者群	調査実施時期	備考
1	D	2010年1月〜2月	
2-1	A	2006年6月〜8月	
2-2	Aの一部	2006年9月〜10月	面接調査
2-3	E	2010年6月〜2011年2月	
3	E	2010年6月〜2011年2月	
4-1	B	2008年10月〜11月	
4-2	C	2009年6月〜7月	面接調査
4-3の調査1	B	2008年10月〜11月	
4-3の調査2	C	2009年6月〜7月	
4-4	E	2010年6月〜2011年2月	
5-1	E	2010年6月〜2011年2月	
5-2	E	2010年6月〜2011年2月	

はその一部を使用している。各研究がどの対象者群を使用しているかについては Table 1-1に示した。また，対象者群の一部を使用している場合は，詳細については該当箇所で示す。なお，面接調査研究についても，該当箇所で詳述する。

⑴ 対象者A群

調査対象者　主に東京都・神奈川県・埼玉県を中心とする，首都圏在住の40歳～59歳の女性292名。質問紙の回収数は231（回収率79.1%）。そのうち，フェイスシートに記入漏れがなく，中年期の危機状態尺度（女性用）に対して全て回答されているものを有効回答（＝分析対象）とした結果，有効回答数は215（有効回答率73.63%）。

調査期間　2006年6月～8月。

調査手続き　質問紙の配布は，①知人への直接配布，②友人を介した間接配布，③都内某私立女子大学生の母親への娘を介した間接配布，④郵送，⑤Eメール，の5通りにて実施。

　質問紙の回収は，①手渡し，②上記大学内に設置した回収ボックスへの返却，③質問紙に同封した返信用封筒による郵送，④Eメール，の4通りにて実施。

倫理的配慮　質問紙には，調査の目的，調査対象者のプライバシーの保護について明記。また依頼にあたり，カバリングレターを同封または添付し，質問への回答は自由意志によるものであり，回答をためらった場合には未記入のままで返却，または返却せずに廃棄願いたい旨と，質問または分析結果のフィードバック希望があった場合の筆者の連絡先を明記。さらに，質問紙の配布の際にも口頭またはEメールの文面にてその旨を説明。

調査内容（フェイスシート）　年齢・主な活動（会社員・パート/アルバイト・自営業・専業主婦など）・婚姻状況・子の有無・同居者の人数・同居者の続柄（パートナー（夫・恋人）・子・父・母・義父・義母など）。

対象者の属性　対象者の平均年齢は47.51歳（標準偏差2.0歳）。年齢別内訳は，40歳〜44歳が76名，45歳〜49歳が59名，50歳〜54歳が54名，55歳〜59歳が26名であった。対象者の属性一覧（年齢，主な活動，就業状況，婚姻状況，子の有無，居住状況）を次ページの Table 1-2に示す。

(2) 対象者B群

調査対象者　都内某私立女子大学に通う女子大学生・大学院生および彼女らと同年代の知人女性（以下，娘世代と記す）118名と，その母親および彼女らと同年代の女性（以下，母親世代と記す）113名で，合計231名。回収数は181で，娘世代が93，母親世代が88で，回収率78.35％。そのうち，フェイスシートに記入漏れがなく各尺度に対して概ね9割以上回答されているものを有効回答（＝分析対象）とした結果，有効回答数は176で，娘世代が90，母親世代が86で，有効回答率は76.19％。

調査期間　2008年10月〜11月。

調査手続き　質問紙の配布は，娘世代に対しては①授業時間を利用した直接配布，②知人への直接配布，の2通りにて，母親世代に対しては①知人への直接配布，②知人を介した間接配布，③授業中に配布した娘よりその母親への関節配布，の3通りにて実施。

　質問紙の回収は，娘世代は①授業時間中の手渡し，②上記大学内に設置した回収ボックスへの返却，③質問紙に同封した返信用封筒による郵送，の3通りにて，母親世代は①娘を介した授業中の手渡し，②娘を介した上記大学内に設置した回収ボックスへの返却，③質問紙に同封した返信用封筒による郵送，の3通りにて実施。

倫理的配慮　質問紙には，調査の目的，調査対象者のプライバシーの保護について明記。また依頼にあたり，カバリングレターを同封し，質問への回答は自由意志によるものであり，回答をためらった場合には未記入のままで返却，または返却せずに廃棄願いたい旨と，質問または分析結果のフィードバ

第1章 序 論 37

Table 1-2 対象者の属性一覧

属性	人数
年齢（平均年齢47.51歳，$SD=2.00$）	
40歳～44歳	76
45歳～49歳	59
50歳～54歳	54
55歳～59歳	26
主な活動と就業状況	
フルタイム	91
会社員	63
自営業	10
その他	18
パートタイム	69
パート/アルバイト	69
無職	55
専業主婦（主夫）	44
学生	10
何らかの目的で勉強中	1
特に何もしていない	0
婚姻状況	
未婚	41
既婚	174
子の有無	
有り	165
無し	50
居住状況	
独居	17
二人暮らし	38
三人以上で同居	160

ック希望があった場合の筆者の連絡先を明記。さらに，質問紙の配布の際に
も口頭にてその旨を説明。

調査内容（フェイスシート）　年齢・同居者の人数/続柄（パートナー（夫・恋
人）・子・父・母など）。

上記に加え，娘世代にのみ学部学科・学年を，母親世代にのみ就業状況（常勤職・非常勤職・自営業・専業主婦）。

対象者の平均年齢と年齢分布　対象者の平均年齢は，娘世代が20.66歳（標準偏差3.04歳），母親世代が49.01歳（標準偏差4.84歳）となった。娘世代は，大学学部生63名と大学院生（修士課程と博士後期課程）27名で，年齢幅17歳〜29歳であった。母親世代は，常勤職24名，非常勤職34名，自営業7名，専業主婦24名で，年齢幅は37歳〜64歳であった。世代ごとの年齢別回答者数の分布を Table 1-3に示す。

(3) **対象者C群**

調査対象者　筆者の知人とその知人を介しての，1964年4月〜1965年3月生まれで4年制大学を卒業した，本研究への協力に同意した首都圏在住の女性8名。研究4-2の面接調査の際に，あわせて実施。

調査期間　2009年6月〜7月。

調査手続き　質問紙を直接配布し，その場で回収した。

倫理的配慮　質問紙には，調査の目的，調査対象者のプライバシーの保護，質問若しくは分析結果のフィードバック希望があった場合の筆者の連絡先について明記。質問紙の配布の際にも口頭にて，質問への回答は自由意志によ

Table 1-3　世代別年齢別回答者数（比率）

年齢	世代	
	母親世代	娘世代
10歳代計	0(0%)	51(56.67%)
20歳代計	0(0%)	39(43.33%)
30歳代計	1(1.16%)	0(0%)
40歳代計	54(62.79%)	0(0%)
50歳代計	28(32.56%)	0(0%)
60歳代計	3(3.49%)	0(0%)

るものであり，回答をためらった場合には未記入のままで返却，または返却
せずに廃棄願いたい旨を説明。

調査内容（フェイスシート）　婚姻状況・子の有無・主な活動（常勤職・非常勤
職・自営業・専業主婦）・就業とのかかわり（再就業：新卒就業後，結婚や出産に
より退職し専業主婦の経験を経て再び働くことを選択，就業継続：新卒就業後，転職
経験の有無にかかわらず一貫して就業中，非就業：新卒就業後，結婚や出産により退
職しその後就業経験なし）。

調査対象者一覧　対象者一覧を Table 1-4に示す。

⑷ 対象者D群

調査対象者　都内某私立女子大学に通う女子大学生・大学院生および彼女ら
と同年代の知人女性（以下，娘世代と記す）115名と，その母親および彼女ら
と同年代の女性（以下，母親世代と記す）127名で，合計242名。回収数は182
で，娘世代が103，母親世代が79で，回収率は75.20％。そのうち，フェイス
シートに記入漏れがなく各質問項目に対して概ね9割以上回答されているも
のを有効回答（＝分析対象）とした結果，有効回答数は179で，娘世代が101，
母親世代が78で，有効回答率は74.0％。

調査期間　2010年1月～2月。

Table 1-4　対象者一覧

就業との関わり	就業状況	婚姻状況	子の有無
再就業	パートタイム（会社員/専門職）	既婚	有り
	パートタイム（会社員）	既婚	有り
	パートタイム（会社員）	既婚	有り
	常勤（会社員）	既婚	有り
	常勤（会社員）	未婚	無し
就業継続	常勤（会社員）	既婚	無し
	自営業（フリーランス専門職）	未（離）婚	有り
非就業	専業主婦	既婚	有り

40

調査手続き　質問紙の配布は，娘世代に対しては①授業時間を利用した直接配布，②知人への直接配布，の2通りにて，母親世代に対しては①知人への直接配布，②知人を介した間接配布，③授業中に配布した娘よりその母親への間接配布，の3通りにて実施。

　質問紙の回収は，娘世代は①授業時間中の手渡し，②上記大学内に設置した回収ボックスへの返却，③質問紙に同封した返信用封筒による郵送，の3通りにて，母親世代は①娘を介した授業中の手渡し，②娘を介した上記大学内に設置した回収ボックスへの返却，③質問紙に同封した返信用封筒による郵送，の3通りにて実施。

倫理的配慮　(2) の対象者B群と同一。

調査内容（フェイスシート）　年齢・自分自身のために使える金額（5千円未満・5千円～1万円未満・1万円～3万円未満・3万円～5万円未満・5万円～10万円未満・それ以上）。

　上記に加え母親世代にのみ，主な活動（常勤職・非常勤職・自営業・専業主婦）・現在介護中か否か。娘世代にのみ，学年・居住形態（親または親族と同居・学寮・学寮以外の下宿/アパート/マンション）。ただし今回は，年齢以外の項目についての分析は行わない。

対象者の平均年齢と年齢分布　対象者の平均年齢は，娘世代が21.16歳（標準偏差2.00歳），母親世代が49.92歳（標準偏差4.49歳）であった。年齢幅は，母親世代は40歳～61歳の範囲で，娘世代は19歳～28歳の範囲であったが，娘世代は女子大学生が対象者のほとんどであったため19歳～21歳の範囲に人数が集中していた。世代ごとの年齢別回答者数の分布を次ページの Table 1-5 に示す。

(5) 対象者E群

調査対象者　首都圏を中心とした17歳～78歳の女性1,785名。回収数は864（回収率48.4%）。そのうち，フェイスシートに記入漏れがなく各尺度に対し

第 1 章 序 論 41

Table 1-5 世代別年齢別回答者数（比率）

年齢	世代	
	母親世代	娘世代
10歳代計	0(0%)	10(9.90%)
20歳代計	0(0%)	91(90.10%)
30歳代計	0(0%)	0(0%)
40歳代計	37(47.44%)	0(0%)
50歳代計	39(50.0%)	0(0%)
60歳代計	2(2.56%)	0(0%)

て概ね9割以上回答されているものを有効回答とした結果，有効回答数は
841（有効回答率47.1%）。

調査期間　2010年6月～2011年2月。

調査手続き　質問紙は配布経路に対応して「中年期女性用」・「女子青年
用」・「全世代用」の3種類を作成した。「全世代用」を作成したのは，質問
紙の回答者が中年期女性に該当するのか女子青年に該当するのかが配布時に
は不確定な場合があったためである。

　質問紙の配布は，以下の通り。「中年期女性用」は，①知人への直接配布，
②知人を介した間接配布，③授業中に配布した娘と息子よりその母親への間
接配布，の3通りにて，「女子青年用」は，①首都圏の私立女子大学・共学
大学での授業時間を利用した直接配布，②知人への直接配布，③知人を介し
た間接配布，の3通りにて，「全世代用」は，①都内某EAP企業の顧客企
業に実施した社員研修での女子社員への直接配布，②知人への直接配布，③
知人を介した間接配布，④郵送，の4通りにて実施。

　質問紙の回収は，以下の通りである。「中年期女性用」は，①手渡し，②
娘と息子を介した授業時間中の手渡し，③娘と息子を介した上記大学内に設
置した回収ボックスへの返却，④質問紙に同封した返信用封筒による郵送，
の4通りにて，「女子青年用」は，①授業時間中の手渡し，②上記大学内に

設置した回収ボックスへの返却，③質問紙に同封した返信用封筒による郵送，の3通りにて，「全世代用」は，①手渡し，②質問紙に同封した返信用封筒による郵送，の2通りにて実施。

倫理的配慮　(2) の対象者B群と同一。

調査内容（フェイスシート）　全ての質問紙で年齢・自分のために使える金額。また，「女子青年用」でのみ学部学科・学年・居住形態（親親族と同居・学寮・学寮以外の下宿アパートマンション）を，「中年期女性用」・「全世代用」でのみ婚姻状況（未婚・既婚・離/死別）・子の有無・主な活動（常勤職・非常勤職・自営業・専業主婦）・現在介護中か否か，を訊ねた。

対象者の属性　対象者の共通する属性一覧（年齢，自由に使える金額）をTable 1-6に示す。

Table 1-6　対象者の属性（共通属性のみ）一覧

属性	人数	%
年齢（平均年齢歳39.45歳，SD=14.50歳）		
17歳～19歳	134	15.93
20歳～24歳	109	12.96
25歳～29歳	21	2.50
30歳～34歳	24	2.85
35歳～39歳	38	4.52
40歳～44歳	80	9.51
45歳～49歳	195	23.19
50歳～54歳	123	14.63
55歳～59歳	86	10.23
60歳～64歳	22	2.62
65歳～69歳	6	.71
70歳～74歳	2	.24
75歳～79歳	1	.12
自由に使える金額（経済状況）		
5千円未満	46	5.47
5千円～1万円未満	159	18.91
1万円～3万円未満	298	35.43
3万円～5万円未満	189	22.47
5万円～10万円未満	108	12.84
それ以上	41	4.88

第2章　現代日本女性の中年期の時期区分〔研究1〕

1節　目的

　日本女性の中年期危機についての研究を実施するにあたり，その出発点として現代日本女性自身が中年期をどのように捉えているかを把握する必要がある。本章では，本書で検討対象とする中年期の時期区分についてのデータを得ることを目的として，探索的な研究を実施する。

　第1章2節で整理した通り，日本における中年期の時期区分については，心理学上では30歳代後半か40歳頃～60歳頃まで（たとえば，岡本，1995），行政上では概ね40歳代～60歳半ば（たとえば，『健康日本21』（厚生労働省，2000）；『平成10年版国民生活白書』（内閣府，1998）），医学上では，中年期に代わる概念としての更年期として40歳～60歳あたり（たとえば，秋山・長田，2003；浅野，2005）と，開始年齢についても終了年齢についても一致がみられない。

　そこで本章では，まず，そもそも日本女性が中年期を何歳から何歳までと位置づけているのかを実証的に明らかにする。次に，中年期の開始年齢と終了年齢の設定理由を整理して，日本女性自身が考える中年期の特徴について検討する。そして，それらの結果をもとに，現代日本女性が考える中年期の時期区分について検討する。

　なお，本研究を実施する際には，中年期女性自身が中年期をどのように捉えているかということを浮き彫りにするために，中年期女性のみでなく女子青年も調査対象とし，その特徴を比較検討する。これにより，女性が年齢を重ねることによって中年期の時期区分が変化するのか否かを明らかにし，さらに，開始年齢と終了年齢を決定する理由についての差異があるのか，など

についても検討する。

2節　方法

調査対象者　対象者D群（詳細については第1章7節を参照）。

　ただし，質問項目ごとに未回答のデータがあるため分析ごとの人数には多少の増減がある。

調査内容（フェイスシートを除く）

①一般的に「中年」とは何歳から何歳までを指すと思うかについて，開始年齢（以下，一般的開始年齢と記す）と終了年齢（以下，一般的終了年齢と記す）および，おのおのの年齢にした理由。

②自分は何歳になったら「中年」になると思うかについて，開始年齢（以下，個人的開始年齢と記す）および，その年齢にした理由。その年齢にした理由は，①②ともに自由記述形式で訊ねた。

分析方法　本研究では，以下の2種類の分析を用いた。

　①自由記述により得られた質的データの分類と定性的分析には，KJ法（川喜田，1967；1970）。

②①で分類されたデータの度数，およびそれ以外の数量データの定量的分析には，統計分析ソフトSPSS12.0による統計的分析。

3節　結果と考察

(1) **現代日本女性は中年期の開始年齢と終了年齢を何歳と位置づけるのか**
　　――一般的開始年齢と一般的終了年齢，個人的開始年齢に着目して――

一般的開始年齢と一般的終了年齢，個人的開始年齢の世代間比較

　一般的開始年齢，一般的終了年齢，そして個人的開始年齢について，世代による t 検定を実施した。結果を Table 2-1に示す。一般的開始年齢の平均

Table 2-1 一般的開始年齢・一般的終了年齢・個人的開始年齢の
平均値（*SD*）と世代間の *t* 検定結果

	一般的開始年齢	一般的終了年齢	個人的開始年齢
母親世代（n=76）	43.01(6.29)	60.96(5.30)	44.75(6.92)
娘世代（n=101）	38.51(5.76)	54.63(6.35)	39.04(6.26)
自由度	175	175	175
t 値	4.95***	7.03***	5.74***

***p＜.001

値は母親世代が43.01歳（標準偏差6.29歳），娘世代が38.51歳（標準偏差5.76歳）となり，母親世代の方が娘世代より有意に高かった（*t*(175)＝4.95, *p*＜.001）。同様に，一般的終了年齢の平均値も母親世代が60.96歳（標準偏差5.30歳），娘世代が54.63歳（標準偏差6.35歳）となり，母親世代の方が娘世代より有意に高かった（*t*(175)＝7.03, *p*＜.001）。さらに，個人的開始年齢の平均値についても母親世代が44.75歳（標準偏差6.92歳），娘世代が39.04歳（標準偏差6.26歳）となり，母親世代の方が娘世代より有意に高かった（*t*(175)＝5.74, *p*＜.001）。つまり母親世代は，娘世代と比較すると開始年齢，終了年齢ともに中年期を遅く捉えており，またその中でも，自分の開始年齢を更に遅く捉えていることが示された。つまり女性達は，娘世代の時にはもっと早い年齢を中年期の開始と思っていたにもかかわらず，自分がその年齢に差し掛かった，あるいは中年期に入ると中年期の開始はもっと遅い年齢であると捉え直し，かつ，自分自身については更に遅い年齢から始まると捉えることが推察される。これは，現代日本女性が中年期を早く始まって欲しくないと考えていることを示唆するものである。同様に終了年齢についても，娘世代の時にはもっと早い年齢を中年期の終了と思っていたにもかかわらず，自分が中年期に差し掛かった，あるいは中年期に入ると中年期の終了はもっと遅い年齢であると捉え直すことが推察される。これは，やはり現代日本女性が中年期を早く終わって欲しくないと考えていることを示唆するものであろう。

世代別の一般的開始年齢と一般的終了年齢の年齢分布による比較

　世代別の一般的開始年齢と一般的終了年齢の年齢ごとの比率をFigure 2-1に示した。両世代の分布の傾向を見ると，一般的開始年齢の年齢幅は20歳代後半〜60歳代前半であり，その内訳は，娘世代が20歳代後半〜50歳代前半（最大25年），母親世代が30歳代前半〜60歳代前半（最大35年）となった。つまり，母親世代の方が全体的に一般的開始年齢を幅広く，かつ遅く捉えていることがわかる。一般的終了年齢の年齢幅は30歳代前半〜70歳代後半であり，その内訳は，娘世代が30歳代前半〜70歳代前半（最大45年），母親世代が50歳代前半〜70歳代後半（最大25年）となった。つまり，母親世代の方が全体的に一般的終了年齢を比較的狭い年齢幅で，かつ遅く捉えていることがわかる。この結果は，先述の一般的開始年齢・一般的終了年齢の世代間比較の結果をより明確に示すものである。

　次に，一般的開始年齢と一般的終了年齢の両世代の最頻値に注目する。一般的開始年齢については，母親世代・娘世代ともに40歳代前半が最も多く，しかもほぼ同比率の人がそう考えていた。一般的終了年齢について，最も多くの人が終了と考える年代は，母親世代は60歳代前半，娘世代は50歳代後半となり，母親世代の方が高かった。つまり，一般的開始年齢については，年

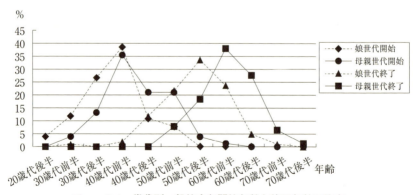

Figure 2-1　世代別一般的中年開始年齢と終了年齢の比率

齢幅が広いために世代間の平均値で有意な差が生じたものの，両世代ともに
ある程度想像が一致しており，多くの人が中年期の開始と考える時期として
は，ほぼ40歳代前半に集約されることが示唆される。一方，一般的終了年齢
については，年齢幅が母親世代は最大25年と比較的狭いが，娘世代にいたっ
ては最大で45年と最も広くなり，多くの人が中年期の終了と考える時期にも
差異が生じたのではないだろうか。つまり，一般的終了年齢については，選
択した年齢幅が広いために世代間の平均値で有意な差が生じただけでなく，
両世代の想像にもずれが生じているため多くの人が終了と考える時期も異な
っていると推察される。

一般的開始年齢と個人的開始年齢の一般と個人間の比較

　世代別に一般的開始年齢と個人的開始年齢間で t 検定を実施した。結果を
Table 2-2に示す。娘世代では，一般的開始年齢の平均値と個人的開始年齢
の平均値との間に有意な差は認められなかった（$t(100) = 1.73$, *n.s.*）。一方，
母親世代では，個人的開始年齢の平均値の方が一般的開始年齢の平均値より
有意に高かった（$t(74) = 4.03$, $p < .001$）。つまり，娘世代は中年期の開始を自
分のこととして捉えにくいため，一般的に考える開始年齢と自分ならどのく
らいかという開始年齢とに違いが生じなかったのではないだろうか。それに
対して母親世代は，中年期の開始について多くの人は当事者意識が生じるこ

Table 2-2　世代別の中年開始年齢の平均値（*SD*）と
一般と個人間の *t* 検定結果

	母親世代（n=75）	娘世代（n=101）
一般的開始年齢	43.05(6.32)	38.51(5.76)
個人的開始年齢	44.75(6.96)	39.04(6.26)
自由度	74	100
t 値	4.03***	1.73

***$p < .001$

とが予想されるため，自分は世間一般に言われる年齢より中年期が遅く始まって欲しい，または自分は何らかの取組みによって遅くできると考え，一般的に考える開始年齢より自分ならどのくらいかと想像した開始年齢が高くなるという違いが生じたことが推測される。

(2) 現代日本女性は中年期の特徴をどのように捉えているのか
　―開始年齢と終了年齢を決定する理由とは何か―
一般的開始年齢と一般的終了年齢の決定理由の世代間比較

　一般的開始年齢と一般的終了年齢についてのそれぞれの決定理由の複数回答者数は，母親世代が開始年齢決定理由（以下，開始理由と記す）で8名，終了年齢決定理由（以下，終了理由と記す）で3名おり，娘世代が開始理由で2名，終了理由0名といずれも少数であった。したがって，今回は第1回答に注目して分析することとした。回答をKJ法にて分類した結果をTable 2-3に示す。以下に，中分類に注目して考察する。

　開始理由は，母親世代では［若さの喪失］・［性的変化］・［時期区分］が，娘世代では［若さの喪失］・［他者との関係性］が多かった。さらに内容を詳細に見ていくと，中年期の開始理由としては，身体機能や容姿の衰えなどに代表される［若さの喪失］が両世代ともに4割以上となり，世代を問わず一番重要視されていることがわかる。この［若さの喪失＝中年期の始まり］という結果は，中年期の自我同一性再構成のプロセスの始まりは身体感覚の変化による同一性基盤の動揺である，とする岡本（1985）や，心理・身体的な老いの始まりは40歳代の中年期である，とするWhitbourne（2001）の指摘と一致する。

　終了理由は，母親世代では［若さの喪失］・［時期区分］・［他者との関係性］・［経済的変化］が，娘世代では［時期区分］・［他者との関係性］が多かった。この結果から，中年期の終了理由としては，具体的な年齢的区分けや自分の中で何となく想定した時期を言及する［時期区分］が両世代ともに4

第2章　現代日本女性の中年期の時期区分　51

Table 2-3　中年期の開始理由・終了理由：人数（%）

中分類	小分類	開始理由		終了理由	
		母親世代	娘世代	母親世代	娘世代
若さの喪失	身体機能の衰え	16(20.5)	1(1.0)	5(6.4)	1(1.0)
	容姿の衰え	10(12.8)	13(12.9)	2(2.6)	2(2.0)
	オバサンのイメージ	0(0)	7(6.9)	0(0)	0(0)
	若さの喪失への言及	8(10.3)	21(20.8)	0(0)	1(1.0)
小計		34(43.6)	42(41.6)	7(9.0)	4(4.0)
精神的変化	精神エネルギーの衰え	1(1.3)	1(1.0)	1(1.3)	0(0)
	人格の成熟	3(3.8)	1(1.0)	1(1.3)	1(1.0)
小計		4(5.1)	2(2.0)	2(2.6)	1(1.0)
性的変化	妊娠・出産への意識変化	3(3.8)	1(1.0)	0(0)	0(0)
	更年期	6(7.7)	3(3.0)	3(3.8)	4(4.0)
小計		9(11.5)	4(4.0)	3(3.8)	4(4.0)
時期区分	年齢的区分け	8(10.3)	5(5.0)	18(23.1)	32(31.7)
	時期区分への言及	1(1.3)	2(2.0)	14(17.9)	13(12.9)
小計		9(11.5)	7(6.9)	32(41.0)	45(44.6)
他者との関係性	子・孫との関係性	3(3.8)	8(7.9)	3(3.8)	5(5.0)
	他者からの情報	2(2.6)	6(5.9)	3(3.8)	2(2.0)
	周囲の人の印象	0(0)	5(5.0)	4(5.1)	1(1.0)
	母親を観察して	0(0)	11(10.9)	0(0)	7(6.9)
	祖母を観察して	0(0)	0(0)	0(0)	4(4.0)
小計		5(6.4)	30(29.7)	10(12.8)	19(18.8)
経済的変化	年金受給	0(0)	0(0)	10(12.8)	2(2.0)
	定年・退職	0(0)	0(0)	7(9.0)	4(4.0)
小計		0(0)	0(0)	17(21.8)	6(5.9)
その他	何となく	7(9.0)	15(14.9)	3(3.8)	18(17.8)
	その他	10(12.8)	1(1.0)	4(5.1)	4(4.0)
小計		17(21.8)	16(15.8)	7(9.0)	22(21.8)
合計		78(100)	101(100)	78(100)	101(100)

割以上となり，やはり世代を問わずに一番重要視されていることがわかった。
これについては，両世代ともに未経験なためと考えられる。

52

一般的開始年齢と一般的終了年齢の決定理由の世代間比較

　開始理由について，回答者数の多かった［若さの喪失］・［性的変化］・［時期区分］・［他者との関係性］で母親世代と娘世代とでカイ二乗検定を行ったところ，世代間で人数の偏りが有意となった（$\chi^2(3) = 16.62, p < .01$）。残差分析の結果，母親世代の方が［性的変化］で，娘世代の方が［他者との関係性］で，それぞれ回答者数が有意に多かった（$p < .05, p < .01$）。つまり，中年期の開始理由のうち［若さの喪失］以外の理由については世代間の相違があり，母親世代は娘世代よりも，高齢出産や更年期などに代表される［性的変化］を，娘世代は母親世代よりも，子や孫との関係性や母親観察に代表される［他者との関係性］を重要視していることがわかった。

　同様に終了理由について，回答者数の多かった［若さの喪失］・［他者との関係性］・［経済的変化］で母親世代と娘世代とでカイ二乗検定を行ったところ，世代間で人数の偏りが有意となった（$\chi^2(3) = 10.65, p < .05$）。残差分析の結果，母親世代の方が［経済的変化］で回答者数が有意に多かった（$p < .01$）。つまり，中年期の終了理由のうち［時期区分］以外の理由については世代間の相違があり，母親世代は娘世代よりも，年金や定年などの［経済的変化］を重要視していることがわかった。

世代別の一般的開始年齢と一般的終了年齢の決定理由の比較

　母親世代について，開始理由・終了理由で回答者数の多かった［若さの喪失］・［性的変化］・［時期区分］・［他者との関係性］・［経済的変化］でカイ二乗検定を行ったところ，開始理由・終了理由間で人数の偏りが有意となった（$\chi^2(4) = 51.68, p < .001$）。残差分析の結果，開始理由の方が［若さの喪失］・［性的変化］で，終了理由の方が［時期区分］・［経済的変化］でそれぞれ回答者数が有意に多かった（$p < .01, p < .05, p < .01, p < .01$）。つまり母親世代は，上記2種類の世代間比較の結果と同様に，中年期の開始理由として［若さの喪失］や［性的変化］をより重要視し，終了理由として［時期区分］や［経

済的変化］をより重要視することが改めて浮き彫りにされた。

　同様に娘世代について，開始理由・終了理由で回答者数の多かった［若さの喪失］・［時期区分］・［他者との関係性］でのカイ二乗検定を行ったところ，開始理由・終了理由間で人数の偏りが有意となった（$\chi^2(2) = 61.15, p < .001$）。残差分析の結果，開始理由の方が［若さの喪失］で，終了理由の方が［時期区分］で回答者数が有意に多かった（$p < .01, p < .01$）。つまり娘世代も，上記2種類の世代間比較の結果と同様に，中年期の開始理由として［若さの喪失］をより重要視し，終了理由として［時期区分］をより重要視することが明確になったと言えよう。

4節　まとめ

　上記の分析結果から，以下の2点について考察する。

　第一に，中年期の時期区分の捉え方である。本研究では，本論文で検討対象とする中年期の時期区分についてのデータを得る目的で，日本女性自身が考える中年期の年齢範囲を訊ねたところ，40歳〜61歳の母親世代，すなわち中年期女性群78名は，世の中一般的に考える中年期の時期区分としての，一般的開始年齢を43.01歳（平均値，標準偏差6.29歳）と，一般的終了年齢を60.96歳（平均値，標準偏差5.30歳）と捉えていることが示された。一方，19歳〜28歳の娘世代，すなわち女子青年群101名に対して同様の質問をしたところ，一般的開始年齢を38.51歳（平均値，標準偏差5.76歳）と，一般的終了年齢を54.63歳（平均値，標準偏差6.35歳）と捉えていることが示された。このように，たとえ女性同士であったとしても，世代が異なるだけで中年期の時期区分の捉え方については大きな差異が生じる。したがって，第1章1節ならびに2節で述べた通り，誰もが納得するような中年期の時期区分の定義が困難であることが改めて示されたと言えよう。

　一方，本研究により，中年期女性自身が世の中一般的に考える中年期の時

期区分として43歳〜60歳（小数点以下切捨て）という年齢範囲が得られた。そこで本書では，この43歳〜60歳を暫定的に中年期のコア（核）と仮定し，コア中年期と命名する。ただし，自分としては何歳くらいから中年期が始まるのかを考えた場合の個人的開始年齢は，女子青年群では一般的開始年齢と有意な差は認められなかったが，中年期女性群では有意な差が認められたことから，個人的終了年齢についても差が見られる可能性がある。そこで本書では，中年期をコア中年期という側面から見ていくこととするが，あわせて今後研究を進めるにあたり，対象者自身が自らを中年期と考える時期区分（以下，主観的中年期と記す）を確認する必要性が示唆される。

　なお，コア中年期は約20年にわたり，かつ，主観的中年期も恐らくコア中年期と同じか，それ以上の長期間にわたるものと予想される。果たしてこれらを1つの中年期として扱って良いのかどうかは，第1章2節でも指摘したが検討の必要があるだろう。

　第二に，現代日本女性の中年期の捉え方の代表的な特徴として，年代を問わず開始理由については，身近に感じ，かつ外見的にも明らかになる［若さの喪失］より，終了理由については，個々人の中で想像する［時期区分］の設定より捉えることが示されたことである。であるならば，第1章2節で整理した老いの発達課題を中年期危機として捉えた場合に，この［若さの喪失］は，少なくとも中年期初期の危機としては該当する可能性があるだろう。本研究で，年代を問わず中年期の開始理由として［若さの喪失］が一番重要視されたことにより，日本女性用中年期危機尺度を作成する際に，［若さの喪失］を新たな因子の候補として検討する必要性が示唆される。

第3章　現代日本女性の中年期危機〔研究2〕

1節　目的

　本章では，現代日本女性が中年期をどのように捉えているのかを検討した第2章に引き続き，日本女性の中年期危機を測る尺度を作成し，その構造を明らかにする。その上で，年齢による危機の個人差を検討することを目的とする。

　まず2節では，研究2-1として，日本女性用の中年期危機を測定する尺度を作成するにあたり，第1章2節で検討した長尾（1990）の中年期の危機状態尺度（女性用）を用い，現代中年期女性のデータでの再分析を実施する。これにより，尺度の因子構造と利用可能性の検討を行う。その際，中年期危機の定義についても長尾（1990）の定義を採用し，それに則り調査対象者の年齢も40歳～59歳とする。

　次に3節では，研究2-2として，研究2-1で得られた結果をもとに面接調査を実施する。これにより，質問紙調査では捉えきれなかった女性の中年期危機の体験を把握し，より詳細に検討することで危機の内容を再吟味する。第1章ならびに第2章の検討結果から，筆者は［若さの衰え］，とりわけ［外見の変化］に関する危機の内容が語られると推測する。

　さらに4節では，研究2-3として，研究2-1ならびに研究2-2で得られた結果をもとに，日本女性用中年期危機尺度を作成する。その上で，作成した危機尺度得点の調査対象者の年齢間比較をすることにより，本書にて更なる分析を進める際の，中年期の取り扱い―ひとまとめにして分析することが可能か，必要に応じてグルーピングして検討するべきか，について確認する。さ

らに第1章で整理した通り，女性のライフスタイルの多様化により中年期危機の様相が異なる可能性があるため，この点についても確認する。

2節　女性の中年期危機についての質問紙調査（研究2-1）

(1) 目的

長尾（1990）の中年期の危機状態尺度（女性用）を用い，現代中年期女性のデータでの再分析を行うことにより，尺度の因子構造と利用可能性を検討する。あわせて，その結果を用いて3節の面接対象者の選定をするための基礎資料を得る。

(2) 方法

調査対象者　対象者A群（詳細については第1章7節を参照）。

調査内容（フェイスシートを除く）

①中年期の危機状態尺度（女性用）

長尾（1990）の「中年期の危機状態尺度（女性用）」を形式・評定法も含めそのまま使用した。〈身体が老化していく不安〉・〈死の不安〉・〈今までの生き方の後悔〉・〈自立することの不安〉・〈過去の執着と分離不安〉・〈時間不信〉・〈新しい生き方への模索〉の7因子，31項目から構成され，本人が各項目があてはまる程度を4件法（全くない：1点，あまりない：2点，少しある：3点，よくある：4点）で回答を求めた。

なお本尺度への回答は，3節の研究2-2の面接協力者の選定を目的とした，調査対象者の「危機状態」（「未経験」：中年期危機の自覚なし，「現在危機」：中年期危機を現在自覚している，「継続中」：中年期危機をここ1年以上継続して自覚している，「解決済」：もう既に中年期危機を乗り越えた）を判定するために，①「今現在」の状態と②「過去（1年以上前）」の経験，の2種類を求めた。その際，調査協力者の負担を軽減するため，②「過去（1年以上前）」については，全

く経験したことがない場合は「回答は不要」と書き添えた。

分析方法　統計分析ソフト SPSS15.0による統計的分析を用いた。

(3) 結果と考察

中年期の危機状態尺度（長尾，1990）の因子分析

　中年期の危機状態尺度（女性用）の「今現在」の状態を訊ねた31項目について，天井効果と床効果を確認した（Table 3-1）。その結果，「もう若い頃のような体力がないような感じがする」のみに天井効果が，「夜中に目が覚めた時，過ぎた日のことを考える」・「どうしても過去のことが気になって，なかなか前向きに生きられない」・「私には自己破壊的なところがあるために，私の人生は死に向かって突き進んでいる気がする」・「自分の親は永遠にこの世にいるという想像をする」の４項目に床効果が見られたので，項目平均値より標準偏差を減じた値が.75の「私には自己破壊的なところがあるために，私の人生は死に向かって突き進んでいる気がする」と，.81の「自分の親は永遠にこの世にいるという想像をする」の２項目を削除し，残りは因子分析の対象に含めることとした。

　次に，残りの29項目について，探索的に因子分析を実施した。まず共通性の初期値を１とし，主因子法により因子を抽出した結果，因子のスクリープロットと初期の固有値の差の変化のバランスより５因子解を妥当と判断した。次に主因子法・プロマックス回転による因子分析を実施した。共通性が.16未満であった１項目「待たされるととてもイライラする」と，因子負荷量が.35未満となった６項目「夜中に目が覚めた時，過ぎた日のことを考える」・「ひまな時，昔のことを思い浮かべて自分を振り返る」・「どうしても過去のことが気になって，なかなか前向きに生きられない」・「将来のことを考えると，自分の出来る事が少なくて淋しいイメージが浮かぶ」・「昔を振り返りながら，今の自分と昔の自分をむすびつけていく」・「私の人生は，これまででできすぎ（理想通り）と思うので，これからは地道にやっていきたい」を

Table 3-1　中年期の危機状態尺度の各項目平均値と *SD*

No.	質　問　項　目	平均値	*SD*
1	ちょっと家事や仕事をしただけでも疲れを感じる	2.53	.91
2	夜中に目が覚めた時，過ぎた日のことを考える	1.86	.90
3	今までの人生が私の理想通りではなかったので，もうひと花さかせたい	2.14	.91
4	家事や仕事をすると疲れ切ってしまう	2.31	.90
5	私が死んだら，家族や親戚がどのようにふるまうかを想像する	1.83	.81
6	ひまな時，昔のことを思い浮かべて自分を振り返る	2.33	.79
7	私の親が亡くなることを考えると耐え切れない気持ちになる	2.40	.93
8	子どものことが片付いたら，私の本当の生き方を見つけるだろう	2.09	.95
9	もう若い頃のような体力がないような感じがする	3.31	.72
10	私は，自分の死やパートナー（夫・恋人）の死に不安を感じる	2.54	.84
11	どうしても過去のことが気になってなかなか前向きに生きられない	1.60	.70
12	パートナー（夫・恋人）に先立たれることを思うと辛い気持ちになる	2.38	.98
13	今までの生活や人生に満足しているので，これからもこの道を歩くだろう（R）	2.89	.86
14	将来のことを考えると自分の出来る事が少なくて淋しいイメージが浮かぶ	1.97	.85
15	異性意識が低下している感じがする	2.60	.90
16	昔を振り返りながら，今の自分と昔の自分を結びつけていく	2.22	.77
17	パートナー（夫・恋人）との生活ばかりに追われては私の本当の幸せは見つからないので，これからは仕事や趣味を大事にしたい	2.05	.94
18	年齢的にもう間に合わないことが多いと感じる	2.63	.85
19	今，私が死んだらやり残したことが多くて強く悔いが残る	2.55	.93
20	過去のことは気に留めず，今の事を考えている（R）	3.19	.78
21	子どもが結婚したり就職しても，子どもは私を気持ちの上で見離さないだろう（R）	2.50	1.06
22	今までの私の生き方は本当の自分の生き方ではないので，これから本当の自分の生き方を見つけたい	1.89	.79
23	待たされるととてもイライラする	2.64	.84
24	私は自己破壊的なところがあるために，私の人生は死に向かって突き進んでいる気がする	1.31	.56
25	自分の親は永遠にこの世にいるという想像をする（R）	1.58	.77
26	自分の能力を十分に発揮していないと思うので，これからは仕事や趣味で能力を発揮したい	2.30	.83
27	何でもものごとを始めるのがおっくうだ	2.27	.84
28	同年代の人と比べて体力の衰えを感じる	2.27	.81
29	この先，自分はどのようにして死ぬのだろうかということを想像する	2.14	.84
30	昔のことを考えてももう過ぎたことだから，将来のことだけを考えている（R）	2.90	.78
31	私の人生は，これまでできすぎ（理想通り）と思うので，これからは地道にやっていきたい（R）	1.96	.70

（R）は逆転項目，＿＿は天井効果が見られた項目，＿＿は床効果が見られた項目

削除した結果，5因子22項目が抽出された。因子分析結果の詳細および各項目の回転後の因子負荷量と因子間相関を Table 3-2に示す。

　第Ⅰ因子は，「同年代の人とくらべて体力の衰えを感じる」・「何でもものごとを始めるのがおっくうだ」・「年齢的にもう間に合わないことが多いと感じる」など，身体的・精神的低下の自覚を表す7項目が抽出されていることから〈体力と気力の衰え感〉と命名した。第Ⅱ因子は，「今までの人生が私の理想通りではなかったので，もうひと花さかせたい」・「今，私が突然死んだらやり残したことが多くて強く悔いが残る」など，過去の人生への後悔と将来の新しい自分を捜し求める感情を表す5項目が抽出されていることから〈今後の生き方の模索〉と命名した。第Ⅲ因子は，「私は，自分の死やパートナー（夫・恋人）の死に不安を感じる」・「私が死んだら，家族や親戚がどのようにふるまうかを想像する」など，自分や身近な人の死への恐怖を表す5項目が抽出されていることから〈死別恐怖〉と命名した。第Ⅳ因子は，「子どものことが片づいたら，私の本当の生き方を見つけるだろう」・「パートナー（夫・恋人）との生活ばかりに追われては私の本当の幸せは見つからないので，これからは仕事や趣味を見つけたい」など，家族へ執着する隠された感情を表す3項目が抽出されていることから〈家族への執着〉と命名した。第Ⅴ因子は，「過去のことは気にとめず，今のことを考えている」・「昔のことを考えてももう過ぎたことだから，将来のことだけを考えている」の過去へ執着する感情（ともに逆転項目）の2項目が抽出されていることから〈過去への執着〉と命名した。本尺度における Cronbach の α 係数（以下，α 係数と記す）を算出したところ，Table 3-2に示した通り，.64〜.77の範囲となった。

　これらの結果から，第Ⅰ因子〈体力と気力の衰え感〉・第Ⅱ因子〈今後の生き方の模索〉・第Ⅲ因子〈死別恐怖〉・第Ⅳ因子〈家族への執着〉については本尺度の因子として問題がないと考えられるが，第Ⅴ因子〈過去への執着〉についてはα係数が低く，かつ2項目であることから，本尺度の因子には採用せず今後の分析にも使用しないこととした。その上で，〈過去への執

Table 3-2 中年期の危機状態尺度の因子分析結果（主因子法，プロマックス回転）

No.	質　問　項　目	第Ⅰ因子	第Ⅱ因子	第Ⅲ因子	第Ⅳ因子	第Ⅴ因子	共通性
第Ⅰ因子：体力と気力の衰え感（α＝.77）							
28	同年代の人と比べて体力の衰えを感じる	.69	.03	−.06	−.03	−.04	.46
4	家事（仕事）をすると疲れきってしまう	.68	.09	−.11	−.03	.03	.46
1	ちょっと家事（仕事）をしただけでも疲れを感じる	.63	.11	−.12	−.01	.05	.42
9	もう若い頃のような体力がないような感じがする	.62	−.05	.18	−.01	.06	.49
27	何でもものごとを始めるのがおっくうだ	.48	−.06	.13	.03	−.13	.29
18	年齢的にもう間に合わないことが多いと感じる	.44	.00	.22	.02	−.04	.32
15	異性意識が低下している感じがする	.36	−.25	.08	.18	.05	.22
第Ⅱ因子：今後の生き方の模索（α＝.71）							
3	今までの人生が私の理想通りではなかったので，もうひと花さかせたい	.01	.71	.07	−.11	.10	.49
22	私の今までの生き方は本当の自分の生き方ではないので，これから本当の自分の生き方を見つけたい	.12	.67	−.04	.13	.03	.56
26	自分の能力を十分に発揮していないと思うので，これからは仕事や趣味で能力を発揮したい	−.10	.64	.11	.02	.16	.40
13	今までの生活や人生に満足しているので，これからもこの道を歩くだろう（R）	−.09	−.45	.25	.14	.30	.41
19	今，私が突然死んだらやり残したことが多くて強く悔いが残る	−.03	.42	.23	.20	−.05	.36
第Ⅲ因子：死別恐怖（α＝.69）							
10	私は，自分の死やパートナー（夫・恋人）の死に不安を感じる	−.04	.00	.65	.12	.01	.48
7	私の親が亡くなることを考えると耐え切れない気持ちになる	−.07	.26	.63	−.16	.01	.42
5	私が死んだら，家族や親戚がどのようにふるまうかを想像する	.00	.16	.60	−.13	−.03	.37
12	パートナー（夫・恋人）に先立たれることを思うと辛い気持ちになる	.03	−.14	.47	.17	.00	.31
29	この先，自分はどのようにして死ぬのだろうかということを想像する	.22	−.08	.47	−.21	−.02	.27
第Ⅳ因子：家族への執着（α＝.65）							
21	子どもが結婚したり就職しても，子どもは私を気持ちの上で見離さないだろう	−.04	−.09	−.10	.78	.05	.54
8	子どものことが片づいたら，私の本当の生き方を見つけるだろう	.05	.22	−.07	.63	−.02	.50
17	パートナー（夫・恋人）との生活ばかりに追われては私の本当の幸せは見つからないので，これからは仕事や趣味を大事にしたい	.09	.33	.07	.36	−.08	.38

第Ⅴ因子：過去への執着（α = .64）

20　過去のことは気にとめず，今のことを考えている（R）	.08	.09	-.09	-.04	.96	.89
30　昔のことを考えてももう過ぎたことだから，将来のことだけを考えてえている（R）	-.09	.13	.05	.06	.50	.25

（R）は逆転項目

因子間相関

	I	II	III	IV
II	.38			
III	.38	.19		
IV	.31	.20	.37	
V	.03	-.18	.15	.02

着〉因子の2項目を除いた20項目で4因子を想定した最終的な因子分析を実施した。結果を Table 3-3に示す。第Ⅰ因子から第Ⅳ因子までは，因子構造および項目内容は Table 3-2と一致した。これにより，2項目の因子がなくなりα係数も.65〜.77の範囲となり，尺度内の内的整合性が確認された。

　長尾（1990）のオリジナル尺度（以下，オリジナルと記す）と今回の再分析結果（以下，再分析後と記す）を比較検討した。まず因子数は，オリジナルの7因子から再分析後では4因子へと変わった。Table 3-3の「長尾（1990）での因子」欄より詳細を確認する。

　項目内容がほぼ一致しているのは，再分析後の〈体力と気力の衰え感〉とオリジナルの〈身体が老化していく不安〉と，再分析後の〈死別恐怖〉とオリジナルの〈死の不安〉であった。再分析後の〈体力と気力の衰え感〉には，オリジナルの〈身体が老化していく不安〉の6項目に〈今までの生き方の後悔〉の1項目が加わっていた。また，再分析後の〈死別恐怖〉には，オリジナルの〈死の不安〉の4項目に〈自立することの不安〉の1項目が加わっていた。再分析後の〈今後の生き方の模索〉は，オリジナルの〈今までの生き方の後悔〉の3項目に〈新しい生き方の模索〉と〈自立することの不安〉よりそれぞれ1項目ずつが加わっていた。再分析後の〈家族への執着〉は，オリジナルの〈過去の執着と分離不安〉と〈自立することの不安〉と〈今までの生き方の後悔〉より，いずれも子どもやパートナーとの関係に関わる項目

Table 3-3 中年期の危機状態尺度の因子分析結果最終版（主因子法，プロマックス回転）と長尾（1990）の因子との関連

No.	質　問　項　目	第Ⅰ因子	第Ⅱ因子	第Ⅲ因子	第Ⅳ因子	共通性	長尾(1990)での因子 注)
第Ⅰ因子：体力と気力の衰え感（α＝.77）							
28	同年代の人と比べて体力の衰えを感じる	.69	.05	− .07	− .03	.46	Ⅰ
4	家事（仕事）をすると疲れきってしまう	.69	.08	− .10	− .04	.46	Ⅰ
1	ちょっと家事（仕事）をしただけでも疲れを感じる	.64	.09	− .11	− .02	.42	Ⅰ
9	もう若い頃のような体力がないような感じがする	.62	− .07	.19	.00	.48	Ⅰ
27	何でもものごとを始めるのがおっくうだ	.47	− .03	.09	.03	.27	Ⅰ
18	年齢的にもう間に合わないことが多いと感じる	.43	.01	.20	.02	.31	Ⅲ
15	異性意識が低下している感じがする	.36	− .25	.08	.19	.21	Ⅰ
第Ⅱ因子：今後の生き方の模索（α＝.71）							
3	今までの人生が私の理想通りではなかったので，もうひと花さかせたい	.01	.68	.09	− .11	.47	Ⅲ
22	私の今までの生き方は本当の自分の生き方ではないので，これから本当の自分の生き方を見つけたい	.10	.67	− .03	.13	.57	Ⅲ
26	自分の能力を十分に発揮していないと思うので，これからは仕事や趣味で能力を発揮したい	− .10	.59	.14	.02	.37	Ⅶ
13	今までの生活や人生に満足しているので，これからもこの道を歩くだろう（R）	− .07	− .51	.31	.14	.32	Ⅲ
19	今，私が突然死んだらやり残したことが多くて強く悔いが残る	− .03	.42	.21	.19	.35	Ⅳ
第Ⅲ因子：死別恐怖（α＝.69）							
10	私は，自分の死やパートナー（夫・恋人）の死に不安を感じる	− .04	− .02	.67	.12	.49	Ⅱ
7	私の親が亡くなることを考えると耐え切れない気持ちになる	− .07	.25	.63	− .16	.43	Ⅳ
5	私が死んだら，家族や親戚がどのようにふるまうかを想像する	.00	.16	.58	− .13	.36	Ⅱ
12	パートナー（夫・恋人）に先立たれることを思うと辛い気持ちになる	.02	− .16	.49	.18	.32	Ⅱ
29	この先，自分はどのようにして死ぬのだろうかということを想像する	.23	− .08	.46	− .22	.27	Ⅱ

第3章　現代日本女性の中年期危機　63

第Ⅳ因子：家族への執着（α＝.65）

21	子どもが結婚したり就職しても，子ども は私を気持ちの上で見離さないだろう	− .04	− .12	− .08	.77	.52	Ⅴ
8	子どものことが片づいたら，私の本当の 生き方を見つけるだろう	.04	.22	− .08	.64	.51	Ⅳ
17	パートナー（夫・恋人）との生活ばかり に追われては私の本当の幸せは見つから ないので，これからは仕事や趣味を大事 にしたい	.08	.33	.04	.36	.37	Ⅲ

（R）は逆転項目
注）長尾（1990）の各因子は以下の通り。
　Ⅰ：身体が老化していく不安
　Ⅱ：死の不安
　Ⅲ：今までの生き方の後悔
　Ⅳ：自立することの不安
　Ⅴ：過去の執着と分離不安
　Ⅵ：時間不信
　Ⅶ：新しい生き方の模索

因子間相関

	Ⅰ	Ⅱ	Ⅲ
Ⅱ	.39		
Ⅲ	.39	.22	
Ⅳ	.33	.23	.36

が1項目ずつ加わった3項目より構成されていた。なお，オリジナルの〈時間不信〉因子と項目が，再分析後では全て削除される結果となった。その理由としては，項目内容が「待たされるととてもイライラする」・「私には自己破壊的なところがあるために，私の人生は死に向かって突き進んでいる気がする」であり，長尾（1990）における尺度作成時の暫定尺度項目を抽出する際の対象者が，神経症と診断された患者のカルテより選ばれたため，この2項目が尺度に含まれたのではないかと考えられる。つまり，そもそもこの2項目は，中年期の危機状態というよりも神経症罹患時の性格特性としての特徴が色濃く出た内容であり，女性の中年期危機状態を測る項目としては適していなかったことが示唆される。また，オリジナルの〈自立することの不安〉も，再分析後の〈死別恐怖〉・〈家族への執着〉・〈今後の生き方の模索〉に吸収され，因子としては存在しなくなった。その理由としては，オリジナルの作成時から25年が経過し，その間の日本における少子高齢化の進行や女性の高学歴化と男女雇用機会均等法の定着，経済環境の変化などにより女性を巡る環境が大きく変容を遂げた昨今においては，日本の中年期女性にとっ

て，死や家族や自分の生き方についての危機はあれども，自立することその
ものへの不安が中年期に危機として生じるということがあてはまらなくなっ
ていると言えよう。なお，最終的に採用を見送った〈過去への執着〉因子で
あるが，オリジナルの第Ⅴ因子〈過去の執着と分離不安〉より過去へ執着し
て新しい生き方に進めない気持ちを表す2項目が独立して1つの因子を構成
していた。しかし，'過去'に特化した項目とはいえ，想定する過去は各人
のライフスタイル，または各人が選択したライフスタイルの結果発生したラ
イフイベントにより大きく異なることが予想されるため，各人が想定した過
去も異なり，最終的に女性の中年期の危機状態尺度の因子としては成立しな
かったと推察される。

　上記の検討結果から，再分析後尺度の方が，オリジナル尺度より現代日本
女性の中年期危機をより表していると考えられる。

下位尺度得点の算出

　本尺度の各因子の項目得点の合計点を項目数で除した値を，女性の中年期
危機状態尺度の下位尺度得点として算出した。結果を Table 3-4に示す。

　尺度得点は，全体的に尺度上の「あまりない：2点」に近似した値を示し
ており，今回の対象者は全体的に，中年期危機を強く感じてはいない。この
結果は，今回の対象者が本書で対象とする，中年期危機を乗り越え，または
あまり意識せずに適応してゆく健康度の高い中年期女性に該当していること

Table 3-4　中年期の危機状態尺度得点（*SD*）

	平均値（*SD*）
Ⅰ　体力と気力の衰え感	2.56(.55)
Ⅱ　今後の生き方の模索	2.50(.59)
Ⅲ　死別恐怖	2.26(.55)
Ⅳ　家族への執着	2.21(.76)

を意味すると考えられる。また，長尾（1990）のオリジナル尺度も，中年期危機状態総得点は2.10点（標準偏差.41点）であった（対象者：40歳〜59歳の女性56名，平均年齢：47.93歳）。今回の結果は，この結果とほぼ一致した。

　このように，各下位尺度得点は全体的に高くはないものの，その中で〈体力と気力の衰え感〉尺度得点のみ2.56点（標準偏差.55点）で尺度上の「少しある：3点」に近い結果となったことから，〈体力と気力の衰え感〉の危機は，相対的に実感されやすい中年期危機であると推察される。

⑷ まとめ

　本研究では，長尾（1990）の中年期の危機状態尺度（女性用）を，現代中年期女性のデータでの再分析を実施することにより，尺度の因子構造と利用可能性の検討を行った。その結果，長尾（1990）とは異なる内容の〈体力と気力の衰え感〉・〈今後の生き方の模索〉・〈死別恐怖〉・〈家族への執着〉の4因子20項目が得られた。新旧尺度の因子および項目内容を検討した結果，今回の再分析後尺度の方が，現代日本女性の中年期危機をより表していることが示唆された。

　本研究の今後の課題を2点挙げると，1つ目は，調査対象者の年齢分布である。今回の対象者の平均年齢は47.51歳（標準偏差2.0歳）となり，40歳代前半の人数が最も多く，50歳代後半の人数が最も少なかった。この偏りが分析結果にも影響を与えている可能性が否めない。中年期危機の内容を精査した上で新たな尺度を検討する際は，年齢幅を広げた大人数での調査が必要である。

　2つ目の課題は，今回は長尾（1990）の中年期の危機状態尺度（女性用）を用いて量的な実証研究を試みた結果，4因子20項目が得られたが，これで現代日本女性の中年期危機の因子が全て抽出されたわけではないということである。次は，面接調査などによる質的手法で様々な層の女性に中年期危機について確認することにより，質問紙調査では捉えきれない女性の中年期危機

の実態に迫っていくことが必要である。そこで3節では，今回の質問紙で訊ねた女性の中年期危機尺度（女性用）の①「今現在」の（危機）状態への回答と②「過去（1年以上前）」の（危機）経験への回答の結果より，様々な危機状態にある対象者への面接調査を実施する。

3節　女性の中年期危機についての面接調査（研究2-2）

(1) 目的

面接調査を実施することにより，研究2-1の質問紙調査では捉えきれなかった女性の中年期危機の体験を把握し，より詳細に検討することで危機の内容を再吟味する。

(2) 方法

調査対象者の選定　研究2-1で実施した質問紙の調査項目「疑問点の確認と面接調査協力可否」の回答欄に「面接調査，問い合わせともに協力可」と回答し，氏名と連絡先が記入されていた調査協力者（49名）を候補者としてピックアップした。

次に，上記候補者を「危機状態」別に4種類に群分けした。方法は以下の通りである。

①研究2-1で得られた「中年期の危機状態尺度」の20項目の合計点を20で除すことにより中年期の危機状態（現在）得点を，同じ質問紙の「中年期の危機状態（過去（1年以上前）」の項目のうち，同一番号の20項目の合計点を20で除すことにより，中年期の危機状態（過去）得点を算出した。

②上記候補者が「危機状態」か否かを判定する得点（平均値）を2.50とし，次の通りに群分けを行った。

・現在危機→中年期の危機状態（現在）得点≧2.50，かつ，中年期の危機状態（過去）に回答なしか，得点＜2.50

・危機継続中→中年期の危機状態（現在）得点と中年期の危機状態（過去）
　　　　　　　得点ともに≧2.50
・危機未経験→中年期の危機状態（現在）得点＜2.50，かつ，中年期の危機
　　　　　　　状態（過去）に回答なしか，得点＜2.50
・危機解決済→中年期の危機状態（現在）得点＜2.50，かつ，中年期の危機
　　　　　　　状態（過去）得点≧2.50

そして，上記4種類の「危機状態」別に上記候補者を分けたところ，内訳は，現在危機が3名，危機継続中が6名，危機未経験が37名，危機解決済が2名となった。

　この中から，現在危機・危機継続中・危機解決済の候補者については全員，危機未経験の候補者については「年齢」，「婚姻状況」，「主な活動」を勘案し優先順位をつけ，質問紙に記入された連絡先を利用し，面接調査の趣旨を説明した上で面接の協力を依頼した。

　その結果，14名の候補者から同意を得，そのうちスケジュール調整が不調に終わった2名を除く，12名が面接対象者となった。対象者の一覧をTable 3-5に示す。

研究法と分析方法　中年期危機の体験は主観的で個別性が高く，また本研究は探索的であることから，半構造化面接による質的研究法を採用した。分析方法としては「質的研究法の中で最も手続きが体系化されている」（水野，2004）とされるグラウンデッド・セオリー・アプローチ（grounded theory approach, 以下，GTAと記す）を援用し，かつ，その中でも手続きの明確さより「ストラウス・コービン版」（木下，2003）の立場をとる戈木（2005，2006）の手法を選択した。なお，本研究では女性の中年期危機の内容を得ることを目的とするため，GTAのプロセスのうち，質的データの分類によるカテゴリーの作成までを行った。

調査期間　2006年9月～10月。

面接の構造　対象者の自宅または指定場所で，半構造化面接を実施した。1

Table 3-5　面接対象者一覧

対象者 No.	年齢	主な活動	婚姻状況	子の有無	選択データ群
1	42	会社員	既婚	無し	「現在危機」群
2	49	パートタイム	既婚	有り	
3	50	会社員	未婚	有り	
4	41	専業主婦	既婚	無し	「危機継続中」群
5	41	専業主婦	既婚	有り	
6	41	専業主婦	既婚	有り	
7	52	専業主婦	既婚	有り	
8	41	会社員	未婚	無し	「危機未経験」群
9	51	会社員	既婚	有り	
10	57	会社員	既婚	有り	
11	51	会社員	既婚	有り	「危機解決済」群
12	57	専業主婦	既婚	有り	

人あたりの面接時間は，20分～40分であった。面接調査で語られた発話内容は，対象者の許可を得てMDレコーダーに録音し，逐語録を作成した。

半構造化面接の質問項目

①中年期危機の自覚

　中年期危機を「40～50代から感じるといわれる心や体の変化，時間的な限界感など，人によっては焦りや辛さなどを感じる状態」と説明し，本人の女性の中年期の危機状態（現在）得点と，本研究の調査対象者の選定により行った群分けによる本人の危機状態の結果のフィードバックに対する感想を求めた。

②中年期危機の最初の自覚ときっかけ

　「中年期危機を最初に感じた時期，きっかけとその時どう感じたか」について。また，危機未経験者に対しては「中年期危機を今まで自覚せずにいられている理由」を訊ねた。

③中年期危機で一番辛いこと・堪えること

　「中年期危機の中で，自分にとって一番辛く感じること・堪えること」に

ついて。また，危機未経験者に対しては「将来危機が訪れるとしたら，一番堪えそうな内容」を予想してもらった。

④中年期危機を乗り越える方法

「中年期危機を乗り越える（乗り越えた）方法」について。その際，自分としての対処方法と，周りからのどのような助けが役立つ（役立った）かも訊ねた。また，危機未経験者に対しては，「将来の危機に備えての対処方法と周りの助け」を予想してもらった。

⑤知覚するソーシャル・サポート

「支えとなる人や物があるか，そして，どのようなことで支えになっているのか」について。

分析の手続き

①分析の過程

面接の逐語録を発話データとし，以下の通り実施した。(1) 切片化：データを1つの意味のまとまりごとに区切った。(2) ラベルづけ：それぞれの切片に対して，データの意味を説明するプロパティ（特性，たとえば「支えの内容」）とディメンジョン（次元，たとえば「働くことを応援してくれる」；「話を聞いてくれる」）を挙げ，そこから各切片の内容を示す単語や短い語句であるラベル（たとえば「子どもからの応援」）をつけた。(3) カテゴリーの生成：ラベルづけされたデータと各プロパティおよびディメンジョンを比較しながら，類似したラベル同士を統合し，上位概念であるカテゴリー（たとえば，ラベル「家族の存在」と「子どもからの応援」を統合して「ソーシャルサポート（家族）」カテゴリー）を生成した。そして，カテゴリーの中で共通の内容をもつ複数のカテゴリーが見出された場合は，それらをサブカテゴリーとして統合し，より上位概念のカテゴリーを生成した。本研究における発話データのラベル化例とカテゴリー化例を，Table 3-6と Table 3-7にそれぞれ示す。

②「理論的サンプリング」と「理論的飽和」（Strauss & Corbin, 1990など）

GTAでは，データ収集と分析を同時並行的に実施する「理論的サンプリ

ング」を用い，新たなデータに当てはめても新しいカテゴリーが見出されない「理論的飽和」（Strauss & Corbin, 1990など）に至るまで続けることを特徴とする。しかし本研究では，対象者を予め選定したために，限られたデータでの分析となった。そこで，分析段階において「中年期危機状態」の群ごとにステップを分けデータの幅を広げていくことにより，「可能な範囲」（戈木, 2005）で本来の「理論的サンプリング」と同様の手続きとなるように工夫した。「理論的飽和」についても，ステップごとに何度もカテゴリーの検討を重ねることにより，限られたデータ内での実現を目指した。

(3) 結果と考察

以下のステップ 1 ～ステップ 5 の過程を経て分析した。その際，全ステップを通して常にデータ（ラベル，プロパティ，ディメンジョン）を参照しながら作業を進め，データと分析との整合性確保に努めた。

Table 3-6 発話データのラベル化例

No.	発話内容	ラベル	プロパティ	ディメンジョン
0116 注)	夜遅くまで友達と飲み会っていうか，会って，その次の日の朝が「もう有休とりたい！」って思うくらいに辛いし，翌朝の回復も遅いので，	疲れと回復の遅さ	飲み会の相手	友人
			飲み会の長さ	長い
			翌朝の疲れ	大
			回復度合い	遅い
0218	そうですね，支えなら，子どもはすごく（働くことを）応援してくれているし，話し相手になってくれるし，今日仕事でこんなことあったんだ，とか言っても，すごく目をきらきらさせて聞いてくれるし，	子どもからの応援	支え	子ども
			応援の度合い	大
			支えの内容	働くことを応援してくれる 話し相手になってくれる 話を聞いてくれる
			会話の頻度	多
			コミュニケーション	良好

注) No.: 上 2 桁が対象者 No.，下 2 桁が切片 No. を示す。

第3章 現代日本女性の中年期危機　　71

Table 3-7　発話データのカテゴリー化例

No.	発話内容	カテゴリー	ラベル	プロパティ	ディメンジョン
0109 注)	あとは（支えは）月並み ですが両親とか祖父母と か，まあ家族が大きいで すかね。	ソーシャル サポート （家族）	家族の存在	支え	両親
					祖父母
					家族
				支えの度合い	大
0218	そうですね，支えなら， 子どもはすごく（働くこ とを）応援してくれてい るし，話し相手になって くれるし，今日仕事でこ んなことあったんだ，と か言っても，すごく目を きらきらさせて聞いてく れるし，	ソーシャル サポート （家族）	子どもから の応援	支え	子ども
				応援の度合い	大
				支えの内容	働くことを応援し てくれる 話し相手になって くれる 話を聞いてくれる
				会話の頻度	多
				コミュニケー ション	良好
0333	それとまぁ，普段はバラ バラな感じなんだけど， そういう（危機発生）時 は家族が協力してくれる と思うので，分担すれば いいかな，みたいな感じ かな。	ソーシャル サポート （家族）	家族の協力 の期待	家族の結束	普段はバラバラ
				時期	危機発生時
				危機への対応 の予測	家族の協力 家族で分担
				期待の度合い	大

注）No.：上2桁が対象者No.，下2桁が切片No.を示す。

ステップ1（暫定的カテゴリーの生成）

　ステップ1では，分析過程のベースとなる暫定的なカテゴリーを生成した。分析開始用データの選択では，中年期危機のきっかけや辛さが危機の自覚前後の比較により最も明確に示されることを期待し，「現在危機」群（対象者1，2，3）を選択した。次にデータの読み込みと切片化を行い，切片化した1データに対してプロパティとディメンジョンをできるだけ挙げ，それを参考にしてラベルをつけた。その後，各プロパティとディメンジョンを比較しながら類似ラベルを統合し，暫定的カテゴリーを生成した。

ステップ2，3，4（カテゴリーの追加と洗練化）

ステップ2，3，4では，カテゴリーの追加と洗練化を目的とした。新たなデータ群の選択（データの拡大）については，ステップ2では，中年期危機の辛さについて焦点を当てるために「危機継続中」群を，ステップ3では，主に中年期危機を自覚していない理由を検討するために「危機未経験」群を，ステップ4では，主に中年期危機の解消について検討するために「危機解決済」群を選択した。その後，ステップ1で行ったようにプロパティとディメンジョンをできるだけ挙げ，それを参考にしてラベルを追加し，各プロパティとディメンジョンを比較しながら類似ラベルを統合する作業を各ステップで実施した。

ステップ5（カテゴリーの検討と上位概念の生成）

ステップ5では，全カテゴリーを検討し，共通の内容・意味をもつカテゴリーが見出された場合は統合し，より上位概念のカテゴリーを生成した。統合後，上位概念のカテゴリーを「カテゴリー」とし，それを構成するカテゴリーを「サブカテゴリー」として位置づけた。作業にあたり，再びラベルやプロパティとディメンジョン，そして発話データと照合した。

生成されたカテゴリーとサブカテゴリー一覧を Table 3-8に示す。生成されたカテゴリーは以下の通りである。【　】はカテゴリーを，［　］はサブカテゴリーを，‘　’はラベルを示す。

【危機の未自覚】：中年期危機を感じない状態で，サブカテゴリーは［危機への現実感のなさ］・［生活への充実感］・［現実の楽観的評価］である。心身ともに元気であり生活への充実感があると，現状に対しても楽観的な評価をもつことができ，結果として中年期危機を感じずにいられると推察される。

【中年への否定的感情】：個人がもつ「中年」という言葉に含まれる否定的な感情である。これは誰もが感じるわけではなく，個人の日常生活や過去の経験，文化的な価値観より学習されたものであると考えられる。

【過去の未解決の問題】：個人がもつ今までの人生で解決できなかった課題

Table 3-8　カテゴリーとサブカテゴリー一覧

カテゴリー	サブカテゴリー				
危機の未自覚	危機への現実感のなさ 4,7,9,11 注)	生活への充実感 2,9	現実の楽観的評価 8,9,10		
中年への否定的感情 3,6					
過去の未解決の問題	仕事への心残り 2	家族の問題 7			
危機自覚のきっかけ	身体・機能の変化 1,4,5,6	老化の認識 1,6	状況の変化 1,2,3,5,6,10	新たな生きがいへの渇望 2	年齢への意識 4,5,6
	現実と自分の意識のギャップ 3,4,9	ライフイベントの発生 2,5,6,7,11	今までの人生への振り返り 3,6,8	更年期障害の自覚 11,12	
危機の認識	体力・気力の衰え 3,5,6,7,10	容姿の衰え 1,3,4,7,11	「オバサン」の自覚 4,6,11	更年期障害 7,9,10,12	自分の選択への悔い 2,3,8
	将来への不安 2,3,6,8	大切な対象の喪失 8,9,10,11,12			
危機の軽減方法の模索 2,6					
危機の軽減努力	過去の振り返り 1,3,5,12	現実の受け入れ 1,3,6,10	現状の肯定的解釈 1,3,6,8,10,11,12	危機への現実対応 2,3,4,6,7,8,11,12	
危機の解消	新たな生きがいによる成功体験 2	自己の肯定 1,11	現実への適応 1,11	心身の安定 1,12	
ソーシャル・サポート	ソーシャル・サポート（夫）1,4,5,6,9,10,12	ソーシャル・サポート（家族）1,2,3,5,7,8,9,11,12	ソーシャル・サポート（ペット）1	ソーシャル・サポート（友人）2,4,5,7,8,9,10,12	ソーシャル・サポート（職場の人間関係）2,4,11
	ソーシャル・サポート（他者の評価）4,11	ソーシャル・サポート（自分へのご褒美）6,10	ソーシャル・サポート（趣味）12		

注) 数字は, 発言した対象者 No. を示す。

や葛藤を示し, サブカテゴリーは［仕事への心残り］と［家族の問題］である。個人の生育歴や性格傾向よりもたらされる, かなり個別的なものであると考えられる。

【危機自覚のきっかけ】：中年期危機を感じるきっかけを示し，サブカテゴリーは［身体・機能の変化］・［老化の認識］・［状況の変化］・［新たな生きがいへの渇望］・［年齢への意識］・［現実と自分の意識のギャップ］・［ライフイベントの発生］・［今までの人生への振り返り］・［更年期障害の自覚］である。現実的（身体・出来事・環境など）なものと，個人の内面より発生するもの（認識・現実との比較・今までの生き方の振り返りなど）に分類される。また，何がきっかけとなるかは，本人のライフスタイル（就業状況・婚姻状況・子の有無・居住状況など）が大きく影響することが推察される。

【危機の認識】：中年期危機の認識を示し，中年期危機の具体的内容に該当する。サブカテゴリーは［体力・気力の衰え］・［容姿の衰え］・［「オバサン」の自覚］・［更年期障害］・［自分の選択への悔い］・［将来への不安］・［大切な対象の喪失］である。身体機能の変化，外見の変化，過去の生き方の悔いと将来の不安，喪失体験に分類される。岡本（1985）は，中年期に経験する心理的変化の否定的特徴として，「身体感覚の変化」・「時間的展望のせばまりと逆転」・「生産性の限界感の認識」・「老いと死への不安」を挙げており，これは本研究結果と，［容姿の衰え］と［「オバサン」の自覚］を除き，ほぼ一致した。

では，［容姿の衰え］と［「オバサン」の自覚］の中年期危機は，一体何を表すのだろうか。これらを取り挙げた先行研究として，第1章4節で整理したような，女性にとっての加齢による身体および容姿の否定的変化のダメージについての指摘（たとえば，吉村，1997；田中，2006）がある。しかも，今回の結果は職業の有無にかかわらず見出されたことから，これらは女性の中年期危機の特質を表すものであると考えられる。特に注目すべきは，［容姿の衰え］について，「危機解決済」状態の対象者といえども‘乗り越えられない危機’として体験していること，中年期にはいることよりも，むしろ「オバサン」になることへの拒否感の強さである。ここには，容姿の衰えと「オバサン」という言葉がもつ，非常に否定的な意味が内含されており，女性と

しての自尊心の低下をもたらす重要な要因が存在すると考えられる。

　なお，今回の結果を第1章2節で整理した中年期の発達課題に照らし合わせてみると，特に身体機能の変化および外見の変化が，老いの発達課題に対応し，過去の生き方の悔いと将来の不安および喪失体験は，役割の変化の発達課題に対応すると考えられる。また，研究2-1で作成された日本女性用中年期危機尺度の5因子と比較すると，［体力・気力の衰え］は〈体力と気力の衰え感〉に，［自分の選択への悔い］は〈今後の生き方の模索〉の一部に，［大切な対象の喪失］は〈死別恐怖〉の一部に相当すると考えられる。

　【危機の軽減方法の模索】：中年期危機を実感した後，その状態に対して困惑し，対処方法を捜し求める状態である。この段階で立ち止まるか危機を乗り越える段階へ進むかは，これまでの人生経験や内的成熟度に影響されると考えられる。

　【危機の軽減努力】：中年期危機を解消するための様々な対処方略である。方略が成功すれば危機が解消されるが，失敗すると再び【危機の認識】や【危機の軽減方法の模索】を往復し続け，危機が継続すると推察される。サブカテゴリーは［過去の振り返り］・［現状の肯定的解釈］・［現実の受け入れ］・［危機への現実対応］である。内面の努力と現実の行動に分類され，双方が互いに影響しながら試行錯誤を繰り返すと考えられる。

　【危機の解消】：中年期危機を解決した状態を示し，サブカテゴリーは［新たな生きがいによる成功体験］・［自己の肯定］・［現実への適応］・［心身の安定］である。現実体験および内的体験を通した危機の解消に分類される。［新たな生きがいによる成功体験］には‘再就業’により他者から認められる嬉しさや，新たな出会いなどが，［自己の肯定］には，‘現在の自分を受け入れつつ年齢にふさわしいおしゃれをする’などが語られた。

　【ソーシャル・サポート】：普段から知覚するソーシャル・サポートを示す。サブカテゴリーは［夫］・［家族］・［ペット］・［友人］・［職場の人間関係］・［他者の評価］・［自分へのご褒美］・［趣味］である。通常，ソーシャル・サ

ポートとは他者の存在を想定しているが，今回の対象者からは，他者から得られるものだけでなく，エステやおしゃれなどの'自分のためだけの出費'という［ソーシャル・サポート（自分へのご褒美）］や，'趣味の存在'という［ソーシャル・サポート（趣味)］などの，自分で見つけたものや実行していることなども得られた。たとえば，エステやおしゃれなどがサポート（支え）として知覚されていることは，容姿の衰えに対応する取組みが中年期危機を低減する可能性を示唆すると言えよう。

⑷ まとめ

　本研究では，中年期女性に半構造化面接を実施し，中年期危機についての体験やそのきっかけ，危機の具体的内容や乗り越える要因，そしてソーシャル・サポートなどについてのデータを得た。その上で，面接データをGTAを用いて質的に分類した結果，中年期危機についての様々なカテゴリーを抽出し，具体的な中年期危機についても確認，再吟味ができたと考えられる。

　今後の課題としては，本研究ではGTAを実施する際に必要とされる「理論的飽和」に至らなかったことが挙げられる。対象者が分析前から限られていたために，カテゴリーやサブカテゴリーが全て抽出できたとは言い難い。しかしながら，以下の点が示唆された。

　まず，【危機の認識】のサブカテゴリーである［容姿の衰え］と［「オバサン」の自覚］が抽出されたことは，第1章4節で検討したことに合致し，また第2章の研究1で検討した中年期の開始理由にも合致する。つまり，2節で検討した長尾（1990）には入っていなかったけれども，外見の衰えに対応する因子を想定した新たな尺度の作成が必要であると言えよう。

　次に，中年期女性がソーシャル・サポートを知覚しており，しかも夫や家族だけでなく友人やペットなど，幅広い他者がサポート源として知覚されていることがわかった。さらに，ソーシャル・サポートとしてエステやおしゃれなどの容姿の維持向上に向けての取組みが語られたことから，第2章の研

第3章　現代日本女性の中年期危機　77

究1で検討した，世間一般的に考える中年期の開始年齢より自分自身の開始年齢を遅く捉えた結果—自分は何らかの取組みにより遅くできると考えるからではないか—，との推測との合致が示唆される。つまり，第1章4節で検討した通り，女性の中年期危機の予防または軽減要因としての，容姿を維持向上するための努力の可能性が示唆され，今後の検討の必要性が高まったと考えられる。

4節　日本女性用中年期危機尺度の作成（研究2-3）

⑴　目的

　［容姿の衰え］と［「オバサン」の自覚］についての項目を反映させた日本女性用中年期危機尺度を改めて作成し，その尺度の信頼性ならびに妥当性を検討する。その上で，作成した危機尺度得点の調査対象者の年齢間比較により，中年期の取り扱い—ひとまとめにして分析するか，あるいは必要に応じてグルーピングするか—について確認する。

　なお本研究では，第2章の研究1で検討した通り，中年期女性自身が世間一般的に考える中年期の時期区分であるコア中年期の年齢範囲（43歳～60歳）と，本人が考える主観的な時期区分である主観的中年期の年齢範囲の両者を用いた尺度を比較検討することにより作成する。

⑵　方法

調査対象者　対象者E群（詳細については第1章7節を参照）。

　なお本研究では，そのうちの一部である「中年期女性用」・「全世代用」の質問紙データのみを対象とした。すなわち，首都圏を中心とした20歳～78歳の女性1,270名。回収数は621（回収率48.9%）。そのうち，フェイスシートに記入漏れがなく各尺度に対して概ね9割以上回答されているものを有効回答とした結果，有効回答数は600（有効回答率47.24%）。ただし，質問項目ごと

に未回答のデータがあるため分析ごとの人数には多少の増減がある。

調査内容（フェイスシートを除く）

①現在自分が属する人生上の時期

青年期・中年期・老年期のうち，自分が該当すると感じる時期を1つ選択することを求めた（以下，主観的時期区分と記す）。その際，「年齢や世間一般の考えにかかわらず，ご自分の感覚で」と書き添えた。

②日本女性用中年期危機尺度

研究2-1で得られた20項目と，〈外見の衰え〉因子を想定した7項目（「体重/ぜい肉増加による体型の変化が辛い」・「顔のシミやシワの増加が気になる」・「『オバチャン』と呼ばれるのは嫌だ」・「身につけたいと思う服や靴，小物が似合わず悲しい気持ちになる」・「若い頃と比較して容姿の衰えを実感する」・「自分を『オバサン』になったと感じる」・「白髪の増加が気になる」）の計27項目。〈外見の衰え〉因子項目は，筆者が第2章の研究1ならびに研究2-2，そして瀬戸山・藤崎(2010)を参考に項目を選定し，心理学専攻の女性教員とその研究室に在籍する博士後期課程の女性大学院生とともに再検討し決定した。本人が各項目があてはまる程度を4件法（全くない：1点，あまりない：2点，時々ある：3点，よくある：4点）で回答を求めた。

③心理的ストレス反応尺度（Stress Response Scale-18（以下，SRS-18と記す））

鈴木・嶋田・三浦・片柳・右馬埜・坂野(1997)が作成した尺度で，日本女性用中年期危機尺度の基準関連妥当性を検討するために実施した。本尺度は心理的ストレス反応を測定する尺度であり，「怒り・不機嫌」・「抑うつ・不安」・「無気力」の3因子で構成される。回答は，4件法（全く違う：0点，いくらかそうだ：1点，まあそうだ：2点，その通りだ：3点）である。本研究では，全18項目を1点〜4点の得点範囲に変更し，それ以外は形式・評定法も含めそのまま使用した。

分析方法　統計分析ソフトSPSS15.0による統計的分析を用いた。

第 3 章　現代日本女性の中年期危機　79

⑶ 結果と考察

対象者の属性

　対象者の属性一覧（年齢，婚姻状況，子の有無，主な活動，自分のために使える
金額，被介護者の有無）を Table 3-9に示す。

中年期に属する年齢範囲の検討

　対象者の年齢別の主観的時期区分への回答者数（比率）を示した。結果を
Table 3-10に示す。自らを中年期にあると回答した主観的中年期群に該当す
る対象者は516名（平均年齢48.21歳（標準偏差6.09歳））で，その年齢範囲は32
歳〜67歳の広範囲に及ぶことがわかる。年齢別に回答傾向を見ると，20歳代
では全員が自分を青年だと回答したが，30歳代になると66.13％（41名）が
自分を中年だと回答した。内訳を見ると，30歳代半ばに青年期と中年期の人
数に逆転が起こっていた。40歳代では，98.18％（270名）が自分を中年だと
回答した。しかし，少数ではあるが青年や老年と回答する人もいた。50歳代
では，90.43％（189名）が自分を中年だと回答したが，9.57％は老年だと回
答した。内訳を見ると，50歳代半ば近くから老年期と思う人が増えていた。
60歳代では，57.14％（16名）が自分を中年，42.86％が老年と回答した。内
訳を見ると，特に60歳代前半では中年期と思う人が多かった。70歳代では全
員が自分を老年だと回答した。

　先述の通り，第2章の研究1で，この中年期女性自身が捉えた中年期の年
齢範囲である43歳〜60歳（小数点以下切捨て）を暫定的に中年期のコア（核）
と仮定し，コア中年期と命名した。本研究でも40歳代と50歳代はともに90％
以上の人が自らを中年期と回答したので，主観的中年期群のうち，第2章の
研究1の結果を踏まえた43歳〜60歳に該当する対象者を，自他ともに中年期
と捉える年齢群としてコア中年期群（428名，平均年齢49.57歳（標準偏差4.37
歳））とすることとする。

　以上の結果より，主観的中年期群とコア中年期群ではそれぞれ年齢範囲が

Table 3-9　対象者の属性一覧

属性	人数	%
年齢（平均年齢歳47.44歳，$SD=8.41$歳）		
20歳～24歳	8	1.33
25歳～29歳	15	2.50
30歳～34歳	24	4.00
35歳～39歳	38	6.33
40歳～44歳	80	13.33
45歳～49歳	195	32.50
50歳～54歳	123	20.50
55歳～59歳	86	14.33
60歳～64歳	22	3.67
65歳～69歳	6	1.00
70歳～74歳	2	.33
75歳～79歳	1	.17
婚姻状況		
未婚	104	17.33
既婚	459	76.50
離/死別	37	6.17
子の有無		
有り	458	76.33
無し	142	23.67
主な活動（就業状況）		
常勤職	253	42.17
非常勤職	196	32.67
自営業	36	6.00
専業主婦	115	19.16
自由に使える金額（経済状況）		
5千円未満	32	5.33
5千円～1万円未満	98	16.33
1万円～3万円未満	212	35.33
3万円～5万円未満	129	21.50
5万円～10万円未満	89	14.83
それ以上	40	6.67
被介護者の有無		
有り	62	10.33
無し	538	89.67

第3章 現代日本女性の中年期危機　81

Table 3-10　年齢別の主観的時期区分回答者数（比率）

年　齢		主観的時期区分			合計
		青年期	中年期	老年期	
20歳代	20歳	1	0	0	1
	22歳	1	0	0	1
	24歳	6	0	0	6
	25歳	2	0	0	2
	26歳	9	0	0	9
	28歳	1	0	0	1
	29歳	3	0	0	3
20歳代小計		23(100%)	0(0%)	0(0%)	23(100%)
30歳代	30歳	7	0	0	7
	31歳	3	0	0	3
	32歳	4	3	0	7
	33歳	2	1	0	3
	34歳	0	4	0	4
	35歳	2	6	0	8
	36歳	1	6	0	7
	37歳	1	4	0	5
	38歳	1	10	0	11
	39歳	0	7	0	7
30歳代小計		21(33.87%)	41(66.13%)	0(0%)	62(100%)
40歳代	40歳	1	10	0	11
	41歳	0	12	0	12
	42歳	1	14	0	15
	43歳	0	20	0	20
	44歳	0	22	0	22
	45歳	0	49	0	49
	46歳	0	52	0	52
	47歳	0	29	1	30
	48歳	1	23	0	24
	49歳	0	39	1	40
40歳代小計		3(1.09%)	270(98.18%)	2(.73%)	275(100%)
50歳代	50歳	0	27	0	27
	51歳	0	23	0	23
	52歳	0	29	1	30
	53歳	0	19	5	24
	54歳	0	18	1	19
	55歳	0	33	2	35

		0			
	56歳	0	18	2	20
	57歳	0	5	3	8
	58歳	0	10	2	12
	59歳	0	7	4	11
50歳代小計		0(0%)	189(90.43%)	20(9.57%)	209(100%)
60歳代	60歳	0	5	2	7
	61歳	0	3	1	4
	62歳	0	4	3	7
	63歳	0	1	1	2
	64歳	0	0	2	2
	65歳	0	1	2	3
	66歳	0	1	1	2
	67歳	0	1	0	1
60歳代小計		0(0%)	16(57.14%)	12(42.86%)	28(100%)
70歳代	73歳	0	0	1	1
	74歳	0	0	1	1
	78歳	0	0	1	1
70歳代小計		0(0%)	0(0%)	3(100%)	3(100%)

異なるので，尺度の因子構造も異なる可能性が排除できない。したがって尺度の作成にあたっては，主観的中年期群とコア中年期群の両群で別々の因子分析を行い，その両尺度の因子構造を踏まえて最終的な尺度の検討を行う。

コア中年期群を対象とした日本女性用中年期危機尺度の因子分析

　自らを中年期と感じる主観的中年期群のうち43歳〜60歳に該当するコア中年期群428名を対象として，因子分析を実施した。まず，日本女性用中年期危機尺度27項目について天井効果と床効果を確認した（Table 3-11-A欄）。その結果，「白髪の増加が気になる」のみに天井効果が見られたが，効果の数値が僅かであることから因子分析の対象に含めることとした。床効果の見られる項目は認められなかった。

　次に，探索的に因子分析を実施した。まず共通性の初期値を1とし，主因子法により因子を抽出した結果，因子のスクリープロットと初期の固有値の

第3章　現代日本女性の中年期危機　83

Table 3-11　日本女性用中年期危機尺度の各項目平均値と *SD*

No.	質　問　項　目	A欄 コア中年期群		B欄 主観的中年期群	
		平均値	SD	平均値	SD
1	同年代の人と比べて体力の衰えを感じる	2.47	.78	2.47	.78
2	今までの人生が私の理想通りではなかったので，もうひと花さかせたい	2.34	.82	2.36	.85
3	私は，自分の死やパートナー（夫・恋人）の死に不安を感じる	2.59	.85	2.57	.85
4	子どもが結婚したり就職しても，子どもは私を気持ちの上で見離さないだろう	2.28	.95	2.26	.96
5	体重/ぜい肉増加による体型の変化が辛い	2.69	.98	2.69	.99
6	家事（仕事）をすると疲れきってしまう	2.78	.75	2.80	.74
7	今までの私の生き方は本当の自分の生き方ではないので，これから本当の自分の生き方を見つけたい	2.05	.84	2.07	.85
8	私の親が亡くなることを考えると耐え切れない気持ちになる	2.52	.90	2.57	.93
9	顔のシミやシワの増加が気になる	3.16	.82	3.16	.81
10	ちょっと家事（仕事）をしただけでも疲れを感じる	2.57	.82	2.58	.82
11	自分の能力を十分に発揮していないと思うので，これからは仕事や趣味で能力を発揮したい	2.38	.78	2.39	.78
12	私が死んだら，家族や親戚がどのようにふるまうかを想像する	1.86	.81	1.85	.81
13	「オバチャン」と呼ばれるのは嫌だ	2.10	.96	2.16	.99
14	もう若い頃のような体力がないような感じがする	3.23	.73	3.23	.73
15	身につけたいと思う服や靴，小物が似合わず悲しい気持ちになる	2.56	.85	2.52	.85
16	何でもものごとを始めるのがおっくうだ	2.51	.74	2.51	.76
17	今までの生活や人生に満足しているので，これからもこの道を歩くだろう（R）	2.79	.82	2.77	.81
18	パートナー（夫・恋人）に先立たれることを思うと辛い気持ちになる	2.54	.92	2.55	.92
19	子どものことが片付いたら，私の本当の生き方を見つけるだろう	2.20	.85	2.18	.87
20	若い頃と比較して容姿の衰えを実感する	3.29	.72	3.27	.72
21	年齢的にもう間に合わないことが多いと感じる	2.77	.78	2.74	.79
22	今，私が死んだらやり残したことが多くて強く悔いが残る	2.35	.89	2.37	.91
23	この先，自分はどのようにして死ぬのだろうかということを想像する	2.28	.86	2.25	.87
24	パートナー（夫・恋人）との生活ばかりに追われては私の本当の幸せは見つからないので，これからは仕事や趣味を大事にしたい	2.15	.86	2.16	.86
25	異性意識が低下している感じがする	2.79	.78	2.77	.81
26	自分を「オバサン」になったと感じる	3.09	.70	3.04	.74
27	白髪の増加が気になる	3.27	.88	3.21	.94

（R）は逆転項目，＿＿＿は天井効果が見られた項目

差の変化のバランスより5因子解を妥当と判断した。次に主因子法・プロマックス回転による因子分析を実施した。共通性が.16未満であった2項目「今までの生活や人生に満足しているので，これからもこの道を歩くだろう（逆転項目）」・「白髪の増加が気になる」と，因子負荷量が.35未満となった5

84

Table 3-12　コア中年期群を対象とした日本女性用中年期危機尺度の因子分析結果
（主因子法，プロマックス回転）（n＝428）

No.	質　問　項　目	第Ⅰ因子	第Ⅱ因子	第Ⅲ因子	第Ⅳ因子	第Ⅴ因子	共通性
第Ⅰ因子：今後の生き方の模索（α＝.76）							
7	今までの私の生き方は本当の自分の生き方ではないので，これから本当の自分の生き方を見つけたい	.73	.08	－.04	－.03	.04	.56
24	パートナー（夫・恋人）との生活ばかりに追われては私の本当の幸せは見つからないので，これからは仕事や趣味を大事にしたい	.63	－.09	－.03	－.01	.03	.37
2	今までの人生が私の理想通りではなかったので，もうひと花さかせたい	.63	－.01	.17	－.03	－.04	.45
11	自分の能力を十分に発揮していないと思うので，これからは仕事や趣味で能力を発揮したい	.60	.15	.07	－.04	－.16	.44
19	子どものことが片付いたら，私の本当の生き方を見つけるだろう	.51	－.02	－.07	.08	－.02	.27
第Ⅱ因子：体力の衰え感（α＝.77）							
10	ちょっと家事（仕事）をしただけでも疲れを感じる	.03	.87	－.07	－.04	.02	.69
6	家事（仕事）をすると疲れきってしまう	.09	.70	－.02	－.02	－.04	.69
1	同年代の人と比べて体力の衰えを感じる	－.09	.50	.03	.15	.15	.40
14	もう若い頃のような体力がない気がする	－.07	.39	.25	.04	.14	.41
第Ⅲ因子：若さの喪失感（α＝.70）							
20	若い頃と比較して容姿の衰えを実感する	－.03	－.03	.63	.00	.13	.44
15	身につけたいと思う服や靴，小物が似合わず悲しい気持ちになる	.06	－.13	.62	.02	.07	.38
5	体重／贅肉増加による体型の変化が辛い	.01	.03	.61	－.03	－.12	.33
9	顔のシミやシワの増加が気になる	.07	.12	.50	.02	－.04	.36
第Ⅳ因子：死別恐怖（α＝.70）							
3	私は，自分の死やパートナー（夫・恋人）の死に不安を感じる	－.08	.03	.08	.76	－.11	.61
23	この先，自分はどのようにして死ぬのだろうかということを想像する	.09	－.05	－.17	.60	.25	.37
18	パートナー（夫・恋人）に先立たれることを思うと辛い気持ちになる	－.13	.09	.09	.58	－.30	.37
12	私が死んだら，家族や親戚やどのようにふるまうかを想像する	.23	.07	－.08	.39	.08	.28
22	今，私が死んだらやり残したことが多くて強く悔いが残る	.28	－.15	.12	.37	.09	.30
第Ⅴ因子：女性としての自信の喪失（α＝.57）							
25	異性意識が低下している感じがする	.01	.06	－.06	.00	.56	.31
26	自分を「オバサン」になったと感じる	－.12	.07	.26	－.07	.54	.47

	因子間相関			
	I	II	III	IV
II	.29			
III	.27	.59		
IV	.36	.45	.45	
V	.12	.24	.40	.06

項目「子どもが結婚したり就職しても，子どもは私を気持ちの上で見離さないだろう」・「私の親が亡くなることを考えると耐え切れない気持ちになる」・「『オバチャン』と呼ばれるのは嫌だ」・「何でもものごとを始めるのがおっくうだ」・「年齢的にもう間に合わないことが多いと感じる」を削除した結果，5因子20項目が抽出された。その詳細および各項目の回転後の因子負荷量と因子間相関を Table 3-12に示す。

　第 I 因子は，「今までの私の生き方は本当の自分の生き方ではないので，これから本当の自分の生き方を見つけたい」・「パートナー（夫・恋人）との生活ばかりに追われては私の本当の幸せは見つからないので，これからは仕事や趣味を大事にしたい」・「今までの人生が私の理想通りではなかったので，もうひと花さかせたい」など，過去の人生への後悔と将来の新しい自分を探索する感情を表す 5 項目が抽出されていることから〈今後の生き方の模索〉と命名した。本因子は，研究2-1の〈今後の生き方の模索〉因子の中の 3 項目と〈家族への執着〉因子の中の 2 項目から構成されていた。第 II 因子は，「ちょっと家事（仕事）をしただけでも疲れを感じる」・「家事（仕事）をすると疲れきってしまう」など，身体的機能のうち特に体力の衰えの自覚を表す 4 項目が抽出されていることから〈体力の衰え感〉と命名した。本因子は，研究2-1の〈体力と気力の衰え感〉因子の中の体力の衰えに該当する 4 項目から構成されていた。第 III 因子は，「若い頃と比較して容姿の衰えを実感する」・「身につけたいと思う服や靴，小物が似合わず悲しい気持ちになる」・「体重/贅肉増加による体型の変化が辛い」など，外見の衰えや加齢による自己イメージの悪化の認識を表す 4 項目が抽出されていることから〈若さの喪

失感〉と命名した。本因子は、今回新たに追加した［容姿の衰え］・［「オバサンの自覚」］についての7項目の中の4項目から構成されていた。第IV因子は、「私は、自分の死やパートナー（夫・恋人）の死に不安を感じる」・「この先、自分はどのようにして死ぬのだろうかいうことを想像する」・「パートナー（夫・恋人）に先立たれることを思うと辛い気持ちになる」など、自分や身近な人が死ぬことによる辛さを想像する気持ちを表す5項目が抽出されていることから〈死別恐怖〉と命名した。本因子は、研究2-1の〈死別恐怖〉因子の中の自分やパートナーの死についての4項目と〈今後の生き方の模索〉因子の中の自分の死に関する1項目から構成されていた。第V因子は、「異性意識が低下している感じがする」・「自分を『オバサン』になったと感じる」という、女性としての自信を失っている感情を表す2項目が抽出されていることから〈女性としての自信の喪失〉と命名した。本因子は、研究2-1の〈体力と気力の衰え感〉因子の1項目と、今回新たに追加した［「オバサン」の自覚］についての1項目から構成されていた。なお、研究2-1で得られた日本女性用中年期危機尺度では抽出された〈家族への執着〉因子は、今回は抽出されなかった。本尺度におけるα係数を算出したところ、Table 3-12に示した通り、.57～.77の範囲となった。

　これらの結果から、第I因子〈今後の生き方の模索〉・第II因子〈体力の衰え感〉・第III因子〈若さの喪失感〉・第IV因子〈死別恐怖〉については本尺度の因子として問題がないと考えられるが、第V因子〈女性としての自信の喪失〉についてはα係数が低く、かつ2項目であることから、本尺度の因子には採用せず今後の分析にも使用しないこととした。その上で、〈女性としての自信の喪失〉因子の2項目を除いた18項目で4因子を想定した最終的な因子分析を実施した。結果をTable 3-13に示す。因子負荷量が.35未満となった1項目「今、私が死んだらやり残したことが多くて強く悔いが残る」を削除した結果、第IV因子〈死別恐怖〉が4項目となり、かつ、第II因子であった〈体力の衰え感〉と第III因子であった〈若さの喪失感〉の順序が変わり、

第3章 現代日本女性の中年期危機 87

Table 3-13 コア中年期群を対象とした日本女性用中年期危機尺度の因子分析結果 最終版（主因子法，プロマックス回転）（n＝428）

No.	質　問　項　目	第Ⅰ因子	第Ⅱ因子	第Ⅲ因子	第Ⅳ因子	共通性
第Ⅰ因子：今後の生き方の模索（α＝.76）						
7	今までの私の生き方は本当の自分の生き方ではないので，これから本当の自分の生き方を見つけたい	.74	−.01	.05	−.03	.56
24	パートナー（夫・恋人）との生活ばかりに追われては私の本当の幸せは見つからないので，これからは仕事や趣味を大事にしたい	.64	−.01	−.07	−.06	.36
2	今までの人生が私の理想通りではなかったので，もうひと花さかせたい	.63	.15	−.05	−.01	.45
11	自分の能力を十分に発揮していないと思うので，これからは仕事や趣味で能力を発揮したい	.61	−.01	.09	.03	.43
19	子どものことが片付いたら，私の本当の生き方を見つけるだろう	.53	−.12	−.02	.06	.27
第Ⅱ因子：若さの喪失感（α＝.70）						
15	身につけたいと思う服や靴，小物が似合わず悲しい気持ちになる	.04	.69	−.13	−.01	.39
20	若い頃と比較して容姿の衰えを実感する	−.06	.68	.02	−.05	.42
5	体重/贅肉増加による体型の変化が辛い	−.02	.56	.00	.02	.32
9	顔のシミやシワの増加が気になる	.05	.46	.14	.02	.34
第Ⅲ因子：体力の衰え感（α＝.77）						
10	ちょっと家事（仕事）をしただけでも疲れを感じる	.00	−.06	.89	−.05	.70
6	家事（仕事）をすると疲れきってしまう	.06	−.06	.73	−.02	.51
1	同年代の人と比べて体力の衰えを感じる	−.08	.12	.48	.13	.37
14	もう若い頃のような体力がない気がする	−.07	.34	.39	.01	.40
第Ⅳ因子：死別恐怖（α＝.68）						
3	私は，自分の死やパートナー（夫・恋人）の死に不安を感じる	−.08	.03	.08	.76	.79
18	パートナー（夫・恋人）に先立たれることを思うと辛い気持ちになる	.09	−.05	−.17	.60	.37
23	この先，自分はどのようにして死ぬのだろうかということを想像する		.09	.09	.58	.25
12	私が死んだら，家族や親戚やどのようにふるまうかを想像する	.23	.07	−.08	.39	.25

因子間相関	Ⅰ	Ⅱ	Ⅲ
Ⅱ	.33		
Ⅲ	.35	.59	
Ⅳ	.31	.42	.45

Table 3-14　主観的中年期群を対象とした日本女性用中年期危機尺度の因子分析結果（主因子法，プロマックス回転）（n=516）

No.	質　問　項　目	第Ⅰ因子	第Ⅱ因子	第Ⅲ因子	第Ⅳ因子	第Ⅴ因子	共通性
第Ⅰ因子：若さの喪失感（α＝.73）							
26	自分を「オバサン」になったと感じる	.77	−.11	−.05	−.20	.06	.48
20	若い頃と比較して容姿の衰えを実感する	.66	−.10	−.01	.07	.03	.44
15	身につけたいと思う服や靴，小物が似合わず悲しい気持ちになる	.53	.11	−.08	.10	−.04	.31
21	年齢的にもう間に合わないことが多いと感じる	.51	.09	.03	.08	−.02	.36
25	異性意識が低下している感じがする	.46	−.01	.05	−.25	.02	.23
5	体重/贅肉増加による体型の変化が辛い	.38	.03	.03	.17	.01	.25
9	顔のシミやシワの増加が気になる	.35	.10	.14	.11	.00	.30
第Ⅱ因子：今後の生き方の模索（α＝.75）							
7	今までの私の生き方は本当の自分の生き方ではないので，これから本当の自分の生き方を見つけたい	−.02	.88	.00	−.06	−.09	.68
2	今までの人生が私の理想通りではなかったので，もうひと花さかせたい	.07	.76	−.06	.01	−.05	.54
11	自分の能力を十分に発揮していないと思うので，これからは仕事や趣味で能力を発揮したい	−.09	.57	.05	.08	.09	.41
24	パートナー（夫・恋人）との生活ばかりに追われては私の本当の幸せは見つからないので，これからは仕事や趣味を大事にしたい	.00	.38	−.02	−.12	.34	.38
第Ⅲ因子：体力の衰え感（α＝.74）							
10	ちょっと家事（仕事）をしただけでも疲れを感じる	−.03	−.02	.97	−.07	−.03	.85
6	家事（仕事）をすると疲れきってしまう	.00	.01	.69	.01	.06	.50
1	同年代の人と比べて体力の衰えを感じる	.24	−.01	.37	.14	−.05	.34
第Ⅳ因子：死別恐怖（α＝.66）							
18	パートナー（夫・恋人）に先立たれることを思うと辛い気持ちになる	−.12	−.10	−.01	.80	.05	.56
3	私は，自分の死やパートナー（夫・恋人）の死に不安を感じる	.07	.02	−.05	.70	.05	.51
8	私の親が亡くなることを考えると耐え切れない気持ちになる	.02	.21	.07	.36	−.01	.27
第Ⅴ因子：子どもへの執着（α＝.53）							
19	子どものことが片付いたら，私の本当の生き方を見つけるだろう	−.02	.05	.03	.00	.82	.72
4	子どもが結婚したり就職しても，子どもを私を気持ちの上で見離さないだろう	.07	−.11	−.02	.16	.46	.22

	因子間相関			
	I	II	III	IV
II	.28			
III	.53	.38		
IV	.33	.29	.42	
V	.05	.42	.09	.10

4因子17項目の尺度となった。

　これにより，2項目の因子がなくなりα係数も再算出の結果，.68〜.77の範囲となり，尺度内の内的整合性が確認された。

主観的中年期群を対象とした日本女性用中年期危機尺度の因子分析

　確認のために，自らを中年期と感じる主観的中年期群516名を対象として，因子分析を実施した。まず，天井効果と床効果を確認した（Table 3-11-B欄）。その結果，今回も「白髪の増加が気になる」のみに天井効果が見られたが，効果の数値が僅かであることから分析対象に含めることとした。床効果の見られる項目は，今回も認められなかった。

　次に，探索的に因子分析を実施した。5因子解を妥当と判断し，主因子法・プロマックス回転による因子分析を実施した。再び共通性が.16未満であった2項目「白髪の増加が気になる」・「今までの生活や人生に満足しているので，これからもこの道を歩くだろう（逆転項目）」と因子負荷量が.35未満となった6項目「私が死んだら，家族や親戚がどのようにふるまうかを想像する」・「『オバチャン』と呼ばれるのは嫌だ」・「もう若い頃のような体力がないような感じがする」・「何でもものごとを始めるのがおっくうだ」・「今，私が死んだらやり残したことが多くて強く悔いが残る」・「この先，自分はどのようにして死ぬのだろうかということを想像する」を削除した結果，5因子19項目が抽出された。その詳細および各項目の回転後の因子負荷量と因子間相関を Table 3-14に示す。

　第I因子は，コア中年期群での分析で得られた第II因子〈若さの衰え感〉

の4項目に，研究2-1の〈体力と気力の衰え感〉因子の2項目「年齢的にもう間に合わないことが多いと感じる」・「異性意識が低下している感じがする」と，コア中年期群の分析では削除されたものの今回新たに追加した[「オバサン」の自覚]に関する1項目が追加され，計7項目で構成されていた。第Ⅱ因子は，コア中年期群での分析で抽出された，第Ⅰ因子〈今後の生き方の模索〉の項目のうち，「子どものことが片付いたら，私の本当の生き方を見つけるだろう」を除く4項目で構成されていた。第Ⅲ因子も，コア中年期群での分析で抽出された，第Ⅲ因子〈体力の衰え感〉の項目のうち，「もう若い頃のような体力がない気がする」を除く3項目で構成されていた。第Ⅳ因子も，コア中年期群での分析で抽出された，第Ⅳ因子〈死別恐怖〉と同一の3項目で構成されていた。第Ⅴ因子は，コア中年期群での分析では抽出されなかった「子どものことが片付いたら，私の本当の生き方を見つけるだろう」・「子どもが結婚したり就職しても，子どもは私を気持ちの上で見離さないだろう」の2項目から構成されていたため，〈子どもへの執着〉と命名した。なお，今回も本尺度における α 係数を算出したところ，Table 3-14に示した通り，.53〜.75の範囲となった。

　これらの結果から，第Ⅰ因子〈若さの喪失感〉・第Ⅱ因子〈今後の生き方の模索〉・第Ⅲ因子〈体力の衰え感〉・第Ⅳ因子〈死別恐怖〉については本尺度の因子として問題がないと考えられるが，第Ⅴ因子〈子どもへの執着〉については α 係数が低く，かつ2項目であることから，本尺度の因子には採用せず今後の分析にも使用しないこととした。その上で，〈子どもへの執着〉因子の2項目を除いた17項目で4因子を想定した最終的な因子分析を実施した。結果を Table 3-15に示す。第Ⅰ因子から第Ⅳ因子まで，因子構造および項目内容は Table 3-14と一致した。これにより，2項目の因子がなくなり α 係数も .66〜.75の範囲となり，尺度内の内的整合性が確認された。

　このように，コア中年期群での因子分析結果と主観的中年期群での因子分析結果は，同じ因子構造であることが確認された。

第3章 現代日本女性の中年期危機 91

Table 3-15 主観的中年期群を対象とした日本女性用中年期危機尺度の因子分析結果
最終版（主因子法，プロマックス回転）（n=516）

No.	質　問　項　目	第Ⅰ因子	第Ⅱ因子	第Ⅲ因子	第Ⅳ因子	共通性
第Ⅰ因子：若さの喪失感（α＝.73）						
26	自分を「オバサン」になったと感じる	**.77**	− .08	− .06	− .20	.48
20	若い頃と比較して容姿の衰えを実感する	**.67**	− .10	− .01	.07	.44
15	身につけたいと思う服や靴，小物が似合わず悲しい気持になる	**.53**	.07	− .08	.10	.31
21	年齢的にもう間に合わないことが多いと感じる	**.52**	.07	.04	.08	.36
25	異性意識が低下している感じがする	**.46**	.00	.05	− .25	.22
5	体重/贅肉増加による体型の変化が辛い	**.38**	.02	.03	.17	.25
9	顔のシミやシワの増加が気になる	**.35**	.09	.14	.11	.30
第Ⅱ因子：今後の生き方の模索（α＝.75）						
7	今までの私の生き方は本当の自分の生き方ではないので，これから本当の自分の生き方を見つけたい	− .01	**.82**	.02	− .05	.65
2	今までの人生が私の理想通りではなかったので，もうひと花さかせたい	.07	**.74**	− .05	.00	.55
11	自分の能力を十分に発揮していないと思うので，これからは仕事や趣味で能力を発揮したい	− .09	**.61**	.05	.09	.41
24	パートナー（夫・恋人）との生活ばかりに追われては私の本当の幸せは見つからないので，これからは仕事や趣味を大事にしたい	− .02	**.53**	− .04	− .10	.24
第Ⅲ因子：体力の衰え感（α＝.74）						
10	ちょっと家事（仕事）をしただけでも疲れを感じる	− .04	− .04	**.98**	− .07	.85
6	家事（仕事）をすると疲れきってしまう	− .01	.04	**.69**	.01	.49
1	同年代の人と比べて体力の衰えを感じる	.24	− .05	**.35**	.14	.33
第Ⅳ因子：死別恐怖（α＝.66）						
18	パートナー（夫・恋人）に先立たれることを思うと辛い気持になる	− .12	− .12	− .01	**.82**	.57
3	私は，自分の死やパートナー（夫・恋人）の死に不安を感じる	.07	.00	− .05	**.70**	.50
8	私の親が亡くなることを考えると耐え切れない気持になる	.03	.18	.07	**.38**	.27

因子間相関			
	Ⅰ	Ⅱ	Ⅲ
Ⅱ	.29		
Ⅲ	.53	.37	
Ⅳ	.33	.34	.43

　コア中年期群の結果と比較すると，〈若さの喪失感〉のα係数が上がったのは，項目数が増えたことによると考えられる。また一方で，〈今後の生き方の模索〉・〈体力の衰え感〉・〈死別恐怖〉のα係数が下がったのは，項目数

が若干減ったことと分析対象者の人数が増え年齢幅が広がったために対象者のライフスタイルがより多様化したことが影響していると考えられる。

　なお，今回の尺度作成において，コア中年期群を対象とした分析でも主観的中年期群を対象とした分析でも，研究2-1で得られた日本女性用中年期危機尺度では抽出された〈家族への執着〉が因子として成立しなかったのは，現代日本の社会状況が影響していると考えられる。第1章で整理した通り，従来中年期の危機といえば，とりわけ女性の危機として子の巣立ちによる空の巣症候群が指摘されてきたが，現代日本においては実はそうではないのかもしれない。当然のことながら独立して巣立つ子ども達もいるが，現代の日本では高学歴であっても正社員になれない若者が数多く存在する。また，正社員になれたとしても独身のまま親元を離れないパラサイト・シングル（山田，1999）や，結婚後も経済面や育児面で実家の親の支援を当てにする若者も増えており，実際，日本で女性が結婚・出産後も就業し続けるためには自分のまたは夫の実家による物理的援助が頼みの綱となる現実もある。つまり，子の成人＝子の独立とは限らない現状も存在するため，妻であり母である中年期女性にとって空の巣症候群とはならず，むしろ独立しないことが危機となることが増えているのではないだろうか。今回の分析で，研究2-1では〈家族への執着〉因子に含まれていた「子どものことが片付いたら，私の本当の生き方を見つけるだろう」が〈今後の生き方の模索〉因子に含まれたことは，現代日本の中年期女性が子が独立しないことを危機として捉えていることを示すものであると考えられる。

　以上を踏まえ，自分を中年期にあると感じる32歳〜67歳の対象者と，中年期女性達が一般的に中年期の年齢幅と捉える43歳〜60歳の対象者は，同じ中年期心性をもっていると推測される。そこで，以下では，コア中年期群を対象として作成した尺度を日本女性用中年期危機尺度として採用する。

コア中年期群を対象として作成した日本女性用中年期危機尺度を主観的中年期群に適用した場合の尺度内の内的整合性の確認

　改めて，主観的中年期群を対象に，コア中年期群を対象として作成した日本女性用中年期危機尺度の α 係数を算出した（Table 3-16）。その結果，.66～.76の範囲となり尺度内での内的整合性が示された。

下位尺度得点と下位尺度間の関連

　本尺度の各因子の項目得点の合計点を項目数で除した値を，各下位尺度得点としてそれぞれ算出した。さらに，下位尺度間の関連を検討するため，Pearson の積率相関係数（以下，相関係数と記す）を算出した（Table 3-16）。

　各下位尺度得点は，全て尺度上の 2 点（あまりない）～ 3 点（時々ある）あたりに該当しており，今回の対象者は中年期危機をやや感じているようである。なお，その中で〈若さの衰え感〉尺度得点が一番高く2.91点（標準偏差.60点）で尺度上のほぼ 3 点あたりの結果となったことから，〈若さの衰え感〉を感じる対象者が多かったことが示された。したがって，今回〈若さの衰え感〉を付け加えた本尺度は，女性の中年期危機について検討する上で意

Table 3-16　コア中年期群を対象として作成した日本女性用中年期危機尺度を主観的中年期群に適用した場合の α 係数，尺度得点，*SD*，下位尺度間の相関関係（n=516）

	α 係数	尺度得点	*SD*		II 若さの喪失感	III 体力の衰え感	IV 死別恐怖
I　今後の生き方の模索	.76	2.23	.60	相関係数 n	.22*** 514	.23*** 514	.30*** 513
II　若さの喪失感	.68	2.91	.60	相関係数 n		.50*** 516	.31*** 515
III　体力の衰え感	.76	2.77	.59	相関係数 n		516	.35*** 515
IV　死別恐怖	.66	2.31	.60				—

***p < .001

94

義があると考えられる。

　下位尺度間の関連では，第Ⅰ因子〈今後の生き方の模索〉と第Ⅱ因子〈若さの喪失感〉は $r=.22$，第Ⅰ因子と第Ⅲ因子〈体力の衰え感〉は $r=.23$，第Ⅰ因子と第Ⅳ因子〈死別恐怖〉は $r=.30$，第Ⅱ因子と第Ⅳ因子は $r=.31$，第Ⅲ因子と第Ⅳ因子は $r=.35$ と，いずれも有意な弱い正の相関が見られた。また，第Ⅱ因子と第Ⅲ因子は $r=.50$ と有意な中程度の正の相関が見られた。これらの結果より，本尺度は全体的に下位尺度間に正の相関があり，その中でもともに生物学的な加齢に影響を受けると考えられる第Ⅱ因子と第Ⅲ因子は，比較的同質な中年期危機であることが示唆される。

日本女性用中年期危機尺度の信頼性の検討

　本尺度について I-T 相関係数を算出し，項目尺度全体間の相関（各項目得点とその項目以外の16項目の合計得点との相関。以下，I-T 相関（全体）と記す）と項目下位尺度間の相関（各項目得点とその項目以外の下位尺度合計得点との相関。以下，I-T 相関（下位）と記す）を確認した。詳細を Table 3-17 に示す。その結果，I-T 相関（全体）が $r=.27\sim.51$ となり，全て正の相関が見られたことから，本尺度の17項目全体は日本女性の中年期危機を測る尺度としてある程度まとまりがあると考えられる。また I-T 相関（下位）は，〈今後の生き方の模索〉で $r=.42\sim.61$，〈若さの衰え感〉で $r=.46\sim.49$，〈体力の衰え感〉で $r=.50\sim.64$，〈死別恐怖〉で $r=.37\sim.56$ となり，いずれも正の相関が見られた。このことから，本尺度の各下位尺度はそれぞれある程度まとまりがあると考えられる。

　先に実施した α 係数の算出より尺度内での内的整合性が確認されたことも考え合わせると，本尺度は一定の信頼性をもつ尺度であると確認された。

日本女性用中年期危機尺度の妥当性の検討

　本尺度の基準関連妥当性を検討するために，日本女性用中年期危機尺度の

Table 3-17 コア中年期群を対象として作成した日本女性用中年期危機尺度を主観的中年期群に適用した場合のI-T相関（n＝516）

No.	質　問　項　目	I-T相関 下位	I-T相関 全体
第Ⅰ因子：今後の生き方の模索（α＝.76）			
7	今までの私の生き方は本当の自分の生き方ではないので，これから本当の自分の生き方を見つけたい	.61	.46
24	パートナー（夫・恋人）との生活ばかりに追われては私の本当の幸せは見つからないので，これからは仕事や趣味を大事にしたい	.50	.30
2	今までの人生が私の理想通りではなかったので，もうひと花さかせたい	.56	.45
11	自分の能力を十分に発揮していないと思うので，これからは仕事や趣味で能力を発揮したい	.55	.44
19	子どものことが片付いたら，私の本当の生き方を見つけるだろう	.42	.27
第Ⅱ因子：若さの喪失感（α＝.68）			
15	身につけたいと思う服や靴，小物が似合わず悲しい気持ちになる	.47	.39
20	若い頃と比較して容姿の衰えを実感する	.49	.38
5	体重/贅肉増加による体型の変化が辛い	.46	.39
9	顔のシミやシワの増加が気になる	.41	.45
第Ⅲ因子：体力の衰え感（α＝.76）			
10	ちょっと家事（仕事）をしただけでも疲れを感じる	.64	.51
6	家事（仕事）をすると疲れきってしまう	.58	.49
1	同年代の人と比べて体力の衰えを感じる	.55	.45
14	もう若い頃のような体力がない気がする	.50	.43
第Ⅳ因子：死別恐怖（α＝.66）			
3	私は，自分の死やパートナー（夫・恋人）の死に不安を感じる	.56	.45
18	パートナー（夫・恋人）に先立たれることを思うと辛い気持ちになる	.38	.29
23	この先，自分はどのようにして死ぬのだろうかいうことを想像する	.42	.35
12	私が死んだら，家族や親戚やどのようにふるまうかを想像する	.37	.43

各下位尺度得点と SRS-18の各下位尺度得点とで，相関係数を算出した。詳
細を Table 3-18に示す。その結果，SRS-18の〈不機嫌・怒り〉因子との相
関は弱いものの，本尺度の全ての下位尺度で SRS-18と弱～中程度の正の相
関が認められた。これらの結果より，本尺度の基準関連妥当性が確認された。

以上の結果より，本尺度は一定の妥当性をもつ尺度であることが確認され
た。

日本女性用中年期危機尺度得点の年齢比較

第2章の研究1より中年期をひとくくりにすることへの再検討が示唆され
たことから，日本女性用中年期危機各下位尺度得点の年齢による比較を実施
した。

主観的中年期群を「年齢」により群分けし（30歳～39歳：30歳代，40歳～49
歳：40歳代，50歳～59歳：50歳代，60歳～69歳：60歳代），日本女性用中年期危機
各下位尺度得点を従属変数とした，一要因の分散分析を実施した。群間で有
意差が認められた場合は，あわせて多重比較（Tukey法，有意水準.05）も行
った。結果の詳細を Table 3-19に示す。

Table 3-19からは，年齢によって差のある因子と差のない因子とがあるこ

Table 3-18　コア中年期群を対象として作成した日本女性用中年期危機尺度を主観的
中年期群に適用した場合の SRS-18との相関関係（n=516）

		日本女性用中年期危機尺度			
		I 今後の生き 方の模索	II 若さの 喪失感	III 体力の 衰え感	IV 死別恐怖
SRS-18 抑うつ・不安	相関係数	.25***	.20***	.32***	.28***
	n	514	516	516	515
SRS-18 不機嫌・怒り	相関係数	.24***	.15***	.21***	.19***
	n	514	516	516	515
SRS-18 無気力	相関係数	.28***	.26***	.43***	.27***
	n	512	514	514	513

***$p < .001$

とがわかる。第Ⅰ因子〈今後の生き方の模索〉では30歳代が60歳代より1％水準で有意に高かった（$F_{(3,510)} = 3.88, p < .01$）。第Ⅱ因子〈若さの喪失感〉では30歳代・40歳代・50歳代が60歳代より，40歳代が50歳代よりいずれも0.1％水準で有意に高かった（$F_{(3,512)} = 11.73, p < .001$）。つまり，これらの中年期危機は加齢により影響を受ける危機であることが示され，かつ，60歳代になると低くなることが示唆される。一方，第Ⅲ因子〈体力の衰え感〉・第Ⅳ因子〈死別恐怖〉では，いずれも年齢による有意差は見られなかった（$F_{(3,512)} = 1.95, n.s., F_{(3,511)} = 1.76, n.s.$）。つまりこれらの中年期危機は，加齢により影響を受けにくい危機であることが示唆される。

　個別に見てみると，〈今後の生き方の模索〉は，30歳代という比較的若い時期に60歳代という中年期の終盤に向かう時期と比較してより強く意識されていた。つまり，自らを青年期と捉える人が多い時期に自らを中年期と考える人は，自らの中年期の認識とともに後半の新たな人生について'間に合ううちに何とかしたい'ともがき，様々な思いを巡らすのかもしれない。あるいは自らの希望通りではない現実に対し，苛立ちとともに'いつか軌道修正したい'という焦燥感が危機として強く実感されるのではないだろうか。

　〈若さの喪失感〉は，30歳代・40歳代・50歳代が相対的に60歳代より強く

Table 3-19　主観的中年期群を対象とした年齢による日本女性用中年期危機尺度得点の分散分析結果

属性	群	Ⅰ今後の生き方の模索（SD）	人数	Ⅱ若さの喪失感（SD）	人数	Ⅲ体力の衰え感（SD）	人数	Ⅳ死別恐怖（SD）	人数
年齢	①30歳代	2.38(.55)	41	2.87(.54)	41	2.82(.56)	41	2.27(.63)	41
	②40歳代	2.28(.60)	270	3.03(.59)	270	2.82(.62)	270	2.35(.58)	269
	③50歳代	2.16(.58)	188	2.81(.59)	189	2.71(.56)	189	2.28(.63)	189
	④60歳代	1.91(.78)	15	2.28(.58)	16	2.59(.46)	16	2.03(.60)	16
	F値	3.88**		11.73***		1.95 n.s.		1.76 n.s.	
	多重比較	①>④		①，②，③>④②>③					

*** $p < .001$，** $p < .01$

感じ，かつ，40歳代の方が50歳代と比較してより強く感じていた。この因子については加齢の影響を考慮せざるを得ないので，年齢差が表れたのであろう。しかし，50歳代より40歳代が高かったことから，女性の中年期危機が変化する区切りは最年少～40歳代までと50歳代～最年長となる可能性がある。このことについては，この後の分析でも検討する。

　なお，〈体力の衰え感〉・〈死別恐怖〉が年齢に影響を受けない危機であると考えられる点であるが，まず〈体力の衰え感〉については，厳密には生物学的な加齢により恐らく万人が意識することは確かであろうが，元々の資質や体力差に大きな個人差があり，また各人の選択したライフスタイルにより危機としての感じ方が全く異なってくるため，'誰もが感じる'危機ではあるが，必ずしも生物学的な年齢に縛られているわけではないからであろう。また〈死別恐怖〉については，日本の少子高齢化，特に平均寿命が延びている状況を考えれば理解しやすいであろう。現実に，60歳代でもリタイアをせずに現役として就業する人も多く，また，60歳代で亡くなった人に対して，とりわけ女性の場合，「早く亡くなられた」という印象をもつ。つまり，60歳代であったとしても，死への不安は感じにくい可能性が高い。しかも，自らをまだ中年期にあると考えている対象者にとっては，危機としては感じられない人も多く，年齢差は出にくいのかもしれない。

　上記の検討結果より，生物学的な年齢に縛られている危機については年齢による差が見られたが，現代の社会状況やライフスタイルにより影響を受けやすい危機については差が出にくかったと考えられよう。

　女性の中年期危機が変化する区切りの時期について確認するために，主観的中年期群で日本女性用中年期危機各下位尺度得点について，最年少～49歳までと50歳～最年長の対象者間で t 検定を実施した。結果を Table 3-20に示す。第Ⅳ因子〈死別恐怖〉については，今回も有意差は見られなかった（$t(513)=1.52, n.s.$）が，第Ⅰ因子〈今後の生き方の模索〉・第Ⅱ因子〈若さの喪失感〉・第Ⅲ因子〈体力の衰え感〉で，いずれも49歳までの方が50歳以上

第3章 現代日本女性の中年期危機　99

Table 3-20　30-40歳代と50-60歳代の主観的中年期群の年齢による日本女性用中年期危機尺度得点の t 検定結果

属性	群	Ⅰ今後の生き方の模索 (SD)	人数	Ⅱ若さの喪失感 (SD)	人数	Ⅲ体力の衰え感 (SD)	人数	Ⅳ死別恐怖 (SD)	人数
年齢	①49歳まで	2.29(.60)	311	3.00(.58)	311	2.82(.61)	311	2.34(.58)	310
	②50歳以上	2.14(.60)	203	2.77(.60)	205	2.70(.55)	205	2.26(.63)	205
	自由度	512		514		514		513	
	t 値	2.88**		4.50***		2.31*		1.52 n.s.	

***$p<.001$，**$p<.01$，*$p<.05$

より有意に高かった（t (512)＝2.88, $p<.01$, t (514)＝4.50, $p<.001$, t (514)＝2.31, $p<.05$）。この結果は，先述の年齢ごとの結果とは異なるが，これは，体力の衰えの自覚というものが，生物学的な加齢による衰えを実感し始める40歳代までの方が感じやすいことを示すものかもしれない。つまり，やはり女性の中年期危機の変化の区切りは，40歳代までと50歳代以上とに分けられると考えられる。第1章2節で整理した通り，閉経前と閉経後では女性の更年期や閉経に対するイメージが変化することが予想されるため，中年期女性の調査の際，閉経の経験有無により心理特性が異なる可能性がある。このことと上記検討結果を鑑みると，日本の平均閉経年齢の時期が50〜51歳（浅野，2005）あたりであることとも関連し，主観的中年期群を1グループとして分析するのではなく，最年少〜40歳代までと50歳代以上〜最年長の2グループ，つまり，中年期前期と中年期後期に分けて分析することが妥当と思われる。なお，若本（2010）も中年期〜高齢期を対象にした先行研究（e.g., Heckhausen, 2001; Lachman & Bertrand, 2001; Staudinger & Bluck, 2001）の年齢区分に則り，分析の際に調査対象者を年齢により群分けしている。それによると，30歳代：プレ中年期，40歳代：中年前期，50歳〜65歳：中年後期，66歳〜75歳：ポスト中年期であった。本研究での群分けは2群ではあるが，40歳代までを中年期前期，50歳代以降を中年期後期としているところでは一致した。

日本女性用中年期危機尺度得点の家族状況比較

第1章で整理した通り，かつ，上記の日本女性用中年期危機尺度得点の年齢比較の検討結果より，女性のライフスタイルの多様化により中年期危機の様相が異なる可能性が示唆されたため，日本女性用中年期危機各下位尺度得点について，様々なライフスタイルの中でも最も個人のライフコースを決定づける要因と考えられる婚姻状況および子の有無により比較検討した。

分析に先立ち，「婚姻状況」（1：未婚，2：既婚，3：離/死別）と「子の有無」（1：有り，2：無し）により「家族状況」という変数（1：未婚・子無し，2：既婚・子有り，3：既婚・子無し，4：離/死別・子有り，離/死別・子無し）を合成した。婚姻状況別の対象者数一覧は Table 3-21の通りである。今回の対象者の多くは既婚・子有り群であることがわかる。また，離/死別・子無し群は全体で3名，主観的中年期群で2名と非常にわずかな人数であるため，この後の「家族状況」を用いた分析には用いないこととする。また，「家族状況」では未婚・子有り群も想定したが今回の分析対象者には該当者がいなかったため，割愛した。

次に，日本女性用中年期危機各下位尺度得点を従属変数とした，一要因の分散分析を実施した。群間で有意差が認められた場合は，あわせて多重比較（Tukey法，有意水準.05）も行った。結果の詳細を Table 3-22に示す。

第Ⅰ因子〈今後の生き方の模索〉では，離/死別・子有り群が未婚・子無し群および既婚/子無し群よりも5％水準で有意に高かった（$F_{(3,508)}=$

Table 3-21　家族状況別対象者数

家族状況	人数	
	調査対象者全体	主観的中年期群
未婚・子無し	103	64
既婚・子有り	425	393
既婚・子無し	35	28
離/死別・子有り	34	29
離/死別・子無し	3	2

第 3 章　現代日本女性の中年期危機　　101

Table 3-22　主観的中年期群を対象とした家族状況による日本女性用中年期危機尺度
得点の分散分析結果

属性	群	I 今後の生き方の模索 (SD)	人数	II 若さの喪失感 (SD)	人数	III 体力の衰え感 (SD)	人数	IV 死別恐怖 (SD)	人数
家族状況	①未婚・子無し	2.13(.49)	64	2.95(.55)	64	2.87(.47)	64	2.28(.53)	63
	②既婚・子有り	2.24(.61)	391	2.91(.61)	393	2.76(.60)	393	2.31(.61)	393
	③既婚・子無し	2.02(.55)	28	2.87(.59)	28	2.79(.69)	28	2.45(.56)	28
	④離/死別・子有り	2.50(.67)	29	2.84(.53)	29	2.68(.63)	29	2.15(.72)	29
	F 値	3.77*		.24 n.s.		.84 n.s.		1.24 n.s.	
	多重比較	④>①, ③							

*$p < .05$

3.77, $p < .05$)。子どもがいない人は，未婚であれ既婚であれ，子どもがいない前提で―つまり将来自分一人で暮らすこと―を普段から当然のこととして考えていることが推察される。よって子どもがいる人は，将来についてより模索し，かつ，離/死別・子有り群の場合は子どもが独立した後の生き方について，より一人で模索するのではないだろうか。一方，第 II 因子〈若さの喪失感〉・第 III 因子〈体力の衰え感〉・第 IV 因子〈死別恐怖〉では，いずれも家族状況による有意差は認められなかった（$F(3,510) = .24$, n.s., $F(3,510) = .84$, n.s., $F(3,509) = 1.24$, n.s.）。この結果から，日本女性用中年期危機尺度得点は全体で見ると，家族状況というライフスタイルによる顕著な群間差はないと考えてよいだろう。

5 節　まとめ

本章では，日本女性の中年期危機を測る尺度の作成と，中年期のグルーピングの再検討および家族状況比較によるライフスタイルの考慮の検討を目的として研究を行った。

2 節の研究2-1では，第 1 章 2 節で検討した長尾（1990）の中年期の危機状態尺度（女性用）を，現代中年期女性のデータで再分析し，尺度の因子構

造と利用可能性の検討を行った。その結果, 長尾 (1990) とは異なる4因子
20項目が抽出された。かつ, 長尾 (1990) 作成時から今日までの日本におけ
る少子高齢化の進行, 女性の高学歴化と男女雇用機会均等法の定着, 経済環
境の変化などにより女性を巡る状況が変化していることを考慮し, 新たな尺
度を作成する必要性が示唆された。

　3節の研究2-2では, 研究2-1で得られた結果をもとに面接調査を実施し,
質問紙調査では捉えきれなかった女性の中年期危機の体験を把握し, より詳
細に検討することで危機の内容を再吟味した。その結果, 中年期危機の具体
的内容として［体力・気力の衰え］・［容姿の衰え］・［「オバサン」の自覚］・
［更年期障害］・［自分の選択への悔い］・［将来への不安］・［大切な対象の喪
失］がカテゴリー生成された。これらは身体機能の変化, 外見の変化, 過去
の生き方の悔いと将来の不安, 喪失体験に分類され, 岡本 (1985) の中年期
に経験する心理的変化の否定的特徴である「身体感覚の変化」・「時間的展望
のせばまりと逆転」・「生産性の限界感の認識」・「老いと死への不安」と比較
すると, ［容姿の衰え］と［「オバサン」の自覚］を除き, ほぼ一致した。こ
のことから, ［容姿の衰え］と［「オバサン」の自覚］の中年期危機は, 質問
紙調査では抽出できなかった女性特有の中年期危機と考えられ, 更なる検討
の必要性が示唆された。

　4節の研究2-3では, まず調査対象者に主観的中年期の判断を求めたとこ
ろ, 40歳代と50歳代のいずれも90％以上が自らを中年期であると回答した。
その一方で, 30歳代の66.13％ (41名) と60歳代の57.14.％ (16名) も同様の
回答をした。つまり, 自らを中年期と捉える時期は40歳代と50歳代が圧倒的
多数を占めているものの, 30歳代や60歳代にも多数存在することが明らかと
なった。したがって今後の中年期検討においては, 自らを中年期と考える30
歳代や60歳代の対象者も分析に含めて様々な分析が可能となるよう, サンプ
ルを検討する必要があることがわかった。

　次に, 研究2-1で作成した女性の中年期危機を測る尺度に, 研究2-2で見出

された［容姿の衰え］と［「オバサン」の自覚］についての項目を新たに追加した日本女性用中年期危機尺度を作成した。作成にあたっては，第2章の研究1で仮定した，自他ともに中年期と捉える年齢範囲（43歳〜60歳）に該当するコア中年期群を対象とした因子分析と，自らを中年期と考える主観的中年期群（32歳〜67歳）を対象とした因子分析を実施した。すると，コア中年期群を対象に作成した尺度と主観的中年期群を対象にした尺度とで，順序は若干異なるものの因子構造は同一で，項目構成も概ね同じ結果となった。そこで，コア中年期群を対象に作成した尺度を日本女性用中年期危機尺度として採用することとした。その上で，改めて主観的中年期群を対象にα係数を算出して尺度内の内的整合性を確認することにより，本尺度が広範囲の年齢の対象者に適用可能であることが示された。

　本尺度は，研究2-1により長尾（1990）の尺度が4因子に整理されたものに，研究2-2から得られた［容姿の衰え］と［「オバサン」の自覚］の危機に該当する項目が付け加えられて再分析した結果，4因子構造となり，〈若さの喪失感〉が第Ⅱ因子として抽出された。その他の3因子は，〈家族への執着〉を除き，研究2-1の因子と概ね同一で，項目構成も同様の結果となった。このことから，本研究で作成された尺度は比較的安定して女性の中年期危機について測定することが可能であると考えられる。

　なお本尺度の作成において，従来の女性の中年期危機の典型と考えられてきた空の巣症候群に起因する〈家族への執着〉因子を想定したが，コア中年期群を対象にした分析でも主観的中年期群を対象とした分析でも，研究2-1では抽出された〈家族への執着〉が因子として成立しなかった。現代の日本では，若者が独立できる収入をなかなか得られない，結婚に踏み切れない，実家を出ない，結婚しても実家からの有形無形の援助を受け続ける，などの社会状況によりひとつ屋根の下に住まない拡大家族が作られ，心理的に空の巣にならない状態に変化しており，むしろ巣立たない子に対する心理的危機の存在が示唆された。

本尺度の信頼性と妥当性の検討では，α係数およびI-T相関（全体・下位）の検討より，本尺度がある程度のまとまりをもっていることが示され，信頼性が確認された。さらに，SRS-18との相関関係の検討より，本尺度の基準関連妥当性が確認された。

今回，日本女性用中年期危機尺度に〈若さの喪失感〉因子が付け加えられたことにより，今後それについて検討する必要がある。第1章3節で整理した通り，中年期危機の予防としてソーシャル・サポートの影響が大きいことが示唆されている。また研究2-2では，中年期危機解消の方略として再就業やおしゃれへの関心を持ち続けることに言及した対象者もいた。今回抽出された〈若さの喪失感〉の危機への対処方略または予防として，自主的に行う美しさや若さを保つための努力について検討することが，今後の検討課題となるであろう。

第1章2節で，中年期の発達課題を中年期危機として捉えた場合の予防または軽減要因として，「喪失体験による役割の変化の課題」に対してはソーシャル・サポートを，「老いの始まりの認識による死をめぐる課題」に対しては容姿を維持向上する努力を想定したが，改めて中年期危機への対処方略または予防を考えてみると，大別して，他者の助けによるものと自分自身でできるものとに大別できそうである。その際，ソーシャル・サポートは前者の代表的なものと考えられる。そして今回，〈若さの喪失感〉が抽出されたことは，今後中年期女性を対象者とした自分でできる対処方略または予防として，本人が自主的に行う美しさや若さを保つための，自分の容姿を維持向上する努力を検討する基礎資料として意義があると考えられる。さらにその結果を踏まえた上で，女性の中年期危機やソーシャル・サポートとの有り様や関連を検討することも今後の課題である。

最後に，調査対象者の中年期危機状態尺度の各下位尺度得点の年齢比較と家族状況比較を実施した。その結果，年齢比較では中年期危機尺度得点が40歳代までと50歳代以上とで概ね差が認められた。第1章2節で検討した通り，

中年期女性の調査の際，閉経の経験有無により心理特性が異なる可能性がある。日本の平均閉経年齢の時期が50〜51歳（浅野，2005）あたりであることも考慮すると，女性の中年期危機研究をする際は主観的中年期群を1グループとして分析するのではなく，40歳代までの中年期前期群と50歳代以上の中年期後期群の2グループに分けて分析する必要性が示唆された。また家族状況というライフスタイル比較では，全体的に見ると顕著な群間差は認められないことが推察された。

第4章 中年期女性へのソーシャル・サポート〔研究3〕

1節 目的

　本章では，現代日本女性が「喪失体験による役割の変化についての課題」についての中年期危機を予防，または軽減する要因としてソーシャル・サポートを検討した第1章3節を受けて，サポート源についてはパートナー・パートナー以外の家族・友人を想定し，サポート内容については手段的サポートと社会情緒的サポートを考慮した，中年期女性の知覚されたソーシャル・サポートを測る尺度（以下，中年期女性用ソーシャル・サポート尺度と記す）について検討する。その上で，第3章の研究2-3で作成した日本女性用中年期危機の各下位尺度得点と，中年期女性用ソーシャル・サポート尺度のサポート源別得点との関連についても確認する。

　福岡（2000a，2000b）によると，現在，ソーシャル・サポートについては尺度におけるサポート源やサポート内容の取り扱いについて多くの見解があり一貫性が認められず，日本でもサポート源のみを区別して測定するもの（久田・千田・箕口，1989など），サポート内容のみを区別して測定するもの（周，1993など），両者とも区別して測定するもの（野口，1991；嶋，1991など），両者とも区別せずソーシャル・サポートを1つの得点として測定するもの（和田，1998など）など，様々であるという。そこで先行研究を検討することを通して，中年期女性のソーシャル・サポートを測るのにふさわしい尺度を検討する。

　さらに，尺度得点の算出方法についても検討する必要がある。たとえば森・三浦（2007）は，教員を対象に職場におけるソーシャル・サポート尺度

108

の作成を試み，サポート内容のみを区別した3つの下位尺度と上位概念としてのソーシャル・サポートをもつ2次因子モデルの尺度を見出したが，検討の結果「3下位尺度はそれらの上位概念であるソーシャル・サポートにそのほとんど依存し，データ上では独自の要素がほとんど認められない（p.86）」と結論づけている。この指摘に沿うならば，サポート源ごとの，あるいはサポート内容ごとの得点の用い方については検討の必要がある。したがって，この点も考慮して分析を進める。以下に，日本で広く使われる代表的な尺度のうち，成人を対象に作成されている知覚されたサポートを測る尺度を順に列挙し，本書での採用について検討する。

2節　中年期女性用ソーシャル・サポート尺度の検討

　本節では，中年期女性用ソーシャル・サポート尺度について，先行研究を整理した上で，本書での今後の分析にふさわしい尺度を選択する。

(1) 尺度の選択

　久田・千田・箕口（1989）の学生用尺度は，ソーシャル・サポートについて Cobb（1976）の定義に準拠し「普段から自分を取り巻く重要な他者に愛され大切にされており，もし何か問題が起こっても援助してもらえる，という期待の強さ」という操作的定義がなされているところに特徴がある。知覚されたサポートの中でも情緒的サポートを測り，サポート源別に得点を算出する。サポート源は，父親・母親・きょうだい・現在通学中の学校の先生・それ以外の友人/知人である。大学生用として作成されたが，項目内容は必ずしも大学生に限定される必要はないと考えられる。しかし，サポート内容が情緒的サポートに偏っているため，本書では採用しない。

　嶋（1991）の尺度も大学生を対象としており，情緒的・情報的・手段的サポート，および Rook（1987）の結果を受けた「ソーシャルコンパニオンシッ

プ（レジャーやその他の娯楽を追及する行為を共有すること）（p. 77）」を測る。サポート源は家族・同性の友人・異性の友人であるが，このサポート源を変えて中年期女性を対象とした研究でも用いられている。たとえば，前原・大城（1997）では夫・子ども・友人・近隣の人を，田中（2004）では配偶者・配偶者以外の家族・親戚・友人を，それぞれサポート源としている。しかし，日本の大学生のサポートネットワークを捉える目的でサポート源を想定しているため，項目の内容がやや友人や同年代の他者との娯楽向けに作成されており，本書での採用は見送る。

　野口（1991）の高齢者用ソーシャル・サポート尺度もある。本尺度はソーシャル・サポートの援助としての側面に着目して作成され，項目内容は情緒的・手段的サポート，ならびにサポート提供者の意図とサポート被提供者の感覚とが一致しないネガティブサポートを測る。サポート源は，パートナー以外の同居家族・別居中の子どもまたは親戚・友人/知人/近隣の人である。項目内容のネガティブサポートは本書では取り扱わない。仮にネガティブサポート項目を使用しない場合でも，対象者が限定されており，項目内容も高齢者への援助項目中心となるため，採用しない。

　Zimet, Dahlem, Zimet, & Farley（1988）が作成した「Multidimensional Scale of Perceived Social Support（以下，MSPSS と記す）」を翻訳した岩佐・権藤・増井・稲垣・河合・大塚・小川・高山・藺牟田・鈴木（2007）の「日本語版ソーシャル・サポート尺度」は，サポート源（家族・大切な人・友人）別の3因子構造である。項目数は12だが，7項目の短縮版もある。サポート内容については分けていないが，項目を確認する限り情緒的・手段的サポートが中心であると考えられる。また本尺度の特徴は，大切な人のサポート項目が「喜びと悲しみを分かちあえる人がいる」・「困った時にそばにいてくれる人がいる」など，すべて大切な人の存在自体をサポートと捉えていることである。日本では中高年者を対象に翻訳されたが，MSPSS は大学生を対象に作成していることから，より幅広い年代に利用可能であると考えられる。

しかし，本尺度の特徴である大切な人のサポートについては教示にてサポート源が特定されていないことから，対象者の主観により項目ごとにサポート源が異なる可能性や，そもそもサポート源が家族か友人か誰かも特定できず，結果の考察が困難になる可能性が予想される。また，項目内容とサポート源の対応関係についてもやや疑問が残る。したがって，本尺度は使用を見送る。

　さらに，一般の地域住民を対象にした「Jichi Medical School ソーシャルサポートスケール（以下，JMS-SSS と記す）」（堤・堤・折口・高木・詫摩・萱場・五十嵐，1994；堤・萱場・石川・苅尾・松尾・詫摩，2000）がある。本尺度は，公衆衛生学的調査における使用を目的に作られている。尺度のサポート内容と項目は内外の文献より選択され，2度の予備調査を経て，本調査では40歳～69歳までの男女274名を対象に作成された。その後，43歳～77歳の男女380名を対象に，尺度の回答形式の改訂と社会的望ましさとの関連の検討が行われた。サポート内容は，情緒的・手段的・情報的サポートを含んでいるが，1因子構造が想定されている。サポート源は，配偶者・配偶者以外の家族・友人であり，これらの3サポート源に対してそれぞれ同一の質問項目を訊ねる。ただし，配偶者のサポートのみ，社会的望ましさとの関連が強かった2項目を除外している。本尺度は，その作成過程からも幅広い年齢層の男女への使用が可能であり，同一内容の質問項目にてサポート源別の得点が算出可能で，比較しやすい。本書で研究対象とする中年期女性のソーシャル・サポート尺度としては，最も適していると言えよう。そこで本書では，中年期女性のソーシャル・サポートを測る尺度として JMS-SSS を採用するが，以下の点について修正した尺度を中年期女性用ソーシャル・サポート尺度として用いる。

⑵ JMS-SSS を中年期女性用ソーシャル・サポート尺度として用いる際の修正事項

　1つ目は，配偶者の取り扱いである。本書では，中年期女性の発達課題に

対応する，ライフスタイルによらない要因としてのソーシャル・サポートを仮定している。JMS-SSS では，サポート源として配偶者を仮定しているが，配偶者という用語を用いると既婚の女性が対象であると解釈され，ライフスタイルを限定することになる。かつ，配偶者のいない対象者からの回答が多義的になる可能性があるので，これについては「パートナー（夫・恋人）（以下，パートナーと記す）」と読み替えて，質問紙に記述する。同様に，配偶者以外の家族についても，「パートナー以外の家族（以下，家族と記す）」とする。

　2つ目は，対象者と家族の居住状況の取り扱いである。JMS-SSS では，パートナーと同様，家族も同居しているという暗黙の了解で作成されている可能性があるが，本書では測定するソーシャル・サポートが知覚されたサポートであることから，家族について同居か否かは問う必要がないと考え，質問紙の教示の中に「同居/別居は問わず」と明記する。

　3つ目は，JMS-SSS では配偶者のサポート項目で，社会的望ましさとの関連より，情報的サポートの「物事をいろいろよく話し合って，一緒にとりくんでゆける」と情緒的サポートの「気持ちが通じ合う」を削除していることである。第1章2節で整理した通り，中年期女性にとって配偶者（本書ではパートナー）と子どものソーシャル・サポートが非常に重要と推測され，かつ「物事をいろいろよく話し合って，一緒にとりくんでゆける」と「気持ちが通じ合う」は，どちらの項目も重要と考えられることから，本書では，パートナーのソーシャル・サポートについても10項目全てを分析対象とする。

3節　中年期女性用ソーシャル・サポート尺度の作成

⑴　目的

　JMS-SSS を修正した中年期女性用ソーシャル・サポート尺度を用い，現代中年期女性のデータでの再分析を行うことにより，尺度の特徴と本書での

112

この後の分析での利用可能性を検討する。

⑵ 方法

調査対象者　対象者E群（詳細については第1章7節を参照）。

　なお本研究では，そのうちの一部である，自らを中年期にあると回答した主観的中年期群516名（平均年齢48.21歳（標準偏差6.09歳），年齢範囲は32歳〜67歳）のみを分析対象とした。ただし，質問項目ごとに未回答のデータがあるため分析ごとの人数には多少の増減がある。

調査内容（フェイスシートを除く）

①中年期女性用ソーシャル・サポート尺度

　JMS-SSS のパートナー・家族・友人の3つのサポート源ごとに，同一の10項目（項目内容については Table 4-4を参照）について本人があてはまる程度を4件法（全くそうは思わない：1点，あまりそうは思わない：2点，まあそう思う：3点，非常にそう思う：4点）で回答を求めた。その際，調査協力者の負担を軽減するため，パートナーと家族についてはまず「いる」と「いない」のどちらかを選択させ，「いない」を選んだ場合は，そのサポート源の質問項目には回答せずに次のサポート源の質問へ進むように促した。

②日本女性用中年期危機尺度

　第3章の研究2-3で得られた〈今後の生き方の模索〉・〈若さの喪失感〉・〈体力の衰え感〉・〈死別恐怖〉の4因子，計17項目。本人が各項目があてはまる程度を4件法（全くない：1点，あまりない：2点，時々ある：3点，よくある：4点）で回答を求めた。

⑶ 結果と考察

対象者の属性

　対象者の属性一覧（年代，婚姻状況，子の有無，主な活動，自分のために使える金額，被介護者の有無）を Table 4-1に示す。

第4章　中年期女性へのソーシャル・サポート　　113

Table 4-1　対象者の属性一覧

属性	人数	%
年齢（平均年齢歳48.21歳，SD＝6.09歳）		
30歳〜34歳	8	1.55
35歳〜39歳	33	6.40
40歳〜44歳	78	15.12
45歳〜49歳	192	37.21
50歳〜54歳	116	22.48
55歳〜59歳	73	14.15
60歳〜64歳	13	2.52
65歳〜69歳	3	.58
婚姻状況		
未婚	64	12.40
既婚	421	81.59
離/死別	31	6.01
子の有無		
有り	422	81.78
無し	94	18.22
主な活動（就業状況）		
常勤職	207	40.12
非常勤職	177	34.30
自営業	32	6.20
専業主婦	100	19.38
自由に使える金額（経済状況）		
5千円未満	28	5.43
5千円〜1万円未満	90	17.44
1万円〜3万円未満	188	36.43
3万円〜5万円未満	107	20.74
5万円〜10万円未満	71	13.76
それ以上	32	6.20
被介護者の有無		
有り	56	10.85
無し	460	89.15

サポート源の数とその内訳

　今回の対象者が誰をサポート源として知覚しているかを確認した

（Table 4-2）。その結果，パートナーと家族をサポート源と知覚している人はともに対象者の約85％であった。さらに，友人については約99％の人がサポート源として知覚していた。これらの結果から，ほとんどの中年期女性にとって，パートナー，家族，友人がサポート源として知覚されていることがわかる。また上記の結果から，対象者の多くが複数のサポート源を知覚していることが示唆される。

　そこで，今回の対象者それぞれが知覚するサポート源の数とその内訳を確認した（Table 4-3）。サポート源を1つしかもっていないと知覚する人は約4％であった。その中での内訳は，友人をサポート源と考える人が約80％と圧倒的に多かった。2つのサポート源をもつと知覚する人は全体の約24％であった。その中での内訳は，パートナーと家族をサポート源と考える人が約2％で，残りはパートナーと友人，家族と友人をサポート源と考える人がそれぞれ約50％と約48％と，ほぼ半数ずつとなった。そして，パートナーと家族と友人の3つのサポート源を知覚する人は，全体の約72％と圧倒的に多かった。この結果は，Table 4-1の婚姻状況の結果で既婚者と子どもをもつ人が，ともに対象者の約8割を占めていることからも予測はされるものの，改めて，今回の対象者である中年期女性の約7割がパートナー・家族・友人のいずれからもサポートを受けていると知覚していることが示された。したがって，本書でソーシャル・サポートのサポート源をこの3種類に想定したこ

Table 4-2　サポート源別人数（％）（n＝516）

サポート源	有無区分	人数	％
パートナー	有り	438	84.88
	無し	78	15.12
家族	有り	438	84.88
	無し	78	15.12
友人	有り	509	98.64
	無し	7	1.36

第 4 章　中年期女性へのソーシャル・サポート　　115

Table 4-3　サポート源の数および内訳別の人数（%）（n=516）[注]

サポート源の数	内訳	人数	%
1	パートナー	1	5.00
	家族	3	15.00
	友人	16	80.00
	小計	20	(100.00) 〈3.88〉
2	パートナーと家族	3	2.44
	パートナーと友人	61	49.59
	家族と友人	59	47.97
	小計	123	(100.00) 〈23.84〉
3	パートナーと家族と友人	373	(100.00) 〈72.29〉

注）（　）内はサポート源の数別比率を，〈　〉内は全対象者に占める比率を示す。

とは意義があることと言えよう。

中年期女性用ソーシャル・サポート尺度の尺度内の内的整合性およびまとまりの確認

　本尺度におけるサポート源別の α 係数を算出した結果，Table 4-4に示した通り，.90〜.93の範囲となり，尺度内の内的整合性が確認できた。

　また，本尺度について I-T 相関係数を算出し，サポート源ごとの I-T 相関を確認した（Table 4-4）。その結果，I-T 相関は，パートナーのサポートで $r = .51$〜.84，家族のサポートで $r = .45$〜.75，友人のサポートで $r = .52$〜.75となり，いずれも正の相関が見られた。このことから，本尺度はどのサポート源についてもそれぞれかなりまとまりがあると考えられる。

　これらの検討結果より，本尺度は本書の今後の分析で利用可能であると確認された。

Table 4-4　中年期女性用ソーシャル・サポート尺度のサポート源別各項目平均値 (*SD*)・α係数・I-T 相関（n=516）

No.	質問項目	サポート内容	パートナー (α=.93) 平均値 (*SD*)	I-T 相関	家族 (α=.90) 平均値 (*SD*)	I-T 相関	友人 (α=.90) 平均値 (*SD*)	I-T 相関
1	あなたに何か困ったことがあって自分の力ではどうしようもない時，助けてくれる	情報的	3.20(.80)	.76	3.31(.67)	.75	3.02(.69)	.73
2	物事をいろいろよく話し合って，一緒にとりくんでゆける	情報的	2.87(.86)	.81	3.06(.69)	.74	2.86(.72)	.75
3	あなたが経済的に困っている時に，頼りになる	手段的	3.01(.95)	.51	2.64(.96)	.45	1.86(.76)	.52
4	あなたが病気で寝込んだ時に，身の回りの世話をしてくれる	手段的	2.87(.92)	.72	3.06(.81)	.71	2.12(.81)	.68
5	引っ越しをしなければならなくなった時に，手伝ってくれる	手段的	3.16(.89)	.69	3.16(.78)	.66	2.51(.87)	.66
6	家事をやったり，手伝ったりしてくれる	手段的	2.73(.95)	.61	2.98(.84)	.66	1.96(.79)	.63
7	気持ちが通じ合う	情緒的	2.80(.83)	.80	3.13(.67)	.69	3.08(.63)	.64
8	あなたの喜びを自分のことのように喜んでくれる	情緒的	2.79(.87)	.77	3.19(.73)	.72	3.09(.63)	.70
9	お互いの考えや将来のことなどを話し合うことができる	情緒的	2.84(.92)	.84	3.08(.73)	.67	3.09(.71)	.68
10	（サポート源が）いるので孤独ではないと思う	情緒的	3.06(.88)	.78	3.44(.64)	.60	3.11(.74)	.64

ソーシャル・サポート個人総得点と各サポート得点間の関連

　本尺度の尺度得点を算出するにあたり，個人総得点と各サポート源別得点を算出した。個人総得点については，サポート源が3つあると知覚する対象者は全サポート源についての30項目の合計点を30で除した値を，サポート源

が2つあると知覚する対象者は該当する2つのサポート源についての20項目の合計点を20で除した値を,サポート源が1つと知覚する対象者は該当するサポート源についての10項目の合計点を10で除した値を,それぞれソーシャル・サポート個人総得点とした。また,各サポート源別の得点については,各サポート源の10項目の合計点を10で除した値として,それぞれパートナーのサポート得点・家族のサポート得点・友人のサポート得点を算出した。さらに,ソーシャル・サポート個人総得点と各サポート得点との関連を検討するため,相関係数を Table 4-5に示した。

尺度得点は,いずれも尺度上の3点(まあそう思う)前後あたりに該当しており,今回の対象者は全体的にソーシャル・サポートをまあまあ感じているようである。ただし,その中で友人のサポート得点のみ2.67点(標準偏差.54点)で尺度上の2.5点(あまりそう思わないとまあそう思う,の中間点あたり)に近い結果となったことから,友人のサポートのみ低めに知覚する対象者が多かったことが示された。

ソーシャル・サポート個人総得点と各サポート得点との関連では,パートナーのサポート得点と $r=.73$,家族のサポート得点と $r=.75$,友人のサポ

Table 4-5 中年期女性用ソーシャル・サポート尺度の個人総得点と各サポート得点, *SD*,個人総得点と各サポート得点間の相関関係(n=516)

	尺度得点	SD		パートナーのサポート得点	家族のサポート得点	友人のサポート得点
ソーシャル・サポート個人総得点(n=516)	2.89	.43	相関係数 n	.73 *** 438	.75*** 438	.66*** 509
パートナーのサポート得点(n=438)	2.93	.69	相関係数 n		.27*** 376	.07 434
家族のサポート得点(n=438)	3.11	.55	相関係数 n			.32*** 432
友人のサポート得点(n=509)	2.67	.54	相関係数 n			— —

***$p<.001$

ート得点と $r = .66$ と，全てのサポート源とソーシャル・サポート個人総得点との間で非常に強い正の相関が見られた。また，各サポート得点間の関連を確認したところ，パートナーのサポート得点と家族のサポート得点とでは $r = .27$，家族のサポート得点と友人のサポート得点とでは $r = .32$ と，いずれも弱めの正の相関が見られた。なお，パートナーのサポート得点と友人のサポート得点だけ $r = .07$ で無相関であったが，負の相関ではなかった。つまり，パートナーと友人からではソーシャル・サポートの性質が異なるのかもしれない。

ソーシャル・サポート個人総得点のサポート源の数による比較

次に，知覚するサポート源の数が多いほど個人総得点が高くなるのかを検討するために，各対象者が知覚するサポート源の数を独立変数，ソーシャル・サポート個人総得点を従属変数とした一要因の分散分析を実施した。結果を Table 4-6 に示す。サポート源の数によるソーシャル・サポート個人総得点の有意差は，見られなかった（$F_{(2, 513)} = .44$, n.s.）。つまり，サポート源の数の多さがより多くのソーシャル・サポートを受けているという知覚にはつながらないことが示された。

以上の通り，ソーシャル・サポート個人総得点と各サポート得点とが強い正の相関があり，かつ，各サポート得点間も概ね正の相関が見られ負の相関がなかったことと，今回のソーシャル・サポート個人総得点のサポート源の

Table 4-6　サポート源の数によるソーシャル・サポート
個人総得点の分散分析結果

サポート源の数	ソーシャル・サポート 個人総得点（SD）	人数
① 1つ	2.84（.55）	20
② 2つ	2.86（.50）	123
③ 3つ	2.90（.40）	373
F 値	.44　n.s.	

数による有意差が見られなかったことより，知覚されたソーシャル・サポートの得点を表す際に，個人総得点を用いることが妥当と考えられる。この結果は，各サポート得点が全体的に個人総得点に依存している可能性が推測され，森・三浦（2007）の指摘と合致するとも言えよう。

ソーシャル・サポート個人総得点の家族状況比較

　次に，個人のライフスタイルによりソーシャル・サポート個人総得点が異なるのかを検討するために，第3章の研究2-3で，様々なライフスタイルの中でも最も個人のライフコースを決定づける要因であると考えられる婚姻状況および子の有無により合成した「家族状況」（1：未婚・子無し，2：既婚・子有り，3：既婚・子無し，4：離/死別・子有り，離/死別・子無し）を独立変数，ソーシャル・サポート個人総得点を従属変数とした一要因の分散分析を実施した。結果を Table 4-7 に示す。ソーシャル・サポート個人総得点は，既婚・子無し群が既婚・子有り群よりも5％水準で有意に高かった（$F_{(3,510)}$ ＝3.23, $p < .05$）。一般的に，既婚・子有り群が最も多くのサポートを知覚していると想定されたが，既婚者の子無し群が子有り群よりも多くのサポートを知覚していることがわかった。既婚・子無し群は既婚・子有り群と比較すると，育児に時間を費やさない分，子ども以外の他者—多くの場合はパートナーと考えられるが—と接する時間が長くなるため，サポートをより多く知

Table 4-7　家族状況によるソーシャル・サポート個人総得点の分散分析結果

属性	群	ソーシャル・サポート個人総得点（*SD*）	人数
家族状況	①未婚・子無し	2.97(.45)	64
	②既婚・子有り	2.87(.41)	393
	③既婚・子無し	3.09(.41)	28
	④離/死別・子有り	2.86(.60)	29
	F 値	3.23*	
	多重比較	③＞②	

*$p < .05$

覚しやすいのかもしれない。

　上記の結果より，ソーシャル・サポート個人総得点は，既婚・子有り群と既婚・子無し群とでの有意差は見られたが，未婚・子無し群や離/死別・子有り群とでの有意差が認められなかったことを考慮すると，全体で見ると，家族状況というライフスタイルによる顕著な群間差はないと考えられる。

4節　ソーシャル・サポート個人総得点と日本女性用中年期危機尺度得点との関連

　本節では，現代日本女性の「喪失体験による役割の変化についての課題」についての中年期危機を予防，または軽減する要因としてのソーシャル・サポートの可能性を確認する。そこで，第3章で作成した日本女性用中年期危機尺度の各下位尺度得点とソーシャル・サポート個人総得点とで相関係数を算出した。結果を Table 4-8に示す。ソーシャル・サポート個人総得点は，第Ⅰ因子〈今後の生き方の模索〉・第Ⅲ因子〈体力の衰え感〉とは，いずれも極めて弱い有意な負の相関が示されたが，第Ⅱ因子〈若さの衰え感〉・第

Table 4-8　ソーシャル・サポート個人総得点と
日本女性用中年期危機尺度得点との相関関係

日本女性用中年期危機尺度得点		ソーシャル・サポート 個人総得点
Ⅰ　今後の生き方の模索	相関係数	$- .14^{**}$
	n	514
Ⅱ　若さの喪失感	相関係数	$- .04$
	n	516
Ⅲ　体力の衰え感	相関係数	$- .11^{*}$
	n	516
Ⅳ　死別恐怖	相関係数	.01
	n	515

$^{**}p < .01.$　$^{*}p < .05$

Ⅳ因子〈死別恐怖〉とは無相関であった。

　この結果から，ソーシャル・サポート個人総得点と日本女性用中年期危機尺度との有意な負の相関関係が2つの因子のみに見られたこと，かつ，極めて弱い相関という微妙なものであったことを鑑みると，ソーシャル・サポートは女性の中年期危機を直接低減させる要因として想定することは妥当ではないかもしれない。この結果は，第6章での女性の中年期危機の予防・軽減モデルを考える上で，考慮する必要があるだろう。

5節　まとめ

　本章では，中年期女性用ソーシャル・サポート尺度について検討し，その上で，日本女性用中年期危機尺度と中年期女性用ソーシャル・サポート尺度との関連についても確認することを目的に研究を行った。

　2節では，中年期女性用ソーシャル・サポート尺度の検討のために，先行研究を整理した上で本論文での今後の分析にふさわしい尺度を検討した。その結果，「Jichi Medical School ソーシャルサポートスケール（JMS-SSS）」（堤・堤・折口・高木・詫摩・萱場・五十嵐，1994；堤・萱場・石川・苅尾・松尾・詫摩，2000）が最も本書での使用についてはふさわしいと判断し，以下の修正を行った上で，中年期女性用ソーシャル・サポート尺度として採用することとした。修正点は，①配偶者をパートナー（夫・恋人）と読み替える—ライフスタイルによらない要因としてのソーシャル・サポートのため—，②パートナー以外の家族について，同居/別居は問わない—知覚するソーシャル・サポート（＝本人にとってのサポートの主観的な利用可能性）のため—，③パートナーのサポート項目でオリジナル尺度で削除された2項目を組み込み，分析に使用する—中年期女性のソーシャル・サポート項目として重要であるため—である。

　3節では，中年期女性用ソーシャル・サポート尺度を用い，現代中年女

性のデータでの再分析を行うことにより，本尺度の中年期女性のソーシャル・サポートを測る尺度としての，内的整合性ならびに各サポート源別の尺度のまとまりを確認した。また，今回の対象者が誰をサポート源として知覚しているのかを確認した結果，パートナーと家族をサポートと知覚している人はともに対象者の約85％であり，友人については約99％の人がサポートとして知覚していた。これらの結果から，ほとんどの中年期女性にとって，パートナー，家族，友人がサポート源として意識されていることが示された。そして，ソーシャル・サポート個人総得点と各サポート得点を算出し，相関分析を実施した結果，全てのサポート得点とソーシャル・サポート個人総得点との間で非常に強い正の相関が見られた。また，各サポート得点間でも概ね正の相関が示された。ただし，その中でパートナーのサポート得点と友人のサポート得点のみ無相関となった結果から，中年期女性がサポート源に対して異なる捉え方をしていることが示唆された。つまり中年期女性は，TPO に応じて自分の中で各サポート源の利用可能性と利用可能な量を知覚しているものと思われる。次に，知覚するサポート源の数が多いほど個人総得点が高くなるのかを検討するために，各対象者が知覚するサポート源の数を独立変数，ソーシャル・サポート個人総得点を従属変数とした一要因の分散分析を実施した。その結果，ソーシャル・サポート個人総得点はサポート源の数による有意差は見られなかった。つまり中年期女性にとって，サポート源が2倍，3倍になっても知覚するサポート量が2倍，3倍になるわけではないようである。恐らく，サポート源の数によるソーシャル・サポート個人総得点に有意差がなかったのは，皆それぞれ自分に必要なサポートを自分に利用可能なサポート源から，または利用可能なサポート源を組み合わせて知覚しているものと思われる。以上の結果は，各サポート得点が全体的に個人総得点に依存している可能性が示唆され，森・三浦（2007）の指摘と合致するとも考えられる。したがって本書では，この後の分析ではサポート源ごとの得点ではなく，ソーシャル・サポート個人総得点を用いて分析すること

とする。さらに，家族状況を独立変数，ソーシャル・サポート個人総得点を従属変数としたライフスタイルによる比較では，既婚・子無し群と子有り群とでの有意差はあるものの，全体的に見ると顕著な群間差は認められないことが推察された。

　4節では，ソーシャル・サポート個人総得点と第3章で作成した日本女性用中年期危機尺度得点との相関を確認した。その結果，ソーシャル・サポート個人総得点は，第Ⅰ因子〈今後の生き方の模索〉・第Ⅲ因子〈体力の衰え感〉の2因子のみと，極めて弱い有意な負の相関が示されたが，第Ⅱ因子〈若さの衰え感〉・第Ⅳ因子〈死別恐怖〉とは無相関となり，ソーシャル・サポートを女性の中年期危機を直接低減させる要因として想定することを再検討する必要性が示された。ただし，第1章3節で整理した通り，ソーシャル・サポートがポジティブ感情（自尊感情や自己効力感など）の増加とネガティブ感情（抑うつや不安感など）の低下をもたらすとの指摘（小杉，2005）や，他者の支援により中年期女性の自我同一性の再体制化が行われるとの指摘（山崎，2012）もあることから，女性の中年期危機に対するソーシャル・サポートの間接的な予防・軽減効果については想定できよう。

　今後は，中年期危機とソーシャル・サポートの因果関係に着目して，女性の中年期危機への低減効果を検討してゆく。

第5章　中年期女性の容姿を維持向上する努力〔研究4〕

1節　目的

　本章では，中年期女性の容姿の維持向上への取組みとその意味，ならびに女性の中年期危機に及ぼす容姿の衰えの影響について検討した第1章4節を受け，日本女性の中年期危機と容姿を維持向上する努力について検討する。その際，上記第1章4節で述べたように，本書では中年期女性が美しさを求める理由について，老いの課題としての中年期危機との関わりを想定した。しかし，中年期女性が美しさを求める理由としてはその他にもあると考えられ，たとえば女性性－女らしくありたいと感じることや，就業上の必要性－仕事をする上でのマナーの一環などが推測される。そこで本章では，以下について検討する。

　まず，2節では研究4-1として，中年期女性が容姿を維持向上する意味について，女性性との関わりに注目して検討する。同様に，3節では研究4-2として，中年期女性が容姿を維持向上する意味について，就業上の必要性との関わりに注目して検討する。次に，4節では研究4-3として，中年期女性が容姿を維持向上する努力に向けての取組みを主に誰のために実施しているかについて検討するとともに，容姿を維持向上する努力を測定する尺度を作成するための質問項目内容について確認する。

　さらに5節では，研究4-4として，研究4-1・研究4-2・研究4-3で得られた結果をもとに，容姿を維持向上する努力を測定する尺度を作成する。その際，容姿の維持向上に向けた取組みが中年期女性と女子青年とで共通するのか，それとも違いがあるのかを確認することで中年期女性用尺度の特徴を浮き立

たせるために，女性青年用尺度も同時に作成し比較検討する。また，作成した尺度を用い，中年期女性の容姿を維持向上する努力の様相がライフスタイルにより異なるのかについても確認する。

　最後に6節では，作成した中年期女性用の容姿を維持向上する努力を測る尺度の尺度得点と，第3章で作成した日本女性用中年期危機尺度得点，および第4章で検討した中年期女性用ソーシャル・サポート尺度のソーシャル・サポート個人総得点との関連についても確認する。

2節　女性性の観点からの検討
　　　－質問紙調査による女子青年との比較－（研究4-1）

(1) 目的

　現代日本の中年期女性が女性性をどのように意識し，また女性性に対してどのような態度をもつかを把握することにより，中年期女性が容姿を維持向上する努力との関わりを検討する。具体的には，①女性性意識を測る尺度（女性性意識尺度：the Femininity Consciousness Scale 以下，FCS と記す）を作成し，女性性の中に容姿に関する因子が含まれていることを確認する。②女らしさに対する態度を測る尺度（「女らしさ」に対する態度尺度（the Attitudes toward ‘Femininity’ Scale）以下，AFS と記す）を作成し，日本女性が女性性という概念にどのような態度をもっているかを明らかにすることにより，中年期女性が容姿に関わる女性性についてどのように捉えているのかを検討する。

(2) 方法

調査対象者　対象者B群（詳細については第1章7節を参照）。

　ただし，質問項目ごとに未回答のデータがあるため分析ごとの人数には多少の増減がある。

調査内容（フェイスシートを除く）

①女性性意識の測定

　FCS の作成のために，女性性についての心理学および近接領域での実証的先行研究を整理し，女性性概念の把握の仕方や具体的内容や測定方法を展望した瀬戸山（2009）より，Bem（1974）の Bem Sex-Role Inventory（BSRI），Spence, Helmreich & Stapp（1975）の The Personal Attributes Questionaire（PAC），Heilbrun（1976）の The Masculinity-Femininity Scale of the Adjective Check List（ACL の男性性/女性性尺度）を翻訳した東（1986），日本国内で女性性尺度を開発した先行研究（石田，1994；伊藤，1978，1986；柏木，1974；山口，1985）および女性性意識を検討した先行研究（石崎・石崎・桂・織田・日暮・原，1996；岩谷，2001）の女性性・母性・両性具有（伊藤，1978の人間性（H：Humanity）項目も含む）項目をもとに，48項目を選定した。教示で，1）世の中の多くの人が考える女らしさとしての重要度（以下，［世の中］と記す），2）対象者本人が考える女らしさとしての重要度（以下，［自分自身］と記す）の2種類について，6件法（全く重要でない：1点，あまり重要でない：2点，やや重要でない：3点，やや重要である：4点，かなり重要である：5点，非常に重要である：6点）で回答を求めた（項目については Table 5-1参照）。

②「女らしさ」に対する態度の測定

　林（2005）は，男性役割に対する態度と感情制御との関連を検討するために「男性役割」という概念を日常用語として浸透している「男らしさ」という語に置き換え，その語に対する態度を測定する尺度を開発した。その際，項目選定で「男/女らしさ」に対して肯定的態度および否定的態度を表す項目を収集し，「女らしさ」の語を「男らしさ」に書き換えている。本研究でもその考え方を採用し，林（2005）の「男らしさ」に対する態度尺度（the Attitudes toward 'Masculinity' Scale 以下，AMS と記す）の各項目の「男らしさ」を「女らしさ」に書き換えて用い，「女らしさ」に対する態度尺度（the Attitudes toward 'Femininity' Scale 以下，AFS と記す）を作成することとした。

128

そこで AMS の52項目について，質問文中の「男らしさ」を「女らしさ」に
書き換えて用いた。教示では，普段の本人に最も近い態度を AMS と同様の
4件法（あてはまらない：1点，どちらかというとあてはまらない：2点，どちらか
というとあてはまる：3点，あてはまる：4点）で回答を求めた（項目については
Table 5-5参照）。

③日本女性用中年期危機尺度

　第3章の研究2-3で得られた〈今後の生き方の模索〉・〈若さの喪失感〉・
〈体力の衰え感〉・〈死別恐怖〉の4因子，計17項目。本人が各項目があては
まる程度を4件法（全くない：1点，あまりない：2点，時々ある：3点，よくあ
る：4点）で回答を求めた。

分析方法　統計分析ソフト SPSS15.0による統計的分析を用いた。

(3) **結果と考察**

女性性意識尺度（FCS）の作成

　本尺度の作成にあたり，一般的な女性性を測定する尺度とするために［世
の中］への回答をもとに作成することとした。

　FCS の［世の中］全48項目について，天井効果と床効果を確認した
（Table 5-1）。その結果，天井効果・床効果ともに見られなかったので，全て
の項目を因子分析の対象とした。

　次に，FCS の［世の中］48項目に対して探索的に因子分析を実施した。
まず共通性の初期値を1とし，主因子法により因子を抽出した結果，因子の
スクリープロットと初期の固有値の差の変化のバランスより4因子解を妥当
と判断した。そして，改めて主因子法・プロマックス回転による因子分析を
実施した。.40未満となった3項目「包容力がある」・「自己犠牲的である」・
「良心的である」を削除した結果，45項目が抽出された。結果の詳細を
Table 5-2に示す。なお「既存尺度との照合」欄は，当該項目がもとになっ
た既存尺度の女性性（F）・母性（M）・両性具有（H）のどれに該当してい

Table 5-1 女性性意識尺度（FCS）を作成するための
各項目平均値と *SD*

No.	質　　問　　項　　目	平均値	*SD*
1	かわいい	4.44	.99
2	献身的である	4.39	.94
3	誠実である	4.41	1.07
4	おしゃれである	4.48	.99
5	あたたかい	4.78	.86
6	思いやりがある	4.99	.87
7	色気がある	4.22	1.08
8	包容力がある	4.15	1.02
9	協調性がある	4.41	1.05
10	繊細である	3.98	1.03
11	たくましい	3.28	1.27
12	視野の広い	3.86	1.19
13	言葉使いが丁寧である	4.82	.95
14	忍耐強い	4.03	1.20
15	明るい	4.73	.94
16	美しい	4.76	.93
17	厳しさのある	3.23	1.09
18	健康である	4.39	1.36
19	情緒的である	4.09	1.04
20	育児に向いている	4.62	1.14
21	正直である	4.13	1.15
22	人の気持ちを理解する	4.77	.95
23	社交性に富んでいる	4.29	1.03
24	やさしい	4.99	.85
25	強さのある	3.59	1.12
26	自分に責任をもてる	4.11	1.31
27	すぐに泣く	2.77	1.28
28	想像力が豊かである	3.66	1.09
29	きれいである	4.72	.97
30	自己犠牲的である	3.27	1.18
31	心の広い	4.45	1.05
32	従順である	4.11	1.09
33	かいがいしい	3.98	1.06
34	自分を大事にする	4.12	1.17
35	服装や髪型に気を配る	4.88	.84
36	愛情深い	4.82	.91
37	しっと深い	2.95	1.28
38	だまされやすい	2.80	1.43

39	異性を意識する	4.13	1.14
40	自分の生き方のある	4.25	1.30
41	おだてにのる	2.93	1.19
42	良心的である	4.38	1.00
43	家庭志向的である	4.69	1.01
44	楽天的である	3.73	.99
45	魅力的である	4.89	.93
46	頭の良い	3.97	1.16
47	子ども好きである	4.53	1.02
48	人と協力する	4.57	1.04

たかを表す。

　第Ⅰ因子は「強さのある」・「自分に責任をもてる」・「頭の良い」など，性別に左右されない特性を表す19項目が抽出されていることから〈人間的魅力〉と命名した。既存尺度の項目内容と照合したところ，両性具有項目が多かった。第Ⅱ因子は「やさしい」・「家庭志向的である」・「情緒的である」など，伝統的に女性性と考えられる14項目が抽出されていることから〈伝統的イメージ〉と命名した。既存尺度の項目内容との照合では，女性性項目と母性項目とがおよそ半分ずつを占めていた。第Ⅲ因子は「きれいである」・「おしゃれである」など，外見的魅力を表す8項目が抽出されていることから〈外見的魅力〉と命名した。この因子では，既存尺度の項目内容は「美しい」を除き，全て女性性項目であった。第Ⅳ因子は「しっと深い」・「すぐに泣く」などの否定的なイメージ4項目が抽出されていることから〈否定的イメージ〉と命名した。この因子の場合も，既存尺度では「しっと深い」を除き，全て女性性項目であった。本尺度における α 係数を算出したところ，Table 5-2に示した通り，.79～.93となった。この結果から，尺度内の内的整合性が示された。

尺度得点の算出

　本尺度の各因子の項目得点の合計点を項目数で除した値を下位尺度得点として算出した。加えて，本尺度の各因子と項目を［自分自身］項目にあては

Table 5-2 女性性意識尺度の因子分析結果（主因子法，プロマックス回転）と既存尺度との照合

No.	質　問　項　目	第Ⅰ因子	第Ⅱ因子	第Ⅲ因子	第Ⅳ因子	共通性	既存尺度との照合 注)
第Ⅰ因子：人間的魅力　α＝.93							
25	強さのある	.87	− .18	.15	.05	.65	M
26	自分に責任をもてる	.86	− .04	− .05	− .05	.75	H
17	厳しさのある	.79	− .01	− .12	.11	.61	M
18	健康である	.79	− .13	− .01	− .14	.63	H
12	視野の広い	.78	.04	− .11	− .06	.69	H
46	頭の良い	.77	− .19	.21	− .03	.50	H
11	たくましい	.76	− .13	− .02	.08	.50	M
40	自分の生き方のある	.75	− .11	.13	− .16	.57	H
28	想像力豊かである	.71	− .03	.01	.25	.48	H
14	忍耐強い	.69	.12	− .17	.10	.56	H/M
34	自分を大事にする	.67	− .08	.08	.04	.40	H
44	楽天的である	.64	− .18	.13	.17	.33	H
23	社交性に富んでいる	.59	.01	.12	.01	.35	H
31	心の広い	.56	.33	.07	.00	.57	H
9	協調性がある	.55	.16	.00	.00	.39	H
48	人と協力する	.55	.37	− .07	.01	.57	H
21	正直である	.48	.31	− .24	− .03	.46	H
3	誠実である	.47	.29	− .10	− .06	.41	H/F
15	明るい	.47	.31	.10	.03	.44	H/F
第Ⅱ因子：伝統的イメージ　α＝.85							
24	やさしい	− .13	.72	.14	− .14	.58	F/M
6	思いやりがある	.12	.62	− .01	− .22	.49	F/M
10	繊細である	− .24	.61	− .03	.20	.38	F
13	言葉使いが丁寧である	.18	.58	− .10	.02	.40	F
5	あたたかい	.06	.57	.18	− .14	.47	M/H
36	愛情深い	− .04	.55	.31	− .18	.52	M
47	子ども好きである	− .04	.54	.08	.12	.35	F
43	家庭志向的である	− .07	.52	.15	.18	.41	F
20	育児に向いている	.03	.52	− .02	.13	.30	M
22	人の気持ちを理解する	.34	.51	− .10	− .17	.53	F
33	かいがいしい	− .12	.48	.07	.20	.31	M
19	情緒的である	.12	.47	− .11	.16	.26	F
2	献身的である	− .03	.46	.12	.00	.27	M/H
32	従順である	− .01	.46	.14	.29	.41	F

第Ⅲ因子：外見的魅力　α＝.87						
29 きれいである	.01	.14	.77	− .04	.68	F
4 おしゃれである	.03	.07	.75	− .07	.58	F
16 美しい	− .03	.10	.69	− .04	.53	F/H
7 色気がある	− .17	.01	.67	.11	.57	F
45 魅力的である	.20	.08	.66	− .07	.49	F
1 かわいい	.09	− .02	.55	− .04	.28	F
35 服装や髪型に気を配る	− .02	.28	.53	− .01	.49	F
39 異性を意識する	.09	− .02	.46	.37	.43	F
第Ⅳ因子：否定的イメージ　α＝.79						
37 しっと深い	− .07	.14	− .07	.74	.55	H
38 だまされやすい	.06	.13	− .16	.69	.42	F
27 すぐに泣く	− .13	.11	.11	.68	.60	F
41 おだてにのる	.36	− .13	.06	.66	.45	F

	因子間相関		
	Ⅰ	Ⅱ	Ⅲ
Ⅱ	.36		
Ⅲ	− .11	.44	
Ⅳ	− .22	.05	.34

注）「既存尺度との照合」欄の記号は，それぞれ既存尺度のM：女性性，F：母性，H：両性具有
項目を示す。
H/Mのように併記されている場合は，既存尺度によって異なる複数の内容をもつ項目である。

Table 5-3　女性性意識尺度得点（*SD*）

		世の中	自分自身
Ⅰ	人間的魅力	4.09(.79)	4.39(.76)
Ⅱ	伝統的イメージ	4.54(.60)	4.45(.57)
Ⅲ	外見的魅力	4.56(.71)	4.11(.74)
Ⅳ	否定的イメージ	2.86(1.01)	2.41(.93)

めて各下位尺度得点を算出した（Table 5-3）。

　その結果［世の中］・［自分自身］ともに，尺度得点は全体的に尺度上の「やや重要である：4点」と「かなり重要である：5点」の間の値を示しており，今回の対象者は全体的に世の中一般的にも自分自身としても，女性性を中程度に重要と意識していると考えられる。また，〈否定的イメージ〉尺

度得点のみ，世の中が2.86点（標準偏差1.01点），自分自身が2.41点（標準偏差.55点）で尺度上の「あまり重要でない：2点」と「やや重要でない：3点」の間を示すことから，否定的イメージは女性性としてあまり重要でないと考えられていることが推察される。

女性性意識の比較（世代間および［世の中］・［自分自身］間の比較）

　女性性意識尺度の各下位尺度得点を世代別に算出し，さらに2（世代：娘世代・母親世代）×2（評価基準：［世の中］・［自分自身］）の2要因の分散分析を実施した。結果を Table 5-4に示す。

　その結果〈人間的魅力〉尺度得点で，評価基準による有意な主効果（$F(1,174)=46.38, p<.001$）と有意な交互作用（$F(1,174)=7.85, p<.01$）が認められた。結果を Figure 5-1に示す。交互作用が有意であったことから単純主効果の検定を行ったところ，世代において娘世代・母親世代ともに評価基準による単純主効果が有意であり，［自分自身］の方が高かった（それぞれ $F(1,174)=8.22, p<.01; F(1,174)=45.16, p<.001$）。評価基準における世代による単純主効果の有意差は見られなかった。つまり〈人間的魅力〉については，娘世代・母親世代ともに世の中と自分自身との間に女性性について意識

Table 5-4　世代と評価基準による女性性意識尺度得点（*SD*）と分散分析結果

世代 評価基準	娘世代(n=90)		母親世代(n=86)		主効果		交互作用
	世の中	自分自身	世の中	自分自身	世代	評価基準	
Ⅰ　人間的魅力	4.17 (.79)	4.35 (.72)	3.99 (.78)	4.42 (.80)	.29	46.38 ***	7.85 **
Ⅱ　伝統的イメージ	4.69 (.60)	4.55 (.57)	4.38 (.57)	4.35 (.56)	12.40 **	3.91 *	1.43
Ⅲ　外見的魅力	4.71 (.69)	4.36 (.72)	4.41 (.70)	3.84 (.67)	19.45 ***	82.18 ***	4.92 *
Ⅳ　否定的イメージ	2.94 (.99)	2.54 (.87)	2.78 (1.03)	2.28 (.97)	2.38	56.78 ***	.66

***$p<.001$，**$p<.01$，*$p<.05$

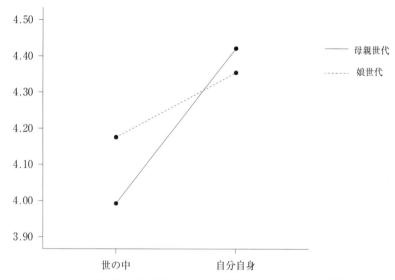

Figure 5-1　世代と評価基準による〈人間的魅力〉尺度得点の平均値

のズレがあり，世の中一般で考えられているより自分自身の方が重要と感じているると推察される。

〈外見的魅力〉尺度得点でも，世代および評価基準による有意な主効果（それぞれ $F(1,174) = 19.45, p < .001; F(1,174) = 82.18, p < .001$）と有意な交互作用（$F(1,174) = 4.92, p < .05$）が認められた。結果を Figure 5-2 に示す。交互作用が有意であったことから単純主効果の検定を行ったところ，世代において娘世代・母親世代ともに評価基準による単純主効果が有意であり（それぞれ $F(1,174) = 23.99, p < .001; F(1,174) = 62.24, p < .001$），［世の中］の方が高かった。さらに評価基準においても［世の中］・［自分自身］ともに世代による単純主効果が有意であり（それぞれ $F(1,174) = 7.77, p < .01; F(1,174) = 24.35, p < .001$），娘世代の方が高かった。つまり〈外見的魅力〉については，個々人の中で娘世代・母親世代ともに自分自身より世の中一般の方が女性性として重要視していると感じており，かつ，世の中一般でも自分自身でも娘世代

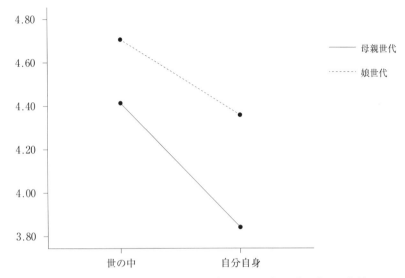

Figure 5-2 　世代と評価基準による〈外見的魅力〉尺度得点の平均値

の方が母親世代より女性性として重要視していると推察される。

　〈伝統的イメージ〉尺度得点では，世代および評価基準による有意な主効果が認められ（それぞれ $F(1,174)=12.40, p<.01; F(1,174)=3.91, p<.05$），娘世代の方が母親世代と比較して，［世の中］の方が［自分自身］と比較して，それぞれ有意に高い結果となった。つまり〈伝統的イメージ〉については，娘世代の方が母親世代より女性性として重要と感じていることと，個々人の中で自分自身より世の中一般として重要視されていると感じていることが推察される。

　〈否定的イメージ〉尺度得点では，評価基準による有意な主効果（$F(1,174)=56.78, p<.001$）のみが認められ，［世の中］の方が［自分自身］と比較して有意に高い結果となった。つまり〈否定的イメージ〉は，娘世代であれ母親世代であれ，自分自身より世の中一般の方が女性性として重要と考えていることが推察される。

これらの結果より，両世代ともに〈人間的魅力〉は世の中一般で考えられているよりも自分自身の方がより重要視していると考え，〈外見的魅力〉・〈否定的イメージ〉は，世の中一般で考えられているより自分自身の方がより重要視していないと考えていることがわかった。特に〈外見的魅力〉では全ての主効果と交互作用に有意な結果が出たことから，母親世代は外見的魅力について娘世代よりも，そして自分としても世の中一般で考えられているより重要と感じていないことが示唆される。

「女らしさ」に対する態度尺度（AFS）の作成

　AFSの全52項目について，天井効果と床効果を確認した（Table 5-5）。その結果「女らしさよりも自分らしさを大事にしたい」のみに天井効果が，「女らしさの話題には触れたくない」・「自分にとって女らしさは重荷である」・「自分は女らしさにしばられているのではないかと思う」・「生まれ変わるとしたら男に生まれたい」・「女らしさを追求することはみっともない」・「女らしさから逃げ出したい」・「女らしさを心がけることはばからしいと思う」の7項目に床効果が見られたが，天井効果と床効果の数値が僅かであったので，全て因子分析の対象に含めることとした。

　次に，AFSの52項目に対して探索的に因子分析を実施した。共通性の初期値を1とし，主因子法により因子を抽出した結果，因子のスクリープロットと初期の固有値の差の変化のバランスより2因子解を妥当と判断した。そして，改めて主因子法・バリマックス回転による因子分析を実施した。.40未満となった17項目「女らしくないことは，はずかしいことだと思う」・「同性から『男っぽい』と言われると不快である」・「本当の女らしさとは何かわからない」・「女らしさよりも自分らしさを大事にしたい」・「人から女らしいふるまいを期待されていると感じることがある」・「女性も男らしさを身につけた方がよいと思う」・「時代や文化を超えた女らしさがあると思う」・「最近の女性にはもっと女らしさが必要だと思う」・「生まれ変わるとしたら男に生ま

Table 5-5 「女らしさ」に対する態度尺度（AFS）を作成するための
各項目平均値と *SD*

No.	質　問　項　目	平均値	*SD*
1	女らしさとは何か考えることがある	2.37	.94
2	女らしくないことは，はずかしいことだと思う	1.99	.85
3	女らしさの話題には触れたくない	1.70	.76
4	女らしさには関心がない	1.94	.84
5	女らしさにこだわっている	2.04	.83
6	同性から「男っぽい」と言われると不快である	1.99	.94
7	誰かに女らしさを学びたい	2.19	1.01
8	自分にとって女らしさは重荷である	1.73	.76
9	本当の女らしさとは何かわからない	2.60	.96
10	自分の女らしさを確認したいと思う	2.35	.94
11	自分の娘には女らしく育ってほしい	2.73	.87
12	異性から「男っぽい」と言われると不快である	2.16	.95
13	女らしさはもはや時代遅れであると思う	1.94	.79
14	女らしさよりも自分らしさを大事にしたい	3.38	.66
15	人から女らしいふるまいを期待されていると感じることがある	2.35	.88
16	女らしさという基準で次の行動を決めることがある	1.98	.85
17	女らしさはわずらわしい	1.98	.80
18	同性から「女らしい」と言われたい	2.11	.89
19	女性も男らしさを身につけた方がよいと思う	2.24	.84
20	自分が女らしいかどうか気になることがある	2.14	.93
21	自分は女らしさにしばられているのではないかと思う	1.56	.71
22	女らしいという言葉は男女差別的である	2.05	.85
23	時代や文化を超えた女らしさがあると思う	3.06	.85
24	異性から「女らしい」と言われたい	2.34	.95
25	最近の女性にはもっと女らしさが必要だと思う	2.61	.88
26	女らしくなるためにどうすればよいか考えることがある	2.09	.87
27	生まれ変わるとしたら男に生まれたい	1.99	1.07
28	自分の息子には女らしい人と結婚してほしい	2.32	.96
29	何かをした後で，女らしくなかったなあと悔やむことがある	2.09	.94
30	男女平等化がすすめば，女らしさという言葉は次第に使われなくなると思う	2.13	.86
31	女らしさとは無関係に生きていきたい	2.09	.82
32	女らしいと言われて，素直に喜べないことがある	1.99	.84
33	女らしいと言われる人を見てうらやましいと思うことがある	2.24	.91
34	女らしさについて考えると頭が混乱する	1.81	.82
35	他の人の女らしいふるまいを見て自分に取り入れることがある	2.55	.87
36	女らしさを追求することはみっともない	1.49	.60
37	女らしさから逃げ出したい	1.49	.69
38	女らしさを心がけることはばからしいと思う	1.57	.68

39	女性の考える「女らしさ」は，男性の考える「女らしさ」とは異なると思う	3.27	.67
40	他の人とくらべて自分は女らしくないと感じて，気分が落ち込むことがある	1.92	.92
41	自分には「女らしさ」とは何かがはっきりしている	2.09	.84
42	他の人の女らしい態度に反感をおぼえることがある	2.00	.81
43	自分の女らしいふるまいをわざとおさえることがある	1.90	.85
44	魅力的な女性の条件として女らしさは必要ないと思う	1.95	.80
45	今の自分よりもっと女らしくなりたい	2.51	.91
46	女らしくなるためには，特別な体験が必要であると思う	1.89	.77
47	女らしい服装を好んで身につける	2.28	.76
48	人から「女らしい」と言われる	1.95	.75
49	自分は女らしいと思う	2.03	.75
50	自分の女らしいところが好きだ	2.07	.77
51	女らしくなるためには，努力が必要であると思う	2.85	.80
52	一人前の女として人から認められたい	2.81	.83

＿＿は天井効果が見られた項目，＿＿は床効果が見られた項目

れたい」・「自分の息子には女らしい人と結婚してほしい」・「男女平等化がすすめば，女らしさという言葉は次第に使われなくなると思う」・「女らしさについて考えると頭が混乱する」・「女性の考える『女らしさ』は，男性の考える『女らしさ』とは異なると思う」・「自分には『女らしさ』とは何かがはっきりしている」・「人から『女らしい』と言われる」・「自分は女らしいと思う」・「自分の女らしいところが好きだ」を削除した結果，35項目が抽出された。結果の詳細を Table 5-6に示す。

第Ⅰ因子は「自分の女らしさを認識したいと思う」・「異性/同性から『女らしい』と言われたい」・「女らしい服装を好んで身につける」など，伝統的な女性性を追求する内容の21項目が抽出されたことから〈伝統的女性性の追求〉と命名した。第Ⅱ因子は「女らしさから逃げ出したい」・「女らしさを追求することはみっともない」・「女らしさはもはや時代遅れであると思う」など「女らしさ」そのもの，あるいは「女らしさ」という概念枠組みに対する否定的態度，または脱却と考えられる14項目が抽出されたことから〈「女らしさ」からの脱却〉と命名した。なお，累積寄与率は37.85％となった。本尺度における α 係数は，Table 5-7に示す通りそれぞれ.92，.87となり，この

Table 5-6 「女らしさ」に対する態度尺度の因子分析結果
（主因子法・バリマックス回転）

No.	質　問　項　目	第Ⅰ因子	第Ⅱ因子	共通性
第Ⅰ因子：伝統的女性性の追求　　α＝.92				
10	自分の女らしさを認識したいと思う	.79	.08	.63
24	異性から「女らしい」と言われたい	.77	− .04	.60
20	自分が女らしいかどうか気になることがある	.74	.21	.60
45	今の自分よりもっと女らしくなりたい	.72	− .02	.52
7	誰かに女らしさを学びたい	.72	.02	.52
26	女らしくなるためにどうすればよいか考えることがある	.71	− .05	.51
18	同性から「女らしい」と言われたい	.69	− .07	.48
29	何かをした後で，女らしくなかったなあと悔やむことがある	.66	.02	.43
33	女らしいと言われる人を見てうらやましいと思うことがある	.64	.05	.41
40	他の人とくらべて自分は女らしくないと感じて，気分が落ち込むことがある	.61	.16	.39
1	女らしさとは何か考えることがある	.59	− .15	.37
35	他の人の女らしいふるまいを見て自分に取り入れることがある	.58	− .22	.39
16	女らしさという基準で次の行動を決めることがある	.53	.13	.29
12	異性から「男っぽい」と言われると不快である	.52	.01	.27
11	自分の娘には女らしく育ってほしい	.50	− .10	.26
52	一人前の女として人から認められたい	.49	− .05	.24
47	女らしい服装を好んで身につける	.48	− .06	.24
51	女らしくなるためには，努力が必要であると思う	.45	− .04	.21
5	女らしさにこだわっている	.44	− .06	.20
21	自分は女らしさにしばられているのではないかと思う	.44	.32	.29
46	女らしくなるためには，特別な体験が必要であると思う	.41	.28	.25
第Ⅱ因子：「女らしさ」からの脱却　　α＝.87				
37	女らしさから逃げ出したい	.18	.74	.58
17	女らしさはわずらわしい	.06	.67	.45
36	女らしさを追求することはみっともない	− .03	.66	.44
8	自分にとって女らしさは重荷である	.28	.65	.50
3	女らしさの話題には触れたくない	.00	.64	.40
38	女らしさを心がけることはばからしいと思う	− .10	.63	.41
13	女らしさはもはや時代遅れであると思う	− .12	.61	.39
22	女らしいという言葉は男女差別的である	− .07	.58	.34
32	女らしいと言われて，素直に喜べないことがある	− .02	.54	.29
31	女らしさとは無関係に生きていきたい	− .26	.54	.36
4	女らしさには関心がない	− .37	.48	.37
42	他の人の女らしい態度に反感をおぼえることがある	.14	.46	.23
44	魅力的な女性の条件として女らしさは必要ないと思う	− .18	.43	.22
43	自分の女らしいふるまいをわざとおさえることがある	.17	.43	.21
因子寄与		8.13	5.12	
因子寄与率（％）		23.13	14.63	
累積寄与率（％）		23.13	37.85	

結果から尺度内の内的整合性が示された。

次に，林（2005）の AMS との因子構造と内容を比較すると，因子構造は AMS・AFS ともに 2 因子を得た。AMS の〈肯定的態度〉因子は本尺度の〈伝統的女性性の追求〉因子に該当し，AMS の〈否定的態度〉因子は本尺度の〈「女らしさ」からの脱却〉因子に該当すると考えられる。

〈伝統的女性性の追求〉因子の内容を見てみると，AMS の〈肯定的態度〉因子では「男（女）らしさには関心がない」・「男（女）らしさとは無関係に生きていきたい」・「魅力的な男（女）性の条件として男（女）らしさは必要ないと思う」がマイナスの因子負荷をもって含まれていたが，AFS の場合，これらは全て〈「女らしさ」からの脱却〉因子に含まれていた。一方「自分は女（男）らしさにしばられているのではないかと思う」・「何かをした後で，女（男）らしくなかったなあと悔やむことがある」などの項目も含まれ，それらは〈「女らしさ」からの脱却〉因子にもプラスの因子負荷をもっており，両価的な態度の項目であると考えられる。その他，因子負荷量が.40に満たない項目および共通性が著しく低い項目について AFS では筆者の判断で削除したので，その分，AMS と比較すると少ない項目数となった。

〈「女らしさ」からの脱却〉因子の内容を見てみると，AMS の〈否定的態度〉因子には林（2005）でも指摘されているように，「人から男（女）らしいふるまいを期待されていると感じることがある」・「男（女）らしい服装を好んで身につける」などの葛藤や肯定的態度と考えられる項目が含まれていた

Table 5-7 「女らしさ」に対する態度尺度の各下位尺度得点（*SD*）と世代間の *t* 検定結果

世代	I 伝統的女性性の追求（*SD*）	II 「女らしさ」からの脱却（*SD*）
娘世代（n=90）	2.43(.54)	1.82(.49)
母親世代（n=86）	2.06(.49)	1.87(.46)
自由度	174	174
t 値	4.70***	.68

***p＜.001

第5章　中年期女性の容姿を維持向上する努力　　141

が，AFSでは見られなかった。その他〈伝統的女性性の追求〉因子と同様，因子負荷量が.40に満たない項目および共通性が著しく低い項目についてAFSでは筆者の判断で削除したので，その分〈「女らしさ」からの脱却〉因子についてもAMSと比較すると少ない項目数となった。

尺度得点の算出

　本尺度の各因子の項目得点の合計点を項目数で除した値を下位尺度得点として算出したところ，〈伝統的女性性の追求〉尺度得点は2.25点（標準偏差.55点），〈「女らしさ」からの脱却〉尺度得点は1.85点（標準偏差.47点）となった。つまり尺度得点は，全体的に尺度上の「どちらかというとあてはまらない：2点」を中心に±.15～.25の間の値を示しており，今回の対象者は全体的に，伝統的な「女らしさ」を追求する態度にしろ「女らしさ」から脱却しようとする態度にしろあまりあてはまらないと感じ，女らしさに対しては距離を置いているようである。

「女らしさ」に対する態度の世代間比較

　尺度得点については低いものの，AFSの各下位尺度得点について，母親世代と娘世代とで世代間で t 検定を実施した（Table 5-7）。その結果，娘世代が〈伝統的女性性の追求〉尺度得点で母親世代に比較して有意に高かった（$t(174) = 4.70, p < .001$）。このことから，娘世代は母親世代と比較して，伝統的な「女らしさ」を追求する態度が高いことが示唆される。一方〈「女らしさ」からの脱却〉尺度得点では，世代による有意差は認められなかった（$t(174) = .68, n.s.$）。

　各尺度得点についての分析から，〈伝統的女性性の追求〉尺度得点については，娘世代は2.46点（標準偏差.56点）で，母親世代は2.08点（標準偏差.51点）であった。すなわち尺度上で考えると，娘世代は「どちらかというとあてはまらない：2点」と「どちらかというとあてはまる：3点」とのほぼ等

142

距離上に位置し，母親世代はほぼ「どちらかというとあてはまらない：2
点」上となった。また〈「女らしさ」からの脱却〉尺度得点は，娘世代は
1.82点（標準偏差.49点）で，母親世代は1.87点（標準偏差.46点）であった。
すなわち尺度上で考えると，娘世代・母親世代ともに「どちらかというとあ
てはまらない：2点」未満のほとんど同じ位置となることがわかる。つまり，
娘世代であれ母親世代であれ，「女らしさ」から脱却しようとする態度はほ
とんどもっていないと思われ，かつ，伝統的な「女らしさ」を追求する態度
についてもあまり重視しているわけではないことが示唆される。なお〈伝統
的女性性の追求〉尺度得点について娘世代の方が有意に高い結果となったこ
とは，この世代の発達課題が自我同一性確立で，その中での性役割獲得の時
期であり，かつ，パートナーを得る時期でもあることを考えると妥当な結果
と推察される。

　これらのことから，現代日本女性は全体的には女らしさに対して距離を置
いているものの，娘世代の方が母親世代と比較するとやや伝統的な「女らし
さ」を追求する態度をもっていると考えられ，それに対して母親世代は伝統
的な「女らしさ」を追求する態度であれ「女らしさ」から脱却しようとする
態度であれ，女らしさに対して親和的でないことが確認された。

女性性意識尺度（FCS）と「女らしさ」に対する態度尺度（AFS）の世代間
比較

　FCSとAFSの関係を明らかにするために，母親世代と娘世代を分けて，
両尺度の各下位尺度間の相関係数を算出した（Table 5-8，Table 5-9）。
　母親世代は，FCS［世の中］の〈人間的魅力〉・〈否定的イメージ〉および
FCS［自分自身］の〈否定的イメージ〉と，AFSの〈伝統的女性性の追求〉
との間でそれぞれ有意な正の相関（$r = .23, p < .05; r = .29, p < .01; r = .45,$
$p < .001$）が認められた。また，FCS［世の中］の〈否定的イメージ〉および
FCS［自分自身］の〈否定的イメージ〉と，AFSの〈「女らしさ」からの脱

第5章　中年期女性の容姿を維持向上する努力　　143

Table 5-8　女性性意識尺度（FCS）と「女らしさ」に対する態度尺度（AFS）の
相関関係（母親世代（n=86））

		女性性意識（世の中）				女性性意識（自分自身）			
		I 人間的魅力	II 伝統的イメージ	III 外見的魅力	IV 否定的イメージ	I 人間的魅力	II 伝統的イメージ	III 外見的魅力	IV 否定的イメージ
「女らしさ」に対する態度	I 伝統的女性性の追求	.23*	.04	−.10	.29**	−.01	.17	.11	.45***
	II 「女らしさ」からの脱却	.01	.08	−.05	.26*	−.18	−.15	−.14	.21*

***p＜.001，**p＜.01，*p＜.05

Table 5-9　女性性意識尺度（FCS）と「女らしさ」に対する態度尺度（AFS）の
相関関係（娘世代（n=90））

		女性性意識（世の中）				女性性意識（自分自身）			
		I 人間的魅力	II 伝統的イメージ	III 外見的魅力	IV 否定的イメージ	I 人間的魅力	II 伝統的イメージ	III 外見的魅力	IV 否定的イメージ
「女らしさ」に対する態度	I 伝統的女性性の追求	.38***	.03	.03	−.01	.31**	.28**	.15	.18
	II 「女らしさ」からの脱却	−.03	.10	.07	.20	−.06	−.09	−.13	.16

***p＜.001，**p＜.01

却〉との間でそれぞれ有意な正の相関（*r*＝.26, *p*＜.05; *r*＝.21, *p*＜.05）が認められた。つまり母親世代は，世の中一般では「強さのある」・「自分に自信のもてる」などの人間的魅力の女性性ならびに「しっと深い」・「だまされやすい」などの否定的イメージの女性性と伝統的な「女らしさ」を追求する態度との関連が高く，一方自分自身の中では，否定的イメージの女性性と伝統的な「女らしさ」を追求する態度との関連が高かった。なお「やさしい」・「思いやりがある」などの伝統的イメージや「きれいである」・「おしゃれである」などの外見的魅力については女性性意識の因子としては抽出されたものの，母親世代にとっては伝統的な「女らしさ」を追求する態度であれ「女らしさ」から脱却しようとする態度であれ，どちらとも関連がなかった。

娘世代は，FCS［世の中］および FCS［自分自身］の〈人間的魅力〉，そして FCS［自分自身］の〈伝統的イメージ〉と，AFS の〈伝統的女性性の追求〉との間でそれぞれ有意な正の相関（$r = .38, p < .001; r = .31, p < .01; r = .28, p < .05$）が認められた。FCS の全ての因子と AFS の〈「女らしさ」からの脱却〉とは有意な相関は認められなかった。つまり娘世代は，世の中一般では人間的魅力の女性性と伝統的な「女らしさ」を追求する態度との関連が高く，かつ，自分の中では人間的魅力ならびに伝統的イメージの女性性と伝統的な「女らしさ」を追求する態度との関連が高かった。なお，外見的魅力や否定的イメージについては，女性性意識の因子としては抽出されたものの，娘世代にとっては女らしさに対する態度とは伝統的な「女らしさ」を追求する態度であれ「女らしさ」から脱却しようとする態度であれ，どちらとも関連がなかった。

　これらのことから，母親世代の場合，伝統的な「女らしさ」を追求する態度をとる人も「女らしさ」から脱却しようとする態度をとる人も，世の中一般としても自分自身の中でも女性性へのネガティブなイメージとの関連が高いことがわかった。それに対して娘世代の場合，伝統的な「女らしさ」を追求する態度と比較的ポジティブなイメージとの関連が高いことが示され，世代によって女性性についての態度と意識の関連が異なることが示された。

⑷ まとめ

　本研究の結果から，現代日本の中年期女性が女性性の観点から容姿を捉えているのか否かについて検討する。

　まず女性性の内容として〈外見的魅力〉が見出されたことは，現代日本人女性にとって，外見的魅力が女性らしさや女性的なイメージの1つとして捉えられていることを示すものである。またこれらの女性性について，中年期女性は女子青年と比較すると重要と感じていないことがわかった。詳細には，人間的魅力は世の中一般より自分自身は重要視しておらず，外見的魅力と否

定的イメージは，世の中一般より自分自身の方が重要視していなかった。特に外見的魅力については，女子青年よりも，そして自分自身としても世の中一般よりも重要視していないと考えられる。つまり，中年期女性は女らしく見られたいために容姿を維持向上する努力に取組んではいないと解釈できる。

女らしさに対する態度については，女子青年の方が中年期女性と比較して伝統的な「女らしさ」を追求する態度が有意に高い結果となったが，得点そのものの低さ（女子青年が2.46点，中年期女性が2.08点）を鑑みると，両世代ともに伝統的な「女らしさ」を追求する態度をあまり重視しているわけではなく，「女らしさ」から脱却しようとする態度（女子青年が1.82点，中年期女性が1.87点）はほとんどもっていないと考えられる。つまり，女らしさに対して女性自身が距離を置き始めているとも解釈できる。

以上の結果より，中年期女性は女性性をあまり重視しておらず，特に外見的魅力については，世の中一般で言われているよりも自分自身は重視していないことが示唆される。また女らしさに対する態度についても，伝統的な「女らしさ」を追求する態度にしろ「女らしさ」から脱却しようとする態度にしろ，女性性とはネガティブなイメージとの相関が見られ，外見的魅力とは無相関であることから，距離を置き始めていることがわかる。つまり，中年期女性が容姿を維持向上する努力をするのは，女性性－女らしく見られたい－を重視してのことではない可能性が高い。

3節　就業上の必要性からの検討
－均等法第1世代の女性達への面接調査より－（研究4-2）

(1) 目的
現代日本の中年期女性が，就業上の必要性から容姿を維持向上する努力をするのかどうかを検討する。その際，本研究では，いわゆる男女雇用機会均等法の恩恵を最も受けたと言われた均等法第1世代であり，かつてアラフォ

ーと呼ばれた年代の最年長でもあり，かつ，バブル景気と呼ばれた時期（1987年～1991年）に社会人となり，そのバブル景気を経て自分のための消費行動を充分に経験してきた，本調査当時に満45歳になる女性達を調査対象とする。彼女達を対象者とするのは以下の3つの理由からである。

1つ目に，1985年に「雇用の分野における男女の均等な機会及び待遇の確保等に関する法律」―通称「男女雇用機会均等法」（以下，均等法）が制定されてから30年が経過した。1986年の本法律の施行により主に4年制大学を卒業した女子大学生の就業機会が拡大したとの指摘があるが（岩間，2008），当時新卒社員として社会人になった女性達は，現在40歳代後半～50歳代前半を迎えている。当時から現在までの間に経済情勢は世界規模で幾度も変革を遂げており，日本でも景気の浮き沈みに呼応する形で雇用をめぐる環境はその都度変化を迫られてきた。このような変化の中，均等法第1世代（内閣府，2004，田中，2008）と呼ばれた上記世代は，人生90年時代（江見，2005；宮城，2006など）と言われるようになった本調査時は，まさにその中間点に当たる中年期となっていた。

2つ目に，均等法第1世代はまた数年前，テレビやインターネット，雑誌を始めとする様々なメディア上でアラフォー世代としても注目された。アラフォーとは「アラウンドフォーティー（around 40）」の略で，40歳前後の女性を指す表現であり，2008年にいわゆる流行語として多くの人に知られて以来，現在でも広く使われている。日経ビジネス（2009）は，当時このアラフォーを意味する年代について，2008年に40歳前後というのを44歳～35歳とすると1964年～1973年生まれの人達，すなわち均等法第1世代に該当し，さらにこの内の前半世代が社会人となった年が1987年～1991年で，当時バブル景気と呼ばれた時期に合致することを指摘している。つまり，この世代は消費することに抵抗なく，かつ，自分自身のために惜しみなく時間と金銭を使うと考えられる。実際にこの世代の女性達の20歳代から30歳代，30歳代から40歳代への移行時期に合わせて，それぞれファッションや美容情報などを扱う

雑誌が多数創刊（例えば30歳代向けには1995年に『VERY』，40歳代向けには2002年に『STORY』，いずれも光文社など）されてきた。

3つ目に，彼女達は，第1章2節で整理した通り1971年に制定された通称中高年雇用促進特別措置法の中高年の年齢範囲（45歳〜65歳）と『健康日本21』（厚生労働省，2000）で定められている中年期（45歳〜64歳）の始まりに該当し，この世代を対象とすることは，今後の中年期女性の生涯発達を考察する上でも意義があると考えられる。

中年期という自分の人生を見直す時期における彼女達の就業に対する意識，ならびに容姿を維持向上する努力への取組みの目的について，就業上の必要性―マナーや仕事への意識の切り換えなど―との関わりより検討する。その際，就業とは「家事や育児などの家庭内における労働は含まず，対価を得るために従事する労働」と，就業意識とは「現在の自分の人生における就業の位置づけ」と定義する。

なお本研究では，就業の位置づけ，そしてとりわけ容姿を維持向上する努力の意識は個別性が高く主観的であると考えられることから，半構造化面接による質的研究法を採用した。また分析には，今回はデータの分類と定性的分析が主な目標であることから，複数の人のアイデアをまとめる発想法（安藤，2004）とされるKJ法（川喜田，1967：1970）を用いた。

(2) 方法

調査対象者の選定　筆者の知人とその知人を介しての，1964年4月〜1965年3月生まれで4年制大学を卒業した，本研究への協力に同意した首都圏在住の女性8名。出身大学の種別（国公立/私立，共学/女子大），学部，学科は様々である。対象者は，就業との関わりにより①新卒就業後，結婚や出産により退職し専業主婦の経験を経て再び働くことを選択した再就業者，②新卒就業後，転職経験の有無にかかわらず一貫して働き続けてきた就業継続者，③新卒就業後，結婚や出産により退職しその後就業を経験していない非就業者の

148

3種類に分けられた。この違いにより，就業意識についての質問は一部異なる。対象者一覧を Table 5-10に示す。

調査期間　2009年6月～7月に面接調査を実施した。

面接の構造　対象者の自宅または指定場所で，個別に半構造化面接を実施した。倫理面に配慮するため，調査開始前に面接の目的，録音，結果の公開方法，面接途中でも中断が可能であることを説明し，対象者の同意を得た。語られた発話内容は全て MD レコーダーに録音し，逐語録を作成した。1人あたりの面接時間は概ね25分～40分であった。

半構造化面接の質問項目　各対象者の婚姻状況に応じて，以下の分類ごとに質問内容を分けた。①独身就業継続者，②既婚就業継続者，③独身再就業者，

Table 5-10　対象者一覧

就業との関わり	略号	就業状況	婚姻状況	子の有無	子の学年	就業の経過 （再就業時の年齢・子の学年）
再就業	再1	パートタイム（会社員/専門職）	既婚	有り	高1，中2	子育て一段落後再就業（39・小4と小2）
	再2	パートタイム（会社員）	既婚	有り	中3	子育て一段落後再就業（40・小5）
	再3	パートタイム（会社員）	既婚	有り	高2	子育て一段落後再就業（36・小2）
	再4	常勤（会社員）	既婚	有り	高1	出産後1年半で再就業（31）
	再5	常勤（会社員）	未婚	無し		一時海外留学後再就業（26）
就業継続	継1	常勤（会社員）	既婚	無し		新卒入社後より同一企業にて就業継続
	継2	自営業（フリーランス専門職）	未（離）婚	有り	小5	転職，職種変更しつつ就業継続
非就業	非1	専業主婦	既婚	有り	高3，小2	新卒入退社後より再就業経験なし

④既婚再就業者，⑤既婚未就業者，である。

1）就業に対する意識について

　全員に対して，今までの就業経験を訊ねた。その後，独身就業継続者・既婚就業継続者・独身再就業者・既婚再就業者の対象者に対して現在の仕事（仕事の種類，内容，時間帯など），働くことの意味・目的，いつまで働く予定かなどについて訊ねた。また，独身再就業者・既婚再就業者に対して再就業の開始年齢やきっかけと理由，独身就業継続者・既婚就業継続者に対して就業継続の理由を，そして既婚未就業者に対して就業しない理由も訊ねた。

2）容姿を維持向上する努力と就業との関わり

　全員に対して，容姿を維持向上する努力への取組みの目的と具体的内容を訊ねた。その後，それらが誰のための取組みか，取組みの目的と内容についての10年前および20年前との比較，容姿を維持向上する努力をいつまで継続するかなどについて訊ねた。また独身就業継続者・既婚就業継続者・独身再就業者・既婚再就業者の対象者に対して，働くことと容姿を維持向上する努力との関連も訊ねた。

(3) 結果と考察

　面接の逐語録を発話データとし，以下のステップ１～ステップ４の過程を経て分析した。

ステップ１ （暫定的カテゴリーの生成）

　ステップ１では，分析のベースとなる暫定的カテゴリーを生成した。①分析開始用データの選択：対象者が最多の再就業者（略号：再１～再５）を選択した。②カード化：発話データを１つの意味を持つ文章ごとに抜き出した。③カードのグループ化：カードを全て並べ，意味の類似したものをグルーピングし，それぞれに見出しをつけた（小分類）。④カテゴリー化：グルーピングされたデータの見出しを比較しながら，類似したグループ同士を統合し，上位概念（カテゴリー）を生成した（中分類）。

ステップ2 （カテゴリーの追加と洗練化）

ステップ2では，カテゴリーを追加し同時に洗練させた。①新たなデータ群の選択（データの拡大）：2番目は就業継続者（略号：継1・2），最後は非就業者（略号：非1）の順序とし，それぞれについてステップ1の②～④を実施した。

ステップ3 （カテゴリーの検討と上位概念の生成）

ステップ3では，生成されたカテゴリーを検討し，共通の内容をもつカテゴリーが見出された場合は統合し，より上位概念のカテゴリー（大分類）を生成した。

ステップ4 （カテゴリー間の関連性の検討）

ステップ4では，全ての分類（大・中・小）結果を発話データやカードと照合しながら再検討し，カテゴリーを確定した。

生成された大分類・中分類・小分類の結果を Table 5-11，Table 5-12に示す。以下に，各質問内容ごとに，中年期女性の容姿を維持向上する努力が就業上の必要性から行われているかどうかに注目して検討する。なお【　】は大分類を，［　］は中分類を，〈　〉は小分類を，《　》は対象者の発話データを，（　）内は対象者の略号を示す。

質問1）：就業に対する意識 （Table 5-11 中年期女性の就業意識の分類より）

容姿を維持向上することに関しては，【再就業のきっかけ】の［経済的理由］の中で，〈自分が自由に使える収入獲得の要望〉（再1・2・3）が，【収入の使途】の［自分のための収入］として《洋服》・《ゴルフ》・《友人とのランチ》などの〈買い物・趣味や遊興費〉（再1・2）・《整体》・《カルジェル》・《化粧品》・《美容院代》などの〈体のメンテナンスや美容費〉（再2・3）が語られ，これらへの言及はいずれも再就業者のみであった。おそらく，就業継続者は自分自身の収入があるのは当然のことであるため，これについては言及しなかったものと考えられる。

第 5 章　中年期女性の容姿を維持向上する努力　151

質問 2）：容姿を維持向上する努力と就業との関わり（Table 5-12 中年期女性
　　　　の容姿を維持向上する努力と就業についての分類より）

　ここでは，先行研究（山本・松井・岩男，1982；大坊，2001）にて示された，
化粧行動の 2 つの心理的効果である「自分のため＝対自的効果」と「他者の
ため＝対他的効果」が，容姿を維持向上する努力にも該当するか否かの検討
を通して，中年期女性の就業と容姿を維持向上する努力との関わりを検討す
る。

　【容姿を維持向上する努力の目的】では，〈気になる部位のケア〉（再 3・非
1）や〈体型の維持〉（再 5）などの［容姿の衰えの軽減］・〈自分の気持ちを
上げる・気持ち良さ〉（再 1・2・継 1・非 1）や〈精神の安定〉（再 1・継 2）
などの［精神的健康］・〈一定の年齢になったらエチケット〉（再 1）という
［他者への配慮］・〈気持ちの好影響〉（再 1・継 1）という［仕事への反映］
が見出された。これらはそれぞれ，［容姿の衰えの軽減］・［精神的健康］が
対自的効果に，［他者への配慮］・［仕事への反映］が対他的効果に該当する
と考えられ，とりわけ対自的効果である［容姿の衰えの軽減］・［精神的健
康］の 2 つの中分類については全対象者が言及しており，カード数（＝言及
数）も圧倒的に多かった。なお，これらにおいては再就業者・就業継続者・
非就業者といった就業との関わりによる特徴は見られなかった。つまり，中
年期女性が容姿を維持向上する努力に取組む目的は，全体的には主に自分の
ために容姿の衰えを軽減させ，精神的健康を保つことであると示唆される。
【容姿を維持向上する努力より得られるメリット】では，〈他者が優しく接し
てくれ，粗雑な扱いを受けない〉（再 1・2）・〈他者からの肯定的評価〉（継
1・非 1）などの［対人関係］についての語りがあり，これは対他的効果で
あると考えられた。また就業との関わりによる特徴は見られなかった。つま
り，中年期女性は容姿を維持向上する努力に取組むことにより，他者から対
人関係上のメリットを享受できることを感じていると推察される。

　【誰のための容姿を維持向上する努力か】では，〈気持ち良く過ごすため〉

Table 5-11　中年期女性の就業意識についての分類

大分類	中分類	小分類 注)
再就業のきっかけ	焦燥感（このままで良いのか）	新たな年代を迎える焦り（再1） 子どもと二人きりの生活の閉塞感（再4）
	経済的理由	生活のため，生きていくため（再5） 教育費（再1） 自分が自由に使える収入獲得の要望（再1・2・3）
	時間的余裕	暇になり時間を持て余した（再2・4）
	自分の性格傾向の気づき	専業主婦に不向き（再4） 育児に不向き（再3） 非就業時に生きがい喪失（再5）
就業継続の理由	経済的理由	生活のため（継2）
	自分の仕事への愛着	仕事自体の面白さ（継2） 自分の仕事が好きなこと（継1） 達成感を感じること（継1）
収入の使途	必要経費	教育費（再1・4） 住居費（再2・継2） 食費（継2）
	自分のための収入	買い物（再1・2） 趣味や遊興費（再2） 体のメンテナンスや美容費（再2・3）
働くこと・仕事の意味	収入を得ること	経済的理由（再5・継2） 空いた時間が収入になる（再2） 自分が自由に使える収入の確保（再2） いざという時の収入の確保（再3） 辞めると同収入を得られなくなる（再4） 一定の生活水準の維持（再5）
	自分の中での新たな気づき	仕事＝生きることという意識の醸成（再1） 仕事により得られたスキルの自覚（再1） やりがいの自覚（再1）
	仕事に対する意識	仕事から得る楽しさや心地良さの実感（継1・2） 仕事が勉強になり，自分を高められる（継1） 大切な対象のために頑張るという自覚（継1）
	社会とのつながり	社会との接点の必要性（再3・5） 色々な人達との出会い（再3）
	他者からの評価	家族からの肯定的評価（再1） 雇用主からの肯定的評価（再1）

	自己実現	家事のみでは自己実現に繋がらない（再1・4）
	ストレス軽減	家事ストレス軽減（再1・4） 育児ストレス軽減（再3）
いつまで働くか	40代まで	教育費が必要な時期は継続（再1・4） キャリアのない50代には需要がない（再2） やりたいことを50歳までに実現したい（継1）
	出来る限りずっと	50代，60代の先輩の存在（再1） 定年まで勤めたい（再3・5）
	現在思案中	自分の仕事に対する迷いや疑問あり（再4） やりたいことに踏み切る時期の模索（継1）
	将来展望あり	やりたい仕事を増やす（再1・継2） フリーランスが最終目標（再1） 退職後はボランティア活動を希望（再4・5）
外で就業しない 理由	経済的理由	片働きで充分家計が回る（非1）
	仕事に対する意識	仕事により自分が向上しない（非1） 好きなことを仕事にしたくない（非1）
	家事に対する意識	家事への肯定的意識が高い（非1）
	評価に対する意識	他者評価への関心がなく，自己評価が高い（非1）

注）（ ）内は発言者の略号を示す。

（再1・2）や〈自分の中でこれくらいはしたいという水準あり〉（非1）など
の［自分自身のため］と，〈友人と会う時〉（再3）・〈夫・子ども〉（再1・
3・継2）などの［他者のため］が見出され，それぞれ［自分自身のため］
は対自的効果，［他者のため］は対他的効果となるため，化粧行動と同様，
容姿を維持向上する努力にも対自的/対他的効果の2つの心理的効果が見出
された。また［他者のため］の中には，〈世の中・世間〉（再1・2・4）と
ともに〈職場・お客様〉（再5・継1）も見出された。つまり，非就業者のみ
が自分のためだけに容姿を維持向上する努力を行い，再就業者・就業継続者
は，自分のためにも他者のためにも容姿を維持向上する努力を行っているこ
とが示されたことから，他者のために容姿を維持向上する努力は就業とも関
連があると推察される。このことは【容姿を維持向上する努力と仕事の関
連】を見るとより明らかで，〈不快感を与えない・マナー〉（再1・継2）や

Table 5-12 中年期女性の容姿を維持向上する努力と就業についての分類

大分類	中分類	小分類 注)
容姿を維持向上する努力の目的	容姿の衰えの軽減	気になる部位のケア（再3・非1） 体型の維持（再5） 将来の老化に備える（継2）
	精神的健康	自分の気持ちを上げる（再2・非1） 自分の気持ち良さ（再1・2・継1・非1） 自己満足（再2） 女を捨てない（再4） 精神の安定（再1・継2）
	他者への配慮	一定年齢以上になったらエチケット（再1）
	仕事への反映	容姿の維持向上努力をする気持ちの好影響（再1・継1）
容姿を維持向上する努力の取組みより得られるメリット	対人関係	他者が優しく接してくれる（再1） 他者から粗雑な扱いを受けない（再2） 他者からの肯定的評価（継1・非1）
誰のための努力か	自分自身のため	自分のために容姿の維持向上努力する（再3・4・5・継1・2） 自分の中でこれくらいはしたいという水準あり（非1） 気持ちよく過ごすため（再1・2） 人の目は気にしていない（再2）
	他者のため	仲の良い友人に会う時（再3） 夫（再1） 子どもの行事（再3・継2） 世の中・世間（再1・2・4） 職場・お客様（再5・継1）
容姿を維持向上する努力と仕事との関連	他者への配慮	不快感を与えない（再1） マナー（継2） 最低限の常識（再4）
	他者からの評価	職場の人からの肯定的評価（再1・5）
	他者との比較	年齢に対する劣等感軽減（再5） 容姿に対する劣等感軽減（再4）
	人の目を意識	一定水準の容姿を維持（再2・3） 容姿の維持向上努力の必要性を実感（再1・継1）

第5章　中年期女性の容姿を維持向上する努力　　155

容姿を維持向上する努力の目的ならびに内容の変化（年齢による）	20年前	容姿の維持向上努力への関心大（再2・4） 他者へのアピール（再3・継2） 異性の目を意識（非1） 容姿の維持向上努力には関心なし（再5・継1）
	10年前	育児が多忙で余裕なし（再1・2・3・4・継2） 仕事が多忙で余裕なし（再4） 体型の変化により関心低下（再2・4） 容姿の維持向上努力には関心なし（再5・継1） 現在と変化なし（非1）
	現在	髪や素肌のケアを重視（再1・2・継1） 気になる部位の処置（再5） 時間・費用ともに増加（再3・非1） 時間・費用ともに減少（継2） 同性の目を意識（非1） 他者評価からの解放（継2・非1）
容姿を維持向上する努力の目的ならびに内容の変化（再就業による）	再就業前	母親らしさを心がける（再1）
	再就業後	仕事の場に合わせる（再1） 職場の同年代の人に引けをとらないように（再4） 経済的余裕の活用（再1）
	再就業前後で変化なし	子どもの成長と自分の加齢の要因が大きい（再3）
容姿を維持向上する努力の継続	会社で働く間は継続	自分だけがみすぼらしく見えないようにする（再4） 自分だけがあまり年をとって見えたくない（再5） 退職後は素顔でボランティア活動をしたい（再4）
	今後もずっと継続	ずっと続けたい取組みあり（再1） 出来る範囲で続ける（再1） 周りの人の影響あり（継1・非1） 今後の必要性の予測あり（再3）
	継続条件あり	自分に合う化粧品が見つかること（再5） 気持ちの良いことは続ける（再2） 価値観が変わらなければ続ける（継2）

注）（　）内は発言者の略号を示す。

〈最低限の常識〉（再4）といった［他者への配慮］・〈職場の人からの肯定的評価〉（再1・5）の［他者からの評価］・〈年齢・容姿に対する劣等感軽減〉（再4・5）の［他者との比較］・〈一定水準の容姿を維持〉（再2・3）や〈容姿を維持向上する努力の必要性を実感〉（再1・継1）といった［人の目を意識］は，全て対他的効果であり，先述の【容姿を維持向上する努力より得られるメリット】とも関連していると考えられる。以上より，中年期女性が容姿を維持向上する努力に取組むのは，就業という側面から見ると他者（特定の他者および職場・客先など）のためにも行われており，その結果として対人関係上メリットが得られると感じていることが推察される。これらのことから，【容姿を維持向上する努力の目的】・【容姿を維持向上する努力より得られるメリット】・【誰のための容姿を維持向上する努力か】・【容姿を維持向上する努力と仕事との関連】は，各中分類においてそれぞれ対自的/対他的効果のいずれかに分類され，特に就業と容姿を維持向上する努力との関わりでは対他的効果がより強く発揮されていることが示唆される。

　【年齢による容姿を維持向上する努力の目的・内容の変化】では，［20年前］は現在の就業との関わりに関係なく〈容姿を維持向上する努力への関心大〉（再2・4）で〈他者へのアピール〉（再3・継2）や〈異性の目を意識〉（非1）しており，［10年前］は，非就業者は〈現在と変化なし〉（非1）の一方，出産を経験した再就業・就業継続者は全員〈育児・仕事が多忙で余裕なし〉（再1・2・3・4・継2）であったが，［現在］は概ね〈同性の目を意識〉（非1）しつつも〈他者評価からは解放〉（継2・非1）され，〈髪や素肌のケアを重視〉（再1・2・継1）したり〈気になる部位の処置〉（再5）をしていることが示された。費やす時間や費用については〈増加している〉場合（再3・非1）も〈減少している〉場合（継2）もあった。【再就業による容姿を維持向上する努力の目的・内容の変化】では，［再就業前］は〈母親らしさを心がけ〉（再1），［再就業後］は《職場の同年代の人達が綺麗にしている》から〈引けをとらないように〉（再4）〈仕事の場に合わせて〉（再1）容

姿を維持向上する努力に取組んでいることが示された。これらの結果より，多くの中年期女性は，20歳代は他者，特に異性を意識して容姿を維持向上する努力に取組んでいたが，30歳代では仕事や育児で余裕がなくなり，一段落した現在，同性を意識しつつも他者評価は気にならなくなり，スキンケアも重視するようになったようである。またその一方で，20年前や10年前には〈容姿を維持向上する努力に関心がなかった〉が現在は実施している人達（再5・継1）もいた。再就業による容姿を維持向上する努力への影響としては，〈自分の加齢の要因が大きく〉（再3）［再就業前後での変化はなし］と考える人もいるものの，概ね職場に合わせて，かつ，同年代の同僚に引けをとらないように取組む意識が働くことが推察される。

　【容姿を維持向上する努力の継続】では，多くの対象者が［今後もずっと継続］・［継続条件あり］に該当し，何らかの形で続けていくと考えているようである。ただし，〈自分だけがみすぼらしく・年をとって見えないようにする〉（再4・5）ために続けるが，〈退職後は素顔でボランティア活動したい〉（再4）と［会社で働く間は継続］と考える対象者もおり，その場合は，容姿を維持向上する努力を自分の意志や気持ち良さ（＝対自的）とは感じておらず，あくまで社会生活の身だしなみの一環（＝対他的）と捉えていることが示唆される。

⑷ まとめ

　本研究の結果から，現代日本の中年期女性の就業と容姿を維持向上する努力との関わりについて検討する。

　就業についての意識からは，中年期女性が育児期の家庭内ストレスの軽減や育児が一段落して新たなライフステージを求める時に，最も身近な選択肢として働くことを選び，かつてのように自分自身の収入を得ること，かつ，その中には《洋服》・《ゴルフ》・《友人とのランチ》などの〈買い物・趣味や遊興費〉や，《整体》・《カルジェル》・《化粧品》・《美容院代》などの〈体の

メンテナンスや美容費）など，容姿を維持向上するための内容も含まれることが示された。難波（2000）は，1994年〜1996年当時に45歳〜55歳の中年期女性7名を対象に面接調査を実施し，当時からパートタイムでの再就業は盛んであったものの，彼女達が子育ての次に優先し，かつ再就業で得た収入を投入したのは趣味・教養・地域活動で，これらの活動が全員の人生後半の目標になっていたと指摘している。今回の結果では，再就業者からも就業継続者からも趣味についての言及はあったものの，それが後半の人生の目標となるほど重視されている様子は見受けられなかった。以上のことから，今回の対象者にとって常勤であれパートタイムであれ，働くこと自体が非常に身近で当たり前となっていることが推察され，均等法第1世代以降の傾向である可能性が示唆される。

　容姿を維持向上する努力には，自分のため（＝対自的）の効果と他者のため（＝対他的）の効果の双方が認められた。そして，自分のため（＝対自的）の努力の目的は，容姿の衰えを軽減させ精神的健康を保つことであると考えられることから，女性特有の中年期危機を乗り越える要因の1つとなることが推察された。一方他者のため（＝対他的）の努力の目的は，他者へ配慮し仕事へ反映させることであると考えられることから，就業との関連がより強く推察された。実際，中年期女性は自他双方のために容姿を維持向上する努力への取組みを行っており，他者の中には職場や客先など就業に関係する他者が意識されていることから，中年期女性の容姿を維持向上する努力は，就業という側面から見ると他者（特定の他者および職場・客先など）のためにも行われており，その結果として対人関係上のメリットが得られることも感じていると考えられる。阿部（2002）は化粧とストレスとの関連を検討し，化粧行動を気晴らしと感じる場合，スキンケア的化粧が自分自身への関心である私的自意識と，そしてメーキャップ的化粧が私的自意識と他者の視線を介した公的自意識の両者と関連していると指摘しており，本研究は同様の結果となった。

容姿を維持向上する努力の年齢的な変化では，中年期女性の多くは20歳代には他者，特に異性を意識して容姿を維持向上する努力に取組み，30歳代では仕事と育児で余裕がなくなり，一段落した現在，つまり40歳代では同性を意識しつつも他者評価は気にせず，スキンケアも重視していることがわかった。ただし再就業の側面からは，概ね職場に合わせて，かつ，周囲の同年代に引けをとらないように取組むことも示され，これも容姿を維持向上する努力と就業との間に対他的効果が存在することを示唆する結果になった。また多くの対象者は，容姿を維持向上する努力への取組みを何らかの形で続けていくと考えているようであったが，これらの取組みが自分の意志ではなく，あくまで他者のためや社会生活の身だしなみの一環と捉えていると思われる対象者の中には，会社で働く限りのものであり，かつ，退職後は素顔での活動を希望する人もいた。一方必ずしも外で就業しなくても，自分の人生の中に家事や育児を仕事として肯定的に位置づけ実行できる人の場合は，精神的にも非常に安定していることが示され，その要因としての自分のための容姿を維持向上する努力の積極的活用の存在も見逃せないと考えられる。

　最後に本研究の課題を挙げると，対象者の偏りである。同年齢で出来る限り様々なライフスタイルと就業経験をもつ人を対象とすべく鋭意努力したが，結果として8名中5名が再就業経験者，2名が継続就業者，非就業者は1名のみとなってしまった。1997年以降，共働きの世帯数が片働き世帯数を上回っている（内閣府，2013）ものの，サンプルとしてバランスを欠いたことは否めない。同様に，本研究では比較的家計に余裕がある対象者が多く，自分の意に反しつつも必要に迫られて働く対象者はいなかった。したがって，やや楽観的な考察となった可能性がある。しかしながら，以下の点が示唆された。

　中年期女性の容姿を維持向上する努力への取組みには対自的・対他的両方の効果があり，主に対自的効果として［容姿の衰えの軽減］・［精神的健康］の中分類が見出されたことは，第1章4節で検討したことに合致する。また，

容姿を維持向上する努力の継続について，その目的と内容の発達的変化として，［現在］の中分類で〈他者評価からの解放〉・〈同性の目を意識〉といった小分類が見出されたことは中年期の大きな特徴であると考えられる。つまり若い頃とは異なる自分のため，または同性の他者と比較して若々しく見られたい，という老いへの対応の心理が働いているものと推察されるだろう。

4節　誰のための容姿を維持向上する努力か
　　　－中年期女性と女子青年への質問紙調査より－（研究4-3）

(1) 目的

　本節では，前節の研究4-2の結果を受け，中年期女性が主に自分自身のために容姿を維持向上する努力を実施しているか，あるいは他者のために実施しているかについて，定量的なデータを用いて確認する。また，次節での尺度作成のために筆者が検討した質問項目内容の確認もあわせて行う。

　調査の実施にあたり，容姿を維持向上する努力とは「化粧行動や肌・髪の手入れ，おしゃれを目的とする被服行動，ダイエットや体型維持を目的とする各種エクササイズや運動，これらを実行するための情報収集や意識なども含めた，美しくなるための取組み」と定義する。調査1では，中年期女性と女子青年との比較検討を行うことにより，中年期女性の容姿を維持向上する努力の特徴を浮き立たせる。次に調査2では，研究4-2で実施した中年期女性への面接調査の際に調査1と同一の質問紙調査を実施した結果を分析することにより，現代中年期女性が容姿を維持向上する努力を誰のために実施しているかの確認とともに，質問項目内容についての確認も行う。

(2) 調査1

方法

調査対象者　対象者B群（詳細については第1章7節を参照）。

ただし，質問項目ごとに未回答のデータがあるため分析ごとの人数には多少の増減がある。

調査内容（フェイスシートを除く）

①容姿を維持向上する努力の項目

　定義に基づき筆者が選定後，その結果を心理学を専門とする女性教員2名とその研究室に在籍する博士後期課程の女性大学院生と4名とともに再検討し，24項目を選定した。その際，山本・松井・岩男（1982）の化粧の心理的効用には「化粧行為自体がもつ満足感」・「対人的効用」・「心の健康」の3側面があるという指摘と，大坊（2001）による化粧行動は自分のためと他者のための2通りのルートにより行われるという指摘に沿い，教示にて①該当する項目にチェックをつける，②チェックをつけた項目にのみ，その取組みの目的（自分のため/他者のため）を選択，②選択肢以外で考えられる内容があれば追加で記入，を求めた。

分析方法　統計分析ソフトSPSS15.0による統計的分析を用いた。

結果と考察

　世代別の取組み平均数（以下，取組み数と記す）は Table 5-13の通りである。取組み数は両世代ともに，他者のために比較して自分のためが圧倒的に多かった。t検定の結果，全取組み数と自分のための取組み数では世代による有意差がなかったが，他者のための取組み数では，娘世代の方が母親世代に比較して有意に高かった。この結果から，母親世代は娘世代と比較すると，全

Table 5-13　世代別の容姿を維持向上する努力の取組み数と t 検定結果

世代	全取組み数 (*SD*)	自分のための取組み数 (*SD*)	他者のための取組み数 (*SD*)
娘世代（n=90）	10.37(4.82)	9.04(4.41)	1.63(2.87)
母親世代（n=86）	9.36(4.68)	8.67(4.36)	.69(1.46)
自由度	174	174	133.35
t 値	1.40 *n.s.*	.56 *n.s.*	2.78**

**$p < .01$

162

体的な取組み数ならびに自分のための取組み数に差はないものの，他者のための取組みはより行っていないことが示され，中年期女性は主に自分のために容姿を維持向上する努力を実施していることがわかった。

　容姿を維持向上する努力の内容と，取組み数の世代別目的別の順位を集計した（Table 5-14）。その結果，両世代ともに全体的にメークやファッション，スタイル維持などの取組みが上位となった。ただし「メークを怠らない」は，両世代とも他者のための取組みでは上位となったのに対し，自分のための取組みでは中位となったことから，世代にかかわらず，化粧行動自体は他者のために行うものであるという意識がより働いていることが推察される。また「ヘアカラーをする」は，自分のため/他者のためいずれの場合も，娘世代より母親世代の方が上位となった。その目的の違いは「白髪を染めること」と考えられるため，母親世代にとってのヘアカラーは，メークやファッションと同様に重要な容姿を維持向上する努力と示唆される。また「基礎化粧品は良い物を使う」も，母親世代の自分のための取組みでのみ上位となったことから，母親世代にとって，頭髪にしろ素肌にしろ，費用を掛けて手入れをして若さを保つ目的の取組みに重きを置いていることが特徴的と考えられる。

　さらに，自分のための取組みとして「悪口や愚痴はなるべく言わない」・「常に前を向いて歩く（うつむかない）」・「毎日ヨーグルトを食べる」・「夕食/夜食の量は朝食/昼食より少量にする」・「マッサージを自分で行う」「ストレスを溜めないようにする」・「マニキュアをする」の7項目が，他者のための取組みとして「まっすぐに歩く（がにまたに気をつける）」・「TPOに合った服装，メークをする」・「人と会う時に表情に注意する」・「マナーに注意する」の4項目が新たに得られた。

(3) 調査2
方法
調査対象者　対象者C群（詳細については第1章7節を参照）。

第5章　中年期女性の容姿を維持向上する努力　　163

Table 5-14　容姿を維持向上する努力の内容と世代別目的別順位 注1）

内　　　容	対象者数（順位）			
	母親世代		娘世代	
	自分	他者	自分	他者
自分に似合う服装をする	59(1)	6(3)	64(1)	12(2)
ヘアカラーをする	55(2)	12(1)	51(4)	6(9)
基礎化粧品は良い物を使う	50(3)	一注2)	33(12)	16
体重，服のサイズに気をつける	47(4)	4(5)	54(2)	7(5)
睡眠を十分にとる	47(4)	一	53(3)	一
自分に似合うメークをする	47(4)	5(4)	44(9)	11(4)
自分に似合うヘアスタイルをする	46(5)	4(5)	38(11)	7(5)
素肌の手入れをする	44(6)	1(10)	47(7)	7(5)
体を動かす，スポーツをする	41(7)	1(10)	46(8)	1(16)
背筋を伸ばして歩く	39(8)	一	27(14)	5(12)
服装に流行を取り入れる	37(9)	3(7)	49(5)	7(5)
TVや雑誌などから情報を収集する	37(9)	1(10)	48(6)	6(9)
高級クリーム/美容液を買ったことがある，または使用中である	34(10)	一	20(16)	1(16)
栄養補助食品（ビタミン剤など）を摂る	31(11)	1(10)	24(15)	一
メークは怠らない	21(12)	12(1)	29(13)	12(2)
ヒールのある靴を履く	19(13)	3(7)	39(10)	3(15)
ダイエット食品を使用したことがある，または使用中である	18(14)	1(10)	20(16)	4(13)
ムダ毛の手入れをいつもしている	17(15)	1(10)	33(12)	16(1)
ヘアスタイルに流行を取り入れる	15(16)	1(10)	19(20)	4(13)
ジムでのエクササイズ，またはダンス系の稽古事をする	14(17)	1(10)	17(21)	一
下着にこだわる	12(18)	一	20(16)	6(9)
美しくなるための情報をインターネットなどで検索する	5(19)	一	20(16)	16(1)
美しくなるための情報に詳しい友達をもっている	7(20)	2(9)	16(22)	16(1)
エステに定期的に通う	4(21)	一	3(23)	16(1)

注1）項目は母親世代の自分のための取組み順位で並べた。
注2）一は取組み数が0の場合を示す。

調査内容（フェイスシートを除く）

①容姿を維持向上する努力の項目

　(2) の調査１と同一。

分析方法　統計分析ソフト SPSS15.0による統計的分析を用いた。

結果と考察

　容姿を維持向上する努力の内容と，取組み数の目的別の順位を集計した（Table 5-15）。その結果，今回の対象者は全体的に「服装に流行を取り入れる」・「ムダ毛の手入れをいつもする」・「背筋を伸ばして歩く」などが上位となり，自分のための取組みの順位とほぼ一致した。一方，他者のための取組みではこれらに加え，「ヘアカラーをする」・「メークは怠らない」なども上位となった。また，取組み数は自分のための取組み数の方が他者のためより圧倒的に多い結果となった。これらのことから，中年期女性が容姿を維持向上する努力は主として自分のためと捉えられていることが示され，調査１の結果と一致した。また，ヘアカラーやメークを怠らないことは，他者のための取組みとして上位に挙がっており，これも調査１の結果と一致した。

　なお，今回も質問紙以外の項目で該当する内容の有無について，調査１の追加で得られた内容と合わせて訊ねたところ，自分のためとして「整体に通う」・「爪のおしゃれをする（マニキュア/カルジェルなど）」，他者のためとして「体重の増加に気をつける」・「歯のクリーニングをする」のそれぞれ２項目ずつが新たに得られた。

(4) **まとめ**

　調査１と調査２の結果より，中年期女性の容姿を維持向上する努力に向けた取組みの特徴が示された。まず，調査１の取組み数の世代間比較より，取組み数は両世代ともに，他者のための取組みに比較して自分のための取組みが圧倒的に多かった。かつ，母親世代である中年期女性は娘世代である女子青年と比較すると，全体的な取組み数および自分のための取組み数に差はな

第5章 中年期女性の容姿を維持向上する努力　165

Table 5-15　容姿を維持向上する努力の内容と目的別順位[注)]

内　　容	対象者数（順位）		
	全体	自分	他者
服装に流行を取り入れる	7(1)	7(1)	3(2)
ムダ毛の手入れをいつもしている	7(1)	7(1)	3(2)
背筋を伸ばして歩く	7(1)	7(1)	2(5)
睡眠を十分にとる	7(1)	7(1)	2(5)
自分に似合う服装をする	7(1)	7(1)	2(5)
体を動かす，スポーツをする	7(1)	7(1)	0(—)
高級クリーム/美容液を買ったことがある，または使用中である	6(7)	6(7)	1(11)
TVや雑誌などから情報を収集する	6(7)	6(7)	1(11)
自分に似合うヘアスタイルをする	6(7)	6(7)	2(5)
メークは怠らない	5(10)	4(14)	2(5)
体重，服のサイズに気をつける	5(10)	5(10)	3(2)
ヘアカラーをする	5(10)	5(10)	4(1)
素肌の手入れをする	5(10)	5(10)	2(5)
自分に似合うメークをする	5(10)	5(10)	1(11)
ヘアスタイルに流行を取り入れる	4(15)	4(14)	1(11)
基礎化粧品は良い物を使う	4(15)	4(14)	1(11)
美しくなるための情報に詳しい友達をもっている	4(15)	4(14)	0(—)
下着にこだわる	3(18)	2(19)	1(11)
ヒールのある靴を履く	3(18)	3(17)	0(—)
栄養補助食品（ビタミン剤など）を摂る	3(18)	3(17)	0(—)
ジムでのエクササイズ，またはダンス系の稽古事をする	2(21)	2(19)	0(—)
美しくなるための情報をインターネットなどで検索する	2(21)	2(19)	0(—)
エステに定期的に通う	1(23)	1(22)	0(—)
ダイエット食品を使用している，または使用したことがある	1(23)	1(22)	0(—)

注）項目は全体の取組み順位で並べた。

いものの，他者のための取組みはより行っていないことが示された。つまり，中年期女性は主に自分のために容姿を維持向上する努力を実施していることが明らかとなった。調査2の取組み数の目的別順位でも，自分のための取組み数が圧倒的に多く，調査1と一致した。つまり，中年期女性の美への関心は自分へと向かうことが示唆され，岩谷（2001）の指摘と一致した。

容姿を維持向上する努力の取組み内容については，調査1の結果より，両世代ともに全体的にメークやファッション，スタイル維持などの取組みが上位となった。中年期女性の特徴としては，ヘアカラーや基礎化粧品への投資など，若さを保つ目的の取組みに重きを置いていることが推察される。そして，質問紙以外の取組みとして，自分のための取組みとして7項目，他者のための取組みとして4項目が得られた。調査2の結果からは，全体的な傾向は調査1と一致したが，「ムダ毛の手入れをいつもする」・「背筋を伸ばして歩く」なども上位となり，日々の努力や美への意識も取組みとして行われていることが示唆される。そして，質問紙以外および調査1で新たに得られた取組み以外のものとして，自分のための取組みが2項目，他者のための取組みが2項目，さらに得られた。これらの合計15項目（自分のための取組みは9項目，他者のための取組みは6項目）は，次節の尺度作成の際に質問項目の候補として組入れを検討することとする。

5節　容姿維持向上努力尺度（中年期女性用・女子青年用）の作成（研究4-4）

⑴ 目的

本節では，2節で示された，中年期女性が女性性―女らしく見られたいため―の観点から容姿を維持向上する努力に取組んではおらず，むしろ女性性自体から距離を置いているのではないかと推察された結果と，3節で示された，中年期女性が容姿を維持向上する努力に取組む心理的効果には，化粧行

動同様，自分のため（＝対自的効果）と他者のため（＝対他的効果）の双方が存在するという結果，さらに4節の中年期女性は主に自分自身のために容姿を維持向上する努力に向けての取組みを実施しているという結果を受けて，中年期女性の容姿を維持向上する努力の個人差の程度を測る尺度（以下，容姿維持向上努力尺度と記す）を作成する。その際，容姿の維持向上に向けた取組みが中年期女性と女子青年とで共通するのか，それとも違いがあるのかを確認することで，中年期女性用尺度の特徴を浮き立たせるために女子青年用尺度も同時に作成し，比較検討する。なお4節と同様に，容姿を維持向上する努力とは「化粧行動や肌・髪の手入れ，おしゃれを目的とする被服行動，ダイエットや体型維持を目的とする各種エクササイズや運動，これらを実行するための情報収集や意識なども含めた，美しくなるための取組み」と定義する。

　本調査では容姿維持向上努力尺度（中年期女性用）の作成にあたり，第3章で日本女性用中年期危機尺度を作成した際と同様，主観的中年期群とコア中年期群とではそれぞれ年齢範囲が異なるので，尺度の因子構造も異なる可能性が否定できないため，主観的中年期群とコア中年期群の両群で別々の因子分析を行い，その両尺度の因子構造を踏まえた上で最終的な尺度の検討を行う。同様に容姿維持向上努力尺度（女子青年用）の作成にあたっても，コア青年期群と主観的青年期群の両群を設定し別々に因子分析を行い，両尺度の因子構造を踏まえた上で最終的な尺度の検討を行う。

(2) 予備調査

目的

　予備調査の目的は，①容姿維持向上努力尺度の候補となる項目の確認，②母親世代と娘世代とで同一の尺度が適用可能かを検討すること，である。

方法

調査対象者　対象者D群（詳細については第1章7節を参照）。

168

　ただし，質問項目ごとに未回答のデータがあるため分析ごとの人数には多少の増減がある。

調査内容（フェイスシートを除く）

①容姿維持向上努力尺度の候補となる項目

　定義と第4節の研究4-3より得られた15項目（自分のための取組みは9，他者のための取組みは6）に基づき筆者が修正後，その結果を心理学を専門とする女性教員2名とその研究室に在籍する博士後期課程の女性大学院生と4名とともに再検討し，38項目を選定した。容姿を維持向上する努力についての対象者の普段の習慣を5件法（しない：1点，たまにする：2点，まあまあする：3点，頻繁にする：4点，欠かさない：5点）で回答を求めた（項目については Table 5-16を参照）。

分析方法　統計分析ソフト SPSS15.0による統計的分析を用いた。

結果と考察

容姿を維持向上する努力を測る各項目の平均点と世代間比較

　容姿維持向上努力尺度の候補となる各項目の平均点を算出し，世代による t 検定を実施した（Table 5-16）。娘世代が有意に高い項目が多く，世代ごとに尺度の因子構造が異なる可能性があるため，別々に因子分析を行う必要があると判断した。

容姿維持向上努力尺度（母親世代用）の作成

　母親世代のデータの容姿維持向上努力尺度の候補となる全38項目に対して，探索的に因子分析を実施した。まず共通性の初期値を1とし，主因子法により因子を抽出した結果，因子のスクリープロットと初期の固有値の差の変化のバランスより3因子解を妥当と判断した。次に主因子法・プロマックス回転による因子分析を実施した。共通性が.16未満であった3項目「気に入った下着をつける」・「ヘアカラーをする」・「整体に通う」と，因子負荷量が.35未満となった12項目「エステに定期的に通う」・「素肌の手入れをす

Table 5-16　容姿を維持向上する努力を測る項目の世代別平均値と t 検定結果

No.	質　問　項　目	母親世代 (n=78) 平均値 (SD)	娘世代 (n=101) 平均値 (SD)	t 値	平均値の 高い世代
1	服装に流行を取り入れる	2.60(.86)	2.83(1.02)	1.61	
2	メークをする	3.86(1.08)	3.69(1.22)	.95	
3	エステに定期的に通う	1.38(.81)	1.24(.76)	1.24	
4	気に入った下着をつける	2.62(1.15)	3.19(1.10)	3.38**	娘
5	ヘアスタイルに流行を取り入れる	2.13(1.12)	2.51(1.06)	2.36*	娘
6	基礎化粧品は良い物を使う	3.31(1.38)	3.01(1.28)	1.49	
7	ダイエット食品を使用する	1.54(.80)	1.78(1.04)	1.78	
8	ムダ毛の手入れをする	2.73(1.14)	3.78(.94)	6.76***	娘
9	ヒールのある靴を履く	2.22(1.03)	3.06(1.17)	5.02***	娘
10	高級クリーム/高級美容液を使用する	2.13(1.28)	1.86(1.05)	1.49	
11	体重増加に気をつける	3.21(1.24)	3.36(1.07)	.87	
12	背筋を伸ばして歩く	3.13(1.07)	2.80(1.07)	2.02*	母親
13	ヘアカラーをする	3.37(1.43)	3.10(1.48)	1.24	
14	素肌の手入れをする	3.37(1.19)	3.57(1.13)	1.17	
15	栄養補助食品（ビタミン剤など）を摂る	2.60(1.52)	2.44(1.42)	.76	
16	睡眠を十分にとる	3.23(1.10)	3.47(1.15)	1.37	
17	自分に似合う服装をする	3.53(.80)	3.85(.94)	2.45*	娘
18	自分に似合うメークをする	3.06(.92)	3.55(1.16)	3.16**	娘
19	体を動かす（散歩/ウォーキングも），スポーツをする	2.71(1.19)	2.72(1.10)	.10	
20	TV/ラジオ/新聞/雑誌から美しくなるための情報を収集する	2.69(1.01)	2.87(1.08)	1.13	
21	自分に似合うヘアスタイルをする	3.09(.96)	3.31(1.07)	1.43	
22	ジムでのエクササイズ，またはダンス系の稽古事をする	1.62(1.19)	1.38(.81)	1.53	
23	PC や携帯電話を用いて美しくなるための情報を検索する	1.47(.79)	2.48(1.23)	6.62***	娘
24	美しくなるための情報について友人と話をする	2.00(.77)	2.86(1.16)	5.95***	娘
25	ヨーグルトを食べる	2.86(1.26)	2.87(1.27)	.07	
26	夕食や夜食の量は朝食や昼食より少量にする	2.45(1.28)	2.16(1.12)	1.59	
27	マッサージを自分で行う	2.18(1.13)	2.62(1.19)	2.54*	娘
28	ストレスを溜めないようにする	3.00(.94)	2.97(1.11)	.19	
29	爪を装う（マニキュア/ペディキュア/カルジェルなど）	1.71(.87)	2.07(1.13)	2.35*	娘

30	自分の表情に気をつける	2.95(.94)	3.14(1.11)	1.24	
31	整体に通う	1.63(1.07)	1.43(.94)	1.34	
32	美容に良い食べ物を摂る	2.76(1.00)	2.50(1.09)	1.65	
33	入浴に時間をかける（半身浴など）	2.03(.97)	2.36(1.19)	2.05*	娘
34	メークの講習会や美容/化粧品に関するイベントに参加する	1.24(.61)	1.16(.54)	.99	
35	歯のクリーニングやホワイトニングをする	1.78(1.18)	1.57(.91)	1.29	
36	フレグランス（香水/コロンなど）を利用する	2 22(1.37)	2.71(1.36)	2.41*	娘
37	爪の手入れをする	1.88(.97)	2.32(1.10)	2.80**	娘
38	ヨガ/ピラティスなどをする	1.47(.89)	1.27(.55)	1.80	

***$p<.001$，**$p<.01$，*$p<.05$

る」・「TV/ラジオ/新聞/雑誌から美しくなるための情報を収集する」・「ジムでのエクササイズ，またはダンス系の稽古事をする」・「パソコンや携帯電話を用いて美しくなるための情報を検索する」・「ヨーグルトを食べる」・「爪を装う（マニキュア/ペディキュア/カルジェルなど）」・「入浴に時間をかける（半身浴など）」・「メークの講習会や美容/化粧品に関するイベントに参加する」・「歯のクリーニングやホワイトニングをする」・「爪の手入れをする」・ヨガ/ピラティスなどをする」を削除した結果，3因子23項目が抽出された（Table 5-17）。

　第Ⅰ因子は「服装に流行を取り入れる」・「メークをする」・「自分に似合うヘアスタイルをする」などの具体的な容姿の維持向上に向けての努力を表す10項目が抽出されていることから〈おしゃれ行動〉と命名した。第Ⅱ因子は「ストレスを溜めないようにする」・「体を動かす，スポーツをする」・「体重増加に気をつける」などの自らの身体や健康についての日常生活での配慮を加えた取組みが9項目抽出されていることから〈身体・健康への取組み〉と命名した。第Ⅲ因子は「ダイエット食品を使用する」・「高級クリーム/高級美容液を使用する」などの特別な努力を表す4項目が抽出されていることから〈美への追求〉と命名した。本尺度におけるα係数を算出したところ，Table 5-17に示した通り，.65〜.79の範囲となり，尺度内の内的整合性が示

第5章　中年期女性の容姿を維持向上する努力　171

された。

容姿維持向上努力尺度（娘世代用）の作成

　母親世代と同様の手順で，娘世代のデータの容姿維持向上努力尺度の候補

Table 5-17　容姿を維持向上する努力を測る尺度の因子分析結果（母親世代用）

No.	質　問　項　目	第Ⅰ因子	第Ⅱ因子	第Ⅲ因子	共通性
第Ⅰ因子：おしゃれ行動　α＝.79					
1	服装に流行を取り入れる	.63	− .21	.13	.42
5	ヘアスタイルに流行を取り入れる	.63	− .11	− .01	.37
9	ヒールのある靴を履く	.63	− .22	.08	.39
8	ムダ毛の手入れをする	.60	.03	− .07	.35
18	自分に似合うメークをする	.59	.12	.06	.45
2	メークをする	.59	.17	− .30	.34
17	自分に似合う服装をする	.51	.13	.03	.33
6	基礎化粧品は良い物を使う	.38	.24	.14	.35
21	自分に似合うヘアスタイルをする	.37	.24	.04	.28
36	フレグランス（香水/コロンなど）を利用する	.37	− .15	.32	.28
第Ⅱ因子：身体・健康への取組み　α＝.77					
12	背筋を伸ばして歩く	− .01	.59	− .14	.29
27	マッサージを自分で行う	− .21	.58	.15	.38
28	ストレスを溜めないようにする	.06	.53	− .30	.25
26	夕食/夜食の量は朝食/昼食より少量にする	− .17	.50	.28	.38
30	自分の表情に気をつける	.05	.50	− .01	.26
16	睡眠を十分にとる	.16	.49	− .21	.25
19	体を動かす，スポーツをする	− .10	.49	− .02	.21
11	体重増加に気をつける	.07	.45	.21	.36
32	美容に良い食べ物を摂る	.04	.45	.30	.43
第Ⅲ因子：美への追求　α＝.65					
15	栄養補助食品（ビタミン剤など）を摂る	− .15	− .03	.80	.55
7	ダイエット食品を使用する	.09	− .22	.59	.34
10	高級クリーム/高級美容液を使用する	.28	.07	.50	.50
24	美しくなるための情報について友人と話をする	.11	.23	.42	.38

	因子間相関	
	Ⅰ	Ⅱ
Ⅱ	.31	
Ⅲ	.41	.26

となる全38項目に対して，探索的に因子分析を実施した。その結果，共通性が.16未満であった2項目「素肌の手入れをする」・「歯のクリーニングやホワイトニングをする」と因子負荷量が.35未満となった11項目「エステに定期的に通う」・「気に入った下着をつける」・「ムダ毛の手入れをする」・「体重増加に気をつける」・「体を動かす（散歩/ウォーキングも），スポーツをする」・「TV/ラジオ/新聞/雑誌から美しくなるための情報を収集する」・「ジムでのエクササイズ，またはダンス系の稽古事をする」・「ストレスを溜めないようにする」・「整体に通う」・「メークの講習会や美容/化粧品に関するイベントに参加する」・「フレグランス（香水/コロンなど）を利用する」を削除した結果，5因子25項目が抽出された（Table 5-18）。

　第Ⅰ因子は「美容に良い食べ物を摂る」・「自分の表情に気をつける」・「入浴に時間をかける」などの日常生活での健康についての配慮を表す取組みが8項目抽出されていることから〈健康への配慮〉と命名した。第Ⅱ因子は「服装に流行を取り入れる」・「美の情報を友人と話す」・「ヘアカラーをする」などの具体的な努力を表す6項目が抽出されていることから〈おしゃれ行動と情報収集〉と命名した。第Ⅲ因子は「自分に似合う服装をする」・「自分に似合うメークをする」などのアイデンティティの主張を表す4項目が抽出されていることから〈個の主張〉と命名した。第Ⅳ因子は「栄養補助食品（ビタミン剤など）を摂る」・「高級クリーム/高級美容液を使用する」などの特別な努力を表す5項目が抽出されていることから〈美への追求〉と命名した。第Ⅴ因子は「爪を装う」・「爪の手入れをする」の爪への努力を表す2項目が抽出されていることから〈爪のおしゃれ〉と命名した。本尺度におけるα係数を算出したところ，Table 5-18に示した通り，.77〜.81の範囲となり，尺度内の内的整合性が示された。

　これらの結果から，第Ⅰ因子〈健康への配慮〉・第Ⅱ因子〈おしゃれ行動と情報収集〉・第Ⅲ因子〈個の主張〉・第Ⅳ因子〈美への追求〉については本尺度の因子として問題がないと考えられるが，第Ⅴ因子〈爪のおしゃれ〉に

第5章 中年期女性の容姿を維持向上する努力　173

Table 5-18　容姿を維持向上する努力を測る尺度の因子分析結果（娘世代用）

No.	質　問　項　目	第Ⅰ因子	第Ⅱ因子	第Ⅲ因子	第Ⅳ因子	第Ⅴ因子	共通性
第Ⅰ因子：健康への配慮　α＝.79							
32	美容に良い食べ物を摂る	.74	.11	－ .07	.08	.07	.68
26	夕食/夜食は朝食/昼食より少量にする	.69	.09	－ .10	－ .03	－ .08	.46
27	マッサージを自分で行う	.58	.02	－ .14	.14	.14	.44
30	自分の表情に気をつける	.57	－ .08	.22	－ .13	.14	.39
25	ヨーグルトを食べる	.57	.04	.00	－ .15	－ .13	.28
16	睡眠を十分にとる	.55	－ .21	.25	－ .14	－ .10	.33
12	背筋を伸ばして歩く	.46	－ .21	.09	.11	.26	.34
33	入浴に時間をかける	.42	.24	.02	－ .13	.04	.26
第Ⅱ因子：おしゃれ行動と情報収集　α＝.77							
1	服装に流行を取り入れる	－ .04	.75	.08	－ .05	－ .10	.54
5	ヘアスタイルに流行を取り入れる	.21	.74	.09	－ .17	－ .09	.60
24	美の情報を友人と話す	.07	.68	－ .09	.09	.01	.52
23	PC や携帯で美の情報を検索	.20	.55	－ .15	.22	.04	.56
9	ヒールのある靴を履く	－ .11	.38	.09	.14	.07	.24
13	ヘアカラーをする	－ .16	.38	.10	.05	.13	.22
第Ⅲ因子：個の主張　α＝.81							
17	自分に似合う服装をする	.13	－ .10	.83	.06	－ .11	.71
18	自分に似合うメークをする	－ .13	.23	.77	－ .02	.09	.77
21	自分に似合うヘアスタイルをする	.28	.05	.61	.14	－ .09	.65
2	メークをする	－ .24	.36	.45	－ .10	.21	.48
第Ⅳ因子：美への追求　α＝.81							
15	栄養補助食品（ビタミン剤など）を摂る	－ .01	.03	.03	.74	－ .01	.60
10	高級クリーム/高級美容液を使用する	－ .19	.00	.10	.72	－ .11	.43
7	ダイエット食品を使用する	.04	.10	－ .06	.65	－ .03	.48
38	ヨガ/ピラティスなどをする	－ .13	－ .10	.01	.39	.21	.18
6	基礎化粧品は良い物を使う	.18	－ .02	.31	.39	－ .04	.41
第Ⅴ因子：爪のおしゃれ　α＝.81							
29	爪を装う（マニキュア/カルジェルなど）	.00	.02	－ .05	－ .05	.82	.64
37	爪の手入れをする	.09	－ .02	.00	－ .01	.78	.62

	因子間相関			
	Ⅰ	Ⅱ	Ⅲ	Ⅳ
Ⅱ	.33			
Ⅲ	.29	.37		
Ⅳ	.47	.45	.27	
Ⅴ	.14	.29	.25	.29

ついては α 係数は.81と十分な値ではあるものの 2 項目であり，かつ，爪の
みに特化した項目のみで構成されていることから，本尺度の因子には採用せ
ず今後の分析にも使用しないこととした。その上で，〈爪のおしゃれ〉因子

の2項目を除いた23項目で4因子を想定した最終的な因子分析を実施した。結果を Table 5-19に示す。共通性が.16未満となった1項目「ヨガ/ピラティスなどをする」を削除した結果，第Ⅳ因子〈美への追求〉が4項目となり，4因子22項目の尺度となった。第Ⅰ因子から第Ⅲ因子までは，因子構造および項目内容は Table 5-18と一致した。これにより，2項目の因子がなくなりα係数も再算出の結果は.73～.81の範囲となり，尺度内の内的整合性が再確認された。

　以上より，2種類の容姿維持向上努力尺度は，母親世代，娘世代のおのおのの特徴を反映した因子構造となった。またヘアカラーやスキンケアといった取組み，テレビや雑誌などからの情報収集は，容姿を維持向上する努力の個人差を測るものではないことが示され，全ての化粧行動や情報収集が容姿維持向上努力尺度の質問項目としてふさわしいわけではないことがわかった。

予備調査のまとめ

　予備調査の結果より，容姿維持向上努力尺度は母親世代用，すなわち中年期女性用と，娘世代用，すなわち女子青年用とで別々に作成する必要性を確認した。

　そこで本調査では，予備調査にて暫定的に作成された尺度を用いて，両尺度の作成および信頼性・妥当性の検証が可能となるよう，より大規模な質問紙調査を実施する。さらに予備調査でのサンプルは，女子青年は大学生だけであり中年期女性もその多くが女子青年の母親であったため，年齢範囲およびライフスタイルの偏りが否めないと考えられる。したがって本調査の際は，現代日本女性のライフスタイルの多様性を考慮し，未婚者や子どものいない人を対象者に含めるようサンプルを検討する必要がある。

　一方，第2章で中年期の時期区分（＝年齢範囲）を検討し，第3章で日本女性用中年期危機尺度を作成した際に，分析対象者を主観的中年期群とし，さらにコア中年期群と主観的中年期群で別々に因子分析を実施したのと同様

第5章　中年期女性の容姿を維持向上する努力　　175

Table 5-19　容姿を維持向上する努力を測る尺度の因子分析結果最終版（娘世代用）

No.	質　問　項　目	第Ⅰ因子	第Ⅱ因子	第Ⅲ因子	第Ⅳ因子	共通性
第Ⅰ因子：健康への配慮　α＝.79						
32	美容に良い食べ物を摂る	.73	.12	− .07	.10	.68
26	夕食/夜食は朝食/昼食より少量にする	.69	.06	− .13	− .03	.45
30	自分の表情に気をつける	.57	− .05	.23	− .10	.38
25	ヨーグルトを食べる	.57	.01	− .03	− .16	.26
27	マッサージを自分で行う	.56	.04	− .12	.18	.42
16	睡眠を十分にとる	.56	− .24	.21	− .13	.32
33	入浴に時間をかける	.44	.28	.02	− .17	.28
12	背筋を伸ばして歩く	.43	− .16	.12	.16	.27
第Ⅱ因子：おしゃれ行動と情報収集　α＝.77						
1	服装に流行を取り入れる	− .03	.74	.07	− .09	.52
5	ヘアスタイルに流行を取り入れる	.21	.72	.07	− .18	.58
24	美の情報を友人と話す	.05	.67	− .07	.10	.52
23	PCや携帯で美の情報を検索	.17	.53	− .14	.27	.56
13	ヘアカラーをする	− .17	.40	.13	.07	.21
9	ヒールのある靴を履く	− .11	.40	.11	.13	.24
第Ⅲ因子：個の主張　α＝.81						
18	自分に似合うメークをする	.13	− .10	.83	.06	.79
17	自分に似合う服装をする	− .13	.23	.77	− .02	.68
21	自分に似合うヘアスタイルをする	.28	.05	.61	.14	.64
2	メークをする	− .24	.36	.45	− .10	.44
第Ⅳ因子：美への追求　α＝.73						
15	栄養補助食品（ビタミン剤など）を摂る	− .04	− .01	.03	.78	.58
7	ダイエット食品を使用する	.01	.05	− .06	.73	.54
10	高級クリーム/高級美容液を使用する	− .17	− .02	.08	.65	.36
6	基礎化粧品は良い物を使う	.21	.00	.29	.35	.38

	因子間相関		
	Ⅰ	Ⅱ	Ⅲ
Ⅱ	.35		
Ⅲ	.29	.35	
Ⅳ	.48	.47	.28

に，青年期の該当年齢範囲についても本調査で再検討の必要があると考えられる。

(3) 本調査

目的

　本調査の目的は，①容姿維持向上努力尺度を「中年期女性用」と「女子青年用」として別々に作成すること，②作成した2つの尺度の信頼性と妥当性を検討すること，③両尺度を比較検討し，中年期女性の容姿の維持向上努力の特徴を浮き彫りにすること，である。

　尺度の作成にあたっては，第3章で日本女性用中年期危機尺度を作成した際と同じく，コア中年期の年齢範囲（43歳～60歳）と，主観的中年期の年齢範囲とで因子構造が異なる可能性を排除できないため，コア中年期と主観的中年期群の両者で因子分析をした尺度を比較検討することにより作成する。

　同様に，女子青年についても世間一般的に考える青年期の時期区分（以下，コア青年期と記す）と，女子青年自身が主観的に考える時期区分（以下，主観的青年期と記す）とで因子構造が異なる可能性を排除できない。したがって，女子青年用尺度の作成の際には，コア青年期の年齢範囲に該当する対象者データと主観的青年期の年齢範囲に該当する対象者データの両者で因子分析をした尺度を比較検討することにより作成する。

方法

調査対象者　対象者E群（詳細については第1章7節を参照）。

　ただし，質問項目ごとに未回答のデータがあるため分析ごとの人数には多少の増減がある。

調査内容（フェイスシートを除く）

①現在自分が属する人生上の時期

　青年期/中年期/老年期うち，自分が該当すると感じる時期を1つ選択することを求めた（以下，主観的時期区分と記す）。その際，「年齢や世間一般の考えにかかわらず，ご自分の感覚で」と書き添えた。

②容姿維持向上努力尺度

　予備調査で得られた内容。「女子青年用」は娘世代用尺度の22項目，「中年

期女性用」は母親世代用尺度に該当する23項目，「全世代用」は娘世代用尺度と母親世代用尺度の両方を合わせ，重複した項目を整理した27項目である。回答方法は予備調査と同一で，容姿を維持向上する努力についての対象者の普段の習慣を5件法（しない：1点，たまにする：2点，まあまあする：3点，頻繁にする：4点，欠かさない：5点）で回答を求めた（項目については Table 5-21 を参照）。

③自意識尺度日本語版（self-consciousness scale 以下，自意識尺度と記す）

　菅原（1984）が作成した尺度で，容姿維持向上努力尺度の基準関連妥当性を検討するために実施した。本尺度は自分自身のどの側面にどの程度注意を向けやすいかという自意識特性を測定するものであり，本研究ではこの尺度を形式・評定法も含めそのまま使用した。自分の服装や言動など他者から直接観察できる「公的自意識」と，自分の内面や感情など他者から直接観察されない「私的自意識」の2因子21項目で構成され，7件法（全くあてはまらない：1点，あてはまらない：2点，ややあてはまらない：3点，どちらともいえない：4点，ややあてはまる：5点，あてはまる：6点，非常にあてはまる：7点）で回答を求めた。阿部（2002）は，質問紙調査により化粧行為（スキンケアおよびメーキャップ）と自意識（私的/公的）との関連性を実証している。したがって，メークを含む，美しくなるための取組みを測定する，本研究の容姿を維持向上する努力を測る尺度と自意識尺度は正の相関があると推測される。

④日本語版身体的自己知覚プロフィール（the Physical Self-Perception Profile-Japanese version 以下，PSPP-Jと記す）

　内田・橋本・藤永（2003）ならびに内田・橋本（2004）が作成した尺度で，容姿維持向上努力尺度の基準関連妥当性を検討するために実施した。本尺度は自尊感情の多面的・階層的な構造を有する下位領域のうちの，身体領域における自己知覚を測定する尺度であり，美しくなるための取組みを測定する容姿を維持向上する努力を測る尺度と正の相関があると推測される。「スポーツ有能感」・「体調管理」・「魅力的なからだ」・「身体的強さ」・「身体的自己

価値」の5因子で構成され，本研究では，その中で「魅力的なからだ」・「身体的自己価値」因子の計8項目を使用した。回答は，「全くそうでない」—「かなりそうである」を選択する4件法である。本研究では，（全くそうでない：1点，あまりそうでない：2点，ややそうである：3点，かなりそうである：4点）で回答を求めた。

結果と考察

1）主観的時期区分の検討

　対象者の年齢別の主観的時期区分への回答者数（比率）を示した（Table 5-20）。主観的時期区分の回答者数を見ると，主観的青年期群は17歳〜48歳（288名，平均年齢21.21歳（標準偏差4.60歳）），主観的中年期群は32歳〜67歳（516名，平均年齢48.21歳（標準偏差6.09歳））と，両群ともそれぞれ非常に年齢幅が広かった。主観的老年期群も，47歳〜78歳（37名，平均年齢59.22歳（標準偏差6.59歳））と広範囲となった。本研究では，これらの年齢幅をそれぞれ主観的青年期，主観的中年期，主観的老年期と呼ぶ。年代別に回答傾向を見ると，10歳代と20歳代では全員が自分を青年だと回答し，30歳代でも33.87％，そして1.09％と少ないながらも40歳代でも自分を青年と捉えていた。一方，30歳代の66.13％，40歳代の98.18％，50歳代の90.43％，そして60歳代の57.14％が自分を中年だと回答し，さらに，40歳代の.73％，50歳代の9.57％，60歳代の42.86％，70歳代の全員が自分を老年だと回答していた。これらを詳細に見ていくと，30歳代半ばに青年期と中年期の人数に逆転が起こり，40歳代ではほとんどの人が中年と捉え，50歳代では中年と考える人が圧倒的に多いものの，半ばあたりから老年と思う人が増え始めていることがわかった。そして60歳代では，前半までは中年と回答する傾向が高かったが，それ以降は老年期と考えていた。上記検討結果から，主観的時期区分は青年期・中年期・老年期それぞれ非常に幅広く，かつ，それぞれの主観的時期区分の年齢には大きく重なりがあり，同じ年齢にあっても人によって自分が人生上のどこの時期にあるかの捉え方が異なることが示唆される。

第 5 章 中年期女性の容姿を維持向上する努力　179

Table 5-20　年齢別の主観的時期区分回答者数（比率）

年齢		主観的時期区分			合計
		青年期	中年期	老年期	
10歳代	17歳	1	0	0	1
	18歳	68	0	0	68
	19歳	65	0	0	65
10歳代小計		134(100%)	0(0%)	0(0%)	134(100%)
	20歳	59	0	0	59
	21歳	31	0	0	31
	22歳	11	0	0	11
	23歳	2	0	0	2
	24歳	6	0	0	6
	25歳	2	0	0	2
	26歳	12	0	0	12
	27歳	1	0	0	1
	28歳	2	0	0	2
	29歳	4	0	0	4
20歳代小計		130(100%)	0(0%)	0(0%)	130(100%)
	30歳	7	0	0	7
	31歳	3	0	0	3
	32歳	4	3	0	7
	33歳	2	1	0	3
	34歳	0	4	0	4
	35歳	2	6	0	8
	36歳	1	6	0	7
	37歳	1	4	0	5
	38歳	1	10	0	11
	39歳	0	7	0	7
30歳代小計		21(33.87%)	41(66.13%)	0(0%)	62(100%)
	40歳	1	10	0	11
	41歳	0	12	0	12
	42歳	1	14	0	15
	43歳	0	20	0	20
	44歳	0	22	0	22
	45歳	0	49	0	49
	46歳	0	52	0	52
	47歳	0	29	1	30
	48歳	1	23	0	24
	49歳	0	39	1	40

40歳代小計		3(1.09%)	270(98.18%)	2(.73%)	275(100%)
	50歳	0	27	0	27
	51歳	0	23	0	23
	52歳	0	29	1	30
	53歳	0	19	5	24
	54歳	0	18	1	19
	55歳	0	33	2	35
	56歳	0	18	2	20
	57歳	0	5	3	8
	58歳	0	10	2	12
	59歳	0	7	4	11
50歳代小計		0(0%)	189(90.43%)	20(9.57%)	209(100%)
	60歳	0	5	2	7
	61歳	0	3	1	4
	62歳	0	4	3	7
	63歳	0	1	1	2
	64歳	0	0	2	2
	65歳	0	1	2	3
	66歳	0	1	1	2
	67歳	0	1	0	1
60歳代小計		0(0%)	16(57.14%)	12(42.86%)	28(100%)
	73歳	0	0	1	1
	74歳	0	0	1	1
	78歳	0	0	1	1
70歳代小計		0(0%)	0(0%)	3(100%)	3(100%)

　第2章の研究1と第3章の研究2-3で検討した通り，本書では中年期に関しては43歳〜60歳を，中年期女性が世の中一般的に考える中年期の年齢範囲としてコア中年期群を設定し，一方本人が「中年期」を選択した対象者を主観的中年期群として分析を実施した。したがって本研究では，青年期に関しても中年期と同様にコア青年期を設定する必要がある。

　元々青年期については，従来の心理学や医学では多少のズレはあっても大体共通の年齢枠が考えられており，13-14歳くらい〜22-23歳くらいを青年と呼ぶのが普通（笠原，1977），または思春期に始まり心理社会的な自立を遂げる，つまり学校生活を終えて職業につき経済的に自立するまで（福島，1992）

とされていた。しかし，心理社会的自立を発達課題の達成とした場合の，プレ青年期（10-11歳くらい）～ポスト青年期（22-30歳くらい）までという長い年齢幅で青年期を捉える考え方（Blos, 1962）もある。さらに，1970年代のオイルショック以降今日まで，社会状況の変化を受けて青年期の延長・長期化も指摘されている（福島，1992；笠原，1976, 1977；山田，1999）。そこで本研究では，先述の主観的中年期と同様の手法を用い，本人が「青年期」を選択した対象者を主観的青年期群として分析を実施する。

　本研究で10歳代と20歳代は全員自分を青年期にあると回答したが，先述のとおり一般的な青年期の終わりを自立と考えた場合，経済的自立年齢を4年制大学生活の終了年齢である22歳と考えることは妥当であろう。したがって，主観的青年期群のうち10歳代～22歳までの対象者を，上記コア中年期群に対してコア（核）青年期群（235名，平均年齢19.36歳（標準偏差1.18歳））とする。

　なお（1）で述べた通り，本研究では中年期女性用尺度を作成する際は，コア中年期群と主観的中年期群で別々の因子分析を行い，その因子構造を踏まえて最終的な尺度の作成を行う。同様に女子青年用尺度を作成する際は，コア青年期群と主観的青年期群で別々の因子分析を行い，その因子構造を踏まえて最終的な尺度の作成を行う。

2）容姿維持向上努力尺度（中年期女性用）の作成
コア中年期群を対象とした容姿維持向上努力尺度の因子分析

　容姿維持向上努力尺度（中年期女性用）23項目について天井効果と床効果を確認した（Table 5-21-A欄）。その結果，「メークをする」のみに天井効果が，「ダイエット食品を使用する」・「高級クリーム/高級美容液を使用する」・「フレグランス（香水/コロンなど）を利用する」に床効果が見られた。項目平均値から標準偏差を減じた値が.63の「ダイエット食品を使用する」のみ削除し，残りは因子分析の対象に含めることとした。

　次に，容姿維持向上努力尺度（中年期女性用）22項目に対して探索的に因

182

Table 5-21　容姿維持向上努力尺度の各項目平均値と *SD*

		中年期女性用				女子青年用			
		A欄		B欄		C欄		D欄	
		コア中年期群 （n=428）		主観的中年期群 （n=516）		コア青年期群 （n=235）		主観的青年期群 （n=288）	
No.	質　問　項　目	平均値	SD	平均値	SD	平均値	SD	平均値	SD
1	服装に流行を取り入れる	2.59	.89	2.63	.92	2.84	.94	2.85	.93
2	背筋を伸ばして歩く	3.27	1.08	3.26	1.06	2.75	1.09	2.77	1.05
3	ヘアスタイルに流行を取り入れる	2.15	1.04	2.21	1.05	2.18	1.03	2.20	1.02
4	マッサージを自分で行う	2.36	1.14	2.42	1.14	2.44	1.14	2.50	1.15
5	栄養補助食品（ビタミン剤など）を摂る	2.61	1.48	2.66	1.50	2.00	1.17	2.13	1.24
6	ヒールのある靴を履く	2.36	1.23	2.46	1.26	2.99	1.26	3.02	1.23
7	ストレスを溜めないようにする	3.14	.98	3.16	1.01	＝	＝	＝	＝
8	ムダ毛の手入れをする	3.06	1.13	3.13	1.14	＝	＝	＝	＝
9	メークをする	4.06	1.14	4.10	1.11	3.74	1.26	3.84	1.23
10	ダイエット食品を使用する	1.53	.90	1.51	.89	1.57	.93	1.55	.92
11	自分に似合うメークをする	3.19	1.23	3.23	1.21	3.02	1.17	3.10	1.16
12	自分の表情に気をつける	3.17	1.00	3.22	1.02	2.99	1.15	3.11	1.15
13	夕食や夜食の量は朝食や昼食よりも少量にする	2.27	1.27	2.29	1.27	2.19	1.12	2.18	1.13
14	睡眠を十分にとる	3.04	1.15	3.08	1.16	2.99	1.03	3.06	1.04
15	高級クリーム/高級美容液を使用する	2.10	1.28	2.17	1.31	1.53	.88	1.65	1.01
16	自分に似合う服装をする	3.60	1.02	3.64	1.00	3.70	.87	3.74	.86
17	体を動かす（散歩/ウォーキングも），スポーツをする	2.80	1.26	2.79	1.27	＝	＝	＝	＝
18	基礎化粧品は良い物を使う	3.21	1.32	3.27	1.32	2.73	1.23	2.83	1.24
19	体重の増加に気をつける	3.26	1.17	3.27	1.18	＝	＝	＝	＝
20	美しくなるための情報について友人と話をする	2.36	1.07	2.42	1.09	2.66	1.05	2.70	1.09
21	自分に似合うヘアスタイルをする	3.29	1.13	3.32	1.12	3.14	1.09	3.21	1.08
22	美容に良い食べ物を摂る	2.84	1.11	2.83	1.12	2.48	.94	2.56	.97
23	フレグランス（香水/コロンなど）を利用する	2.05	1.26	2.13	1.32	＝	＝	＝	＝
24	ヨーグルトを食べる	—	—	—	—	2.85	1.24	2.84	1.22

No.	質　　問　　項　　目								
25	パソコンや携帯電話を用いて美しくなるための情報を検索する	—	—	—	—	2.60	1.21	2.55	1.19
26	ヘアカラーをする	—	—	—	—	2.99	1.53	3.08	1.55
27	入浴に時間をかける（半身浴など）	—	—	—	—	2.23	1.20	2.21	1.18

＿＿は天井効果が見られた項目，＿＿は床効果が見られた項目
― は中年期女性用尺度には含まれない，　＝ は女子青年用尺度には含まれない

Table 5-22　コア中年期群を対象とした容姿維持向上努力尺度の因子分析結果（主因子法，プロマックス回転）（n＝428）

No.	質　　問　　項　　目	第Ⅰ因子	第Ⅱ因子	共通性
第Ⅰ因子：おしゃれ行動　α＝.85				
11	自分に似合うメークをする	.88	− .14	.65
9	メークをする	.75	− .21	.42
16	自分に似合う服装をする	.68	.06	.51
21	自分に似合うヘアスタイルをする	.64	.08	.48
1	服装に流行を取り入れる	.58	.00	.34
3	ヘアスタイルに流行を取り入れる	.53	.08	.34
6	ヒールのある靴を履く	.51	.06	.30
15	高級クリーム/高級美容液を使用する	.46	.02	.22
8	ムダ毛の手入れをする	.42	.08	.23
18	基礎化粧品は良い物を使う	.40	.20	.30
23	フレグランス（香水/コロンなど）を利用する	.39	.09	.20
第Ⅱ因子：身体・健康への取組み　α＝.68				
17	体を動かす（散歩/ウォーキングも），スポーツをする	− .05	.58	.30
19	体重の増加に気をつける	.00	.55	.30
13	夕食や夜食の量は朝食や昼食よりも少量にする	− .13	.53	.22
4	マッサージを自分で行う	.12	.42	.25
22	美容に良い食べ物を摂る	.29	.41	.40
2	背筋を伸ばして歩く	.12	.36	.19

		因子間相関	
		Ⅰ	Ⅱ
	Ⅰ	—	.61

子分析を実施した。まず共通性の初期値を1とし，主因子法により因子を抽出した結果，因子のスクリープロットと初期の固有値の差の変化のバランスより2因子解を妥当と判断した。次に主因子法・プロマックス回転による因子分析を実施した。共通性が.16未満であった2項目「栄養補助食品（ビタミン剤など）を摂る」・「睡眠を十分にとる」と，因子負荷量が.35未満となった3項目「ストレスを溜めないようにする」・「自分の表情に気をつける」・「美しくなるための情報について友人と話す」を削除した結果，2因子17項目が抽出された（Table 5-22）。

第Ⅰ因子は，「自分に似合うメークをする」・「自分に似合う服装をする」・「ヒールのある靴を履く」など，具体的な容姿の維持向上に向けた努力の内容を表す11項目が抽出されており，予備調査の〈おしゃれ行動〉因子10項目に「高級クリーム/高級美容液を使用する」が追加されていたので，そのまま〈おしゃれ行動〉と命名した。第Ⅱ因子は，「体を動かす（散歩/ウォーキングも），スポーツをする」・「体重の増加に気をつける」・「マッサージを自分で行う」など，自らの身体や健康についての日常生活での配慮を加えた取組みの6項目が抽出されており，予備調査の〈身体・健康への取組み〉因子の中の6項目から構成されていたので，第Ⅰ因子同様，そのまま〈身体・健康への取組み〉と命名した。なお，予備調査で抽出された〈美への追及〉因子は抽出されなかった。

本尺度における α 係数を算出したところ，Table 5-22に示した通り，.85および.68となった。この結果から，尺度内の内的整合性が確認された。

主観的中年期群を対象とした容姿維持向上努力尺度の因子分析

確認のために，主観的中年期群516名を対象として因子分析を実施した。

まず，天井効果と床効果を確認した（Table 5-21-B欄）。その結果，今回も「メークをする」のみに天井効果が，「ダイエット食品を使用する」・「高級クリーム/高級美容液を使用する」・「フレグランス（香水/コロンなど）を利用す

る」に床効果が見られた。項目平均値から標準偏差を減じた値が.62の「ダイエット食品を使用する」のみ削除し，残りは因子分析の対象に含めることとした。

　次に，因子分析を実施した。2因子解を妥当と判断し，主因子法・プロマックス回転による因子分析を実施した。再び共通性が.16未満であった2項目「栄養補助食品（ビタミン剤など）を摂る」・「睡眠を十分にとる」と因子負荷量が両因子に.35以上となった「美しくなるための情報について友人と話す」を削除した結果，2因子19項目が抽出された（Table 5-23）。

　第Ⅰ因子は，コア中年期群での分析で得られた第Ⅰ因子〈おしゃれ行動〉と同一の11項目で構成されていた。第Ⅱ因子は，コア中年期群での分析で得られた第Ⅱ因子〈身体・健康への取組み〉の6項目に，予備調査の〈身体・健康への取組み〉因子の「自分の表情に気をつける」・「ストレスを溜めないようにする」の2項目が追加されていた。このように，コア中年期群での因子分析結果と主観的中年期群での因子分析結果は，同じ因子構造であることが確認された。

　本尺度におけるα係数を算出した結果，Table 5-23に示した通り，.85および.73となり，尺度内の内的整合性が確認できた。コア中年期群の結果と比較すると，〈おしゃれ行動〉因子のα係数は同一であった。〈身体・健康への取組み〉因子のα係数が上がったのは，項目数が増えたことによると考えられる。

　以上を踏まえ，自分を中年期にあると感じる32歳〜67歳の対象者と，その中で中年期女性達が自他ともに中年期の年齢幅と捉える43歳〜60歳の対象者は，容姿を維持向上する努力について，同じ心性をもっていると推測される。そこで，以下では，コア中年期群を対象として作成した尺度を容姿維持向上努力尺度（中年期女性用）として採用する。

Table 5-23　主観的中年期群を対象とした容姿維持向上努力尺度の因子分析結果
（主因子法，プロマックス回転）（n＝516）

No.	質　問　項　目	第Ⅰ因子	第Ⅱ因子	共通性
第Ⅰ因子：おしゃれ行動　α＝.85				
11	自分に似合うメークをする	.84	－ .10	.61
9	メークをする	.73	－ .21	.38
1	服装に流行を取り入れる	.60	－ .01	.36
21	自分に似合うヘアスタイルをする	.59	.15	.48
16	自分に似合う服装をする	.59	.18	.51
3	ヘアスタイルに流行を取り入れる	.58	.05	.37
6	ヒールのある靴を履く	.57	－ .02	.31
15	高級クリーム/高級美容液を使用する	.51	－ .05	.23
23	フレグランス（香水/コロンなど）を利用する	.48	－ .02	.22
8	ムダ毛の手入れをする	.48	.06	.26
18	基礎化粧品は良い物を使う	.43	.14	.28
第Ⅱ因子：身体・健康への取組み　α＝.73				
17	体を動かす（散歩/ウォーキングも），スポーツをする	－ .19	.69	.34
19	体重の増加に気をつける	.01	.53	.28
2	背筋を伸ばして歩く	.03	.48	.25
13	夕食や夜食の量は朝食や昼食よりも少量にする	－ .11	.48	.18
22	美容に良い食べ物を摂る	.24	.41	.36
4	マッサージを自分で行う	.11	.41	.24
12	自分の表情に気をつける	.29	.39	.38
7	ストレスを溜めないようにする	.05	.36	.16

	因子間相関	
	Ⅰ	Ⅱ
Ⅰ	－	.66

コア中年期群を対象として作成した容姿維持向上努力尺度を主観的中年期群に適用した場合の尺度内の内的整合性の確認

　改めて，主観的中年期群を対象に，容姿維持向上努力尺度の α 係数を算出した（Table 5-24）。その結果，.85および.68となり尺度内での内的整合性が確認された。

第5章　中年期女性の容姿を維持向上する努力　187

Table 5-24　コア中年期群を対象として作成した容姿維持向上努力尺度を
主観的中年期群に適用した場合のα係数，尺度得点，*SD*，
下位尺度間の相関関係（n＝516）

		α係数	尺度得点	*SD*		II 身体・健康へ の取組み
I	おしゃれ行動	.85	2.94	.74	相関係数	.52***
					n	514
II	身体・健康への取組み	.68	2.81	.73		—

***p＜.001

尺度得点と下位尺度間の関連

　本尺度の各因子の項目得点の合計点を項目数で除した値を，下位尺度得点として算出した。さらに，下位尺度間の関連を検討するため，相関係数を算出した（Table 5-24）。

　尺度得点は，全て尺度上の3点（まあまあする）近くに該当しており，今回の主観的中年期群は容姿維持向上努力をまあまあ実施していると感じているようである。

　下位尺度間の関連では，中程度の有意な正の相関が認められ，本尺度は全体的に比較的同質な容姿を維持向上する努力を測っていることが示された。

容姿維持向上努力尺度（中年期女性用）の信頼性の検討

　本尺度について I-T 相関係数を算出し，項目尺度全体間の相関（各項目得点とその項目以外の16項目の合計得点との相関。以下，I-T 相関（全体））と項目下位尺度間の相関（各項目得点とその項目以外の下位尺度合計得点との相関。以下，I-T 相関（下位））を確認した（Table 5-25）。その結果，I-T 相関（全体）が *r* ＝ .28〜.64となり全て正の相関が見られたことから，本尺度の17項目全体は中年期女性用の容姿維持向上努力尺度としてある程度まとまりがあると考えられる。また I-T 相関（下位）は，〈おしゃれ行動〉で *r* ＝ .44〜.68，〈身体・健康への取組み〉で *r* ＝ .35〜.46となり，いずれも正の相関が見られた。

Table 5-25　コア中年期群を対象として作成した容姿維持向上努力尺度を
主観的中年期群に適用した場合の I-T 相関（n＝516）

		I-T 相関 下位	I-T 相関 全体
第Ⅰ因子：おしゃれ行動（α＝.85）			
11	自分に似合うメークをする	.68	.64
9	メークをする	.54	.48
16	自分に似合う服装をする	.62	.63
21	自分に似合うヘアスタイルをする	.62	.62
1	服装に流行を取り入れる	.55	.53
3	ヘアスタイルに流行を取り入れる	.55	.55
6	ヒールのある靴を履く	.52	.50
15	高級クリーム/高級美容液を使用する	.47	.43
8	ムダ毛の手入れをする	.47	.47
18	基礎化粧品は良い物を使う	.49	.51
23	フレグランス（香水/コロンなど）を利用する	.44	.43
第Ⅱ因子：身体・健康への取組み（α＝.68）			
17	体を動かす（散歩/ウォーキングも），スポーツをする	.44	.34
19	体重の増加に気をつける	.46	.42
13	夕食や夜食の量は朝食や昼食よりも少量にする	.36	.28
4	マッサージを自分で行う	.38	.42
22	美容に良い食べ物を摂る	.46	.54
2	背筋を伸ばして歩く	.35	.38

このことから，本尺度の各下位尺度はそれぞれある程度まとまりがあると考えられる。

　先に実施したα係数の算出より尺度内での内的整合性が確認されたことも考え合わせると，本尺度は一定の信頼性をもつ尺度であると確認された。

容姿維持向上努力尺度（中年期女性用）の妥当性の検討

　本尺度の基準関連妥当性を検討するために，容姿維持向上努力尺度（中年期女性用）各下位尺度得点と自意識尺度および日本語版身体的自己知覚プロフィール（PSPP-J）の各下位尺度得点とで，相関係数を算出した

第5章　中年期女性の容姿を維持向上する努力　189

(Table 5-26)。その結果，容姿維持向上努力尺度（中年期女性用）は，自意識尺度および PSPP-J とそれぞれ全て弱い有意な正の相関が認められた。これらの結果より，本尺度の基準関連妥当性が確認された。

　以上の結果より，本尺度は一定の妥当性をもつ尺度であることが確認された。

3）容姿維持向上努力尺度（女子青年用）の作成
コア青年期群を対象とした容姿維持向上努力尺度の因子分析

　容姿維持向上努力尺度（女子青年用）22項目について天井効果と床効果を確認した（Table 5-21-C欄）。その結果，「メークをする」のみに天井効果が，「栄養補助食品（ビタミン剤など）を摂る」・「ダイエット食品を使用する」・「高級クリーム/高級美容液を使用する」に床効果が見られた。項目平均値から標準偏差を減じた値が.64の「ダイエット食品を使用する」，.65の「高級クリーム/高級美容液を使用する」の2項目を削除し，残りは因子分析の対象に含めることとした。

Table 5-26　コア中年期群を対象として作成した容姿維持向上努力尺度を主観的中年期群に適用した場合の自意識尺度および PSPP-J との相関関係（n=516）

			容姿維持向上努力尺度	
			Ⅰおしゃれ行動	Ⅱ身体・健康への取組み
自意識尺度	公的自意識	相関係数	.27***	.10*
		n	514	512
	私的自意識	相関係数	.16***	.23***
		n	511	509
PSPP-J	魅力的なからだ	相関係数	.31***	.30***
		n	516	514
	身体的自己価値	相関係数	.11*	.22***
		n	514	512

***$p<.001$，*$p<.05$

次に，容姿維持向上努力尺度（女子青年用）20項目に対して探索的に因子分析を実施した。まず共通性の初期値を1とし，主因子法により因子を抽出した結果，因子のスクリープロットと初期の固有値の差の変化のバランスより3因子解を妥当と判断した。次に主因子法・プロマックス回転による因子分析を実施した。共通性が.16未満であった2項目「夕食や夜食の量は朝食や昼食よりも少量にする」・「睡眠を十分にとる」と，因子負荷量が.35未満となった2項目「栄養補助食品（ビタミン剤など）を摂る」・「ヨーグルトを食べる」と，複数の因子に.35以上の負荷量を示した3項目「背筋を伸ばして歩く」・「自分に似合うメークをする」・「美しくなるための情報について友人と話をする」を削除した結果，3因子13項目が抽出された（Table 5-27）。

第Ⅰ因子は，具体的な容姿の維持向上に向けた努力の内容を表す5項目が抽出されており，〈おしゃれ行動〉と命名した。予備調査の〈おしゃれ行動と情報収集〉因子のうち，「服装に流行を取り入れる」・「ヘアスタイルに流行を取り入れる」・「ヒールのある靴を履く」・「ヘアカラーをする」の4項目に〈個の主張〉因子の「メークをする」が追加されていた。第Ⅱ因子は，容姿の維持向上のための美に配慮した日々の行動を表す5項目が抽出されており，〈美への配慮〉と命名した。予備調査の〈健康への配慮〉因子のうち，「マッサージを自分で行う」・「入浴に時間をかける（半身浴など）」・「美容に良い食べ物を摂る」の3項目に，〈美への追求〉因子の「基礎化粧品は良い物を使う」と〈おしゃれ行動と情報収集〉因子の「パソコンや携帯電話を用いて美しくなるための情報を検索する」が追加されており，美のためのスペシャルケアとまではいかないものの，健康という視点からより美を意識した視点の取組みを表す項目で構成されていた。第Ⅲ因子は，自分らしく美しくなるための容姿の維持向上に向けた努力を表す3項目が抽出されており，〈個の主張〉と命名した。予備調査の〈個の主張〉因子のうち，「自分に似合う服装をする」・「自分に似合うヘアスタイルをする」の2項目に，〈健康への配慮〉因子の「自分の表情に気をつける」が追加されていた。なお，予備

第5章 中年期女性の容姿を維持向上する努力　191

Table 5-27　コア青年期を対象とした容姿維持向上努力尺度の
因子分析結果（主因子法，プロマックス回転）
（n＝235）

No.	質　問　項　目	第Ⅰ因子	第Ⅱ因子	第Ⅲ因子	共通性
第Ⅰ因子：おしゃれ行動　α＝.73					
9	メークをする	.70	－ .07	.07	.50
26	ヘアカラーをする	.70	－ .05	－ .14	.37
3	ヘアスタイルに流行を取り入れる	.57	.10	－ .01	.39
1	服装に流行を取り入れる	.56	.12	.06	.44
6	ヒールのある靴を履く	.35	.06	.17	.24
第Ⅱ因子：美への配慮　α＝.72					
4	マッサージを自分で行う	－ .09	.84	－ .18	.53
27	入浴に時間をかける（半身浴など）	.10	.54	－ .02	.34
22	美容に良い食べ物を摂る	.08	.48	.11	.33
25	パソコンや携帯電話を用いて美しくなるための情報を検索する	.20	.45	－ .01	.34
18	基礎化粧品は良い物を使う	.07	.43	.19	.35
第Ⅲ因子：個の主張　α＝.57					
16	自分に似合う服装をする	－ .03	－ .12	.81	.56
21	自分に似合うヘアスタイルをする	.11	－ .04	.67	.53
12	自分の表情に気をつける	－ .21	.32	.44	.35

	因子間相関	
	Ⅰ	Ⅱ
Ⅱ	.54	—
Ⅲ	.53	.49

調査で抽出された〈美への追求〉因子は今回抽出されなかった。

　本尺度におけるα係数を算出したところ，Table 5-27に示した通り，.67
～.73となり，尺度内の内的整合性が示された。

主観的青年期群を対象とした容姿維持向上努力尺度の因子分析

　確認のために，主観的青年期群288名を対象として，因子分析を実施した。

　天井効果と床効果を確認した（Table 5-21-D欄）。その結果，今回も「メー
クをする」のみに天井効果が，「栄養補助食品（ビタミン剤など）を摂る」・

「ダイエット食品を使用する」・「高級クリーム/高級美容液を使用する」に床効果が見られた。項目平均値から標準偏差を減じた値が.63の「ダイエット食品を使用する」，.64の「高級クリーム/高級美容液を使用する」の2項目を削除し，残りは因子分析の対象に含めることとした。

　次に，探索的に因子分析を実施した。3因子解を妥当と判断し，主因子法・プロマックス回転による因子分析を実施した。再び共通性が.16未満であった2項目「夕食や夜食の量は朝食や昼食よりも少量にする」・「睡眠を十分にとる」と，因子負荷量が.35未満となった項目「栄養補助食品（ビタミン剤など）を摂る」と，複数の因子に対して因子負荷量が.35以上となった2項目「自分に似合うメークをする」・「美しくなるための情報について友人と話す」を削除した結果，3因子15項目が抽出された（Table 5-28）。

　第Ⅰ因子は，コア青年期群での分析で得られた第Ⅰ因子〈おしゃれ行動〉と同一の5項目で構成されていた。第Ⅱ因子は，コア青年期群での分析で得られた第Ⅱ因子〈美への配慮〉の5項目に，予備調査の〈健康への配慮〉因子の「ヨーグルトを食べる」が追加されていた。第Ⅲ因子は，コア中年期群での分析で得られた第Ⅲ因子〈個の主張〉の3項目に，予備調査の〈健康への配慮〉因子の「背筋を伸ばして歩く」が追加されていた。このように，コア青年期での因子分析結果と主観的青年期群での因子分析結果は，同じ因子構造であることが確認された。

　本尺度におけるα係数を算出した結果，Table 5-28に示した通り，.72〜.73となり，尺度内の内的整合性が確認できた。コア青年期群の結果と比較すると，〈おしゃれ行動〉因子のα係数が下がったのは，分析対象者の人数が増え年齢幅が広がったために，対象者のライフスタイルがより多様化したことが影響していると考えられる。〈美への配慮〉因子のα係数は同一であった。〈個の主張〉因子のα係数が上がったのは，項目数が増えたことによると考えられる。

　以上を踏まえ，自分を青年期にあると感じる17歳〜48歳の対象者と，従来

第5章　中年期女性の容姿を維持向上する努力　193

Table 5-28　主観的青年期を対象とした容姿維持向上努力尺度の
因子分析結果（主因子法，プロマックス回転）
（n＝288）

No.	質　問　項　目	第Ⅰ因子	第Ⅱ因子	第Ⅲ因子	共通性
第Ⅰ因子：おしゃれ行動　α＝.72					
1	服装に流行を取り入れる	.66	.03	.01	.46
9	メークをする	.66	－ .04	.06	.45
3	ヘアスタイルに流行を取り入れる	.64	.03	－ .03	.42
26	ヘアカラーをする	.57	.07	－ .10	.31
6	ヒールのある靴を履く	.38	.07	.12	.24
第Ⅱ因子：美への配慮　α＝.72					
4	マッサージを自分で行う	－ .08	.80	－ .08	.54
27	入浴に時間をかける（半身浴など）	.06	.53	－ .01	.31
22	美容に良い食べ物を摂る	.08	.45	.16	.35
24	ヨーグルトを食べる	.08	.43	－ .11	.18
18	基礎化粧品は良い物を使う	.08	.40	.21	.35
25	パソコンや携帯電話を用いて美しくなるための情報を検索する	.26	.40	－ .01	.31
第Ⅲ因子：個の主張　α＝.73					
16	自分に似合う服装をする	.03	－ .17	.80	.53
21	自分に似合うヘアスタイルをする	.14	－ .12	.73	.55
12	自分の表情に気をつける	－ .14	.26	.52	.39
2	背筋を伸ばして歩く	－ .14	.29	.45	.34

	因子間相関	
	Ⅰ	Ⅱ
Ⅱ	.46	—
Ⅲ	.49	.54

　考えられてきた「青年期＝自立まで」とういう観点から10歳代～4年制大学
を卒業する年齢の22歳に該当する17歳～22歳の対象者は，容姿を維持向上す
る努力について同じ心性をもっていると推測される。そこで，以下では，コ
ア青年期群を対象として作成した尺度を容姿維持向上努力尺度（女子青年用）
として採用する。

コア青年期を対象として作成した容姿維持向上努力尺度を主観的青年期群に適用した場合の尺度内の内的整合性の確認

改めて，主観的青年期群を対象に，容姿維持向上努力尺度の α 係数を算出した（Table 5-29）。その結果，.69～.72となり尺度内での内的整合性が確認された。

尺度得点と下位尺度間の関連

本尺度の各因子の項目得点の合計点を項目数で除した値を下位尺度得点として算出した。さらに，下位尺度間の関連を検討するため，相関係数を算出した（Table 5-29）。

尺度得点は，尺度上の2.5点（たまにするとまあまあするの間）～3.5点（まあまあすると頻繁にする）付近に該当しており，最も低かったのは〈美への配慮〉尺度得点で2.53点，最も高かったのは〈個の主張〉因子得点で3.35点となった。今回の主観的青年期群は，自分らしく美しくなるための容姿の維持向上に向けた努力をより頻繁に実施していることが示された。

下位尺度間の関連では，それぞれ全て中程度の有意な正の相関が認められ，本尺度は全体的に比較的同質な容姿維持向上努力であることが示された。

Table 5-29　コア青年期群を対象として作成した容姿維持向上努力尺度を主観的青年期群に適用した場合の α 係数，尺度得点，*SD*，下位尺度間の相関関係（n＝288）

	α 係数	尺度得点	*SD*		II 美への配慮	III 個の主張
I おしゃれ行動	.72	3.00	.83	相関係数	.45***	.37***
				n	288	288
II 美への配慮	.72	2.53	.79	相関係数	—	.46***
				n		288
III 個の主張	.69	3.35	.82			—

***p＜.001

容姿維持向上努力尺度（女子青年用）の信頼性の検討

　本尺度について I-T 相関係数を算出し，項目尺度全体間の相関（各項目得点とその項目以外の12項目の合計得点との相関。以下，I-T 相関（全体））と項目下位尺度間の相関（各項目得点とその項目以外の下位尺度合計得点との相関。以下，I-T 相関（下位））を確認した（Table 5-30）。その結果，I-T 相関（全体）が $r=.40$〜.52となり，全て正の相関が見られたことから，本尺度の13項目全体は女子青年の容姿維持向上努力尺度としてある程度まとまりがあると考えられる。また I-T 相関（下位）は，〈おしゃれ行動〉で $r=.42$〜.59，〈美への配慮〉で $r=.41$〜.55，〈個の主張〉で $r=.42$〜.58となり，いずれも正の相関が見られた。このことから，本尺度の各下位尺度はそれぞれある程度ま

Table 5-30　コア青年期群を対象として作成した容姿維持向上努力尺度を
主観的青年期群に適用した場合の I-T 相関（n＝288）

		I-T 相関 下位	I-T 相関 全体
第Ⅰ因子：おしゃれ行動　α＝.72			
9	メークをする	.59	.52
26	ヘアカラーをする	.46	.40
3	ヘアスタイルに流行を取り入れる	.49	.48
1	服装に流行を取り入れる	.52	.52
6	ヒールのある靴を履く	.42	.42
第Ⅱ因子：美への配慮　α＝.72			
4	マッサージを自分で行う	.55	.43
27	入浴に時間をかける（半身浴など）	.47	.42
22	美容に良い食べ物を摂る	.49	.50
25	パソコンや携帯電話を用いて美しくなるための情報を検索する	.41	.49
18	基礎化粧品は良い物を使う	.49	.51
第Ⅲ因子：個の主張　α＝.69			
16	自分に似合う服装をする	.58	.42
21	自分に似合うヘアスタイルをする	.54	.51
12	自分の表情に気をつける	.42	.42

とまりがあると考えられる。

　先に実施したα係数の算出より尺度内での内的整合性が確認されたことも
考え合わせると，本尺度は一定の信頼性をもつ尺度であると確認された。

容姿維持向上努力尺度（女子青年用）の妥当性の検討

　本尺度の基準関連妥当性を検討するために，容姿維持向上努力（女子青年
用）の各下位尺度得点と自意識尺度および日本語版身体的自己知覚プロフィ
ール（PSPP-J）の各下位尺度得点とで，相関係数を算出した（Table 5-31）。
その結果，容姿維持向上努力尺度の〈おしゃれ行動〉は自意識尺度の〈私的
自意識〉，PSPP-J の〈魅力的なからだ〉と，容姿維持向上努力尺度の〈美
への配慮〉は自意識尺度の〈私的自意識〉，PSPP-J の〈魅力的なからだ〉
と，容姿維持向上努力尺度の〈個の主張〉は自意識尺度の〈私的自意識〉，
PSPP-J の〈魅力的なからだ〉および〈身体的自己価値〉と，それぞれ弱い
有意な正の相関が認められた。これらの結果より，本尺度の基準関連妥当性
がある程度確認された。

Table 5-31　コア青年期群を対象として作成した容姿を維持向上する努力を測る尺度を
　　　　　　主観的青年期群に適用した場合の自意識尺度および PSPP-J との相関関
　　　　　　係（n＝288）

| | | | 容姿維持向上努力尺度 | | |
			Ⅰおしゃれ行動	Ⅱ美への配慮	Ⅲ個の主張
自意識尺度	公的自意識	相関係数	.13*	.10	.08
		n	288	288	288
	私的自意識	相関係数	.06	.21***	.22***
		n	288	288	288
PSPP-J	魅力的なからだ	相関係数	.12*	.13*	.27***
		n	288	288	288
	身体的自己価値	相関係数	.07	.07	.21***
		n	288	288	288

***$p < .001$，*$p < .05$

第 5 章　中年期女性の容姿を維持向上する努力　　197

　以上の結果より，本尺度は一定の妥当性をもつ尺度であることが確認された。

4）容姿維持向上努力尺度（中年期女性用）と容姿維持向上努力尺度（女子青年用）の比較

因子構造と項目の内容の比較

　容姿維持向上努力尺度（中年期女性用）は，予備調査で 3 因子（23項目）であったものが本調査で 2 因子（17項目）に，容姿維持向上努力尺度（女子青年用）は予備調査で 4 因子（22項目）であったものが本調査で 3 因子（13項目）に，それぞれ集約された。理由としては，本調査では因子分析の前に天井効果および床効果の確認を行ったこと，より広い年齢幅で様々なライフスタイルのサンプルに対してより大規模な質問紙調査を行ったためと考えられる。結果として，予備調査と比較してより洗練され安定した尺度が作成されたと言えよう。

　因子構造は，容姿維持向上努力尺度（中年期女性用），容姿維持向上努力尺度（女子青年用）ともに，第Ⅰ因子が〈おしゃれ行動〉となり，第Ⅱ因子が容姿維持向上努力尺度（中年期女性用）は〈身体・健康への取組み〉，容姿維持向上努力尺度（女子青年用）は〈美への配慮〉となった。そして容姿維持向上努力尺度（女子青年用）のみ，第Ⅲ因子〈個の主張〉が抽出されており，しかも最も下位尺度得点が高かった。これは，自我同一性の確立が発達課題である青年期の特徴を反映しているものと思われる。

　それぞれの因子の項目を詳しく見てみる。まず，両尺度の第Ⅰ因子となった〈おしゃれ行動〉については，容姿維持向上努力尺度（中年期女性用）は〈おしゃれ行動〉の中に，容姿維持向上努力尺度（女子青年用）の〈個の主張〉を構成する「自分に似合う服装をする」・「自分に似合うヘアスタイルをする」が含まれていた。このことから，女子青年の容姿を維持向上する努力の重要な因子である〈個の主張〉は，中年期女性にとっては〈おしゃれ行

動〉の1つでしかないことが示唆される。恐らく，自我同一性が確立された中年期女性にとって，自分らしいおしゃれをすることそのものは容姿を維持向上する努力の独立した因子とはならないものと考えられる。また，女子青年には容姿を維持向上する努力であるヘアカラーも，中年期女性にとっては容姿の維持向上のためではなく，白髪を染める目的のマナーとして行っていることが示唆される。つまり〈おしゃれ行動〉因子については，中年期女性と女子青年とでは異なる内容をもつことが推察される。

　第Ⅱ因子については，容姿維持向上努力尺度（中年期女性用）は〈身体・健康への取組み〉，容姿維持向上努力尺度（女子青年用）は〈美への配慮〉となったが，どちらにも「マッサージを自分で行う」・「美容に良い食べ物を摂る」が含まれており，項目内容についても両因子ともに自分をいたわる，またはケアする取組みで構成されていた。しかし詳細に見ていくと，「体を動かす」・「体重の増加に気をつける」・「夕/夜食は朝/昼食より少量に」など健康維持に関わる項目は容姿維持向上努力尺度（中年期女性用）のみに含まれていたことから，中年期女性は健康でいることも容姿を維持向上する努力の1つであると考えていることが示唆される。つまり，容姿維持向上努力尺度（中年期女性用）には，生活習慣病や老化に対応した健康維持のための項目が〈身体・健康への取組み〉因子に含まれていることが特徴的と言えよう。一方，容姿維持向上努力尺度（女子青年用）には「入浴時に時間をかける」・「基礎化粧品は良い物を使う」など，いわゆるスキンケアやボディケアなどの取組みが〈美への配慮〉因子に含まれており，より直接的に美容に配慮した内容になっていると考えられる。

　以上の検討結果から，それぞれの尺度は共通する項目で構成されてはいるものの，中年期女性と女子青年とでは容姿を維持向上する努力の内容が異なることが示された。中年期女性の〈おしゃれ行動〉因子としては，「自分に似合うメーク・服装・ヘアスタイルをする」・「服装・ヘアスタイルに流行を取り入れる」・「高級クリーム/美容液を使用する」・「基礎化粧品は良い物を

使う」などが含まれ，自分らしく，流行も取り入れながらスキンケアも重視する中年期女性の特徴が浮き彫りとなった。また〈身体・健康への取組み〉因子としては，「体を動かす/スポーツをする」・「体重の増加に気をつける」・「夜食や夕食の量は朝食や昼食よりも少量に」・「美容に良い物を摂る」などが含まれ，まさに病気の予防や体型変化への対応を反映していることが示された。

容姿の維持向上努力の意味づけの世代間比較

　容姿維持向上努力尺度（中年期女性用）は，全下位尺度が自意識尺度の2因子〈公的自意識〉・〈私的自意識〉とPSPP-Jの2因子〈魅力的なからだ〉・〈身体的自己価値〉と正の相関が見られた。このことから，中年期女性の容姿の維持向上努力は他者からの自分や自分自身を意識すること，そして自尊心と関連があることが示された。一方，容姿維持向上努力尺度（女子青年用）は，〈個の主張〉は〈公的自意識〉・〈魅力的なからだ〉・〈身体的自己価値〉と，〈おしゃれ行動〉は〈魅力的なからだ〉のみと，〈美への配慮〉は〈私的自意識〉・〈魅力的なからだ〉のみと正の相関が見られ，とりわけ〈公的自意識〉は全下位尺度と無相関となった。阿部（2002）は，メークが自意識と関連するという指摘とともに，メーク習慣の本格的獲得が成人社会への参加に関係していると主張している。本調査での主観的青年期の多くはコア青年期に属していたため，容姿維持向上努力尺度（女子青年用）の下位尺度の多くが自意識と無相関になったと考えられる。つまり，中年期女性の容姿の維持向上努力の意味は，女子青年とは異なることが推察される。

5）容姿維持向上努力尺度（中年期女性用）の家族状況比較

　次に，個人のライフスタイルにより容姿維持向上努力尺度（中年期女性用）尺度得点が異なるのかを検討するために，第3章の研究2-3で，様々なライフスタイルの中でも最も個人のライフコースを決定づける要因であると考え

られる婚姻状況および子の有無により合成した「家族状況」（1：未婚・子無し，2：既婚・子有り，3：既婚・子無し，4：離/死別・子有り，離/死別・子無し）を独立変数，容姿維持向上努力尺度（中年期女性用）各下位尺度得点を従属変数とした一要因の分散分析を実施した。結果を Table 5-32に示す。第Ⅰ因子〈おしゃれ行動〉では，群間での有意差が認められたが（$F(3,510) = 2.98, p < .05$），多重比較の結果，差がないことが示された。また第Ⅱ因子〈身体・健康への取組み〉では，家族状況による有意差は認められなかった（$F(3,508) = .48, n.s.$）。この結果から，容姿維持向上努力尺度（中年期女性用）尺度得点は，家族状況というライフスタイルによる群間差はないと考えられる。

6節　容姿維持向上努力尺度得点と，日本女性用中年期危機尺度得点とソーシャル・サポート個人総得点との関連

本節では，現代日本女性の「老いの始まりの認識による死をめぐる課題」についての中年期危機を予防，または軽減する要因としての容姿の維持向上努力の可能性を確認する。また，ソーシャル・サポートと容姿の維持向上努力の関連も併せて確認する。そこで主観的中年期群を対象に，4節で作成し

Table 5-32　主観的中年期群を対象とした家族状況による
容姿維持向上努力尺度得点の分散分析結果

属性	群	Ⅰおしゃれ行動(SD)	人数	Ⅱ身体・健康への取組み(SD)	人数
家族状況	①未婚・子無し	3.05(.68)	64	2.72(.77)	64
	②既婚・子有り	2.88(.74)	393	2.81(.73)	391
	③既婚・子無し	3.22(.82)	28	2.89(.71)	28
	④離/死別・子有り	3.08(.58)	29	2.87(.65)	29
	F値	2.98*		.48 n.s.	
	多重比較				

*$p < .05$

た容姿維持向上努力尺度の各下位尺度得点と，第3章で作成した日本人女性用中年期危機尺度の各下位尺度得点と，第4章で算出したソーシャル・サポート個人総得点とで相関係数を算出した。結果を Table 5-33に示す。

　その結果，容姿維持向上努力尺度の第Ⅰ因子〈おしゃれ行動〉は，日本女性用中年期危機尺度の第Ⅰ因子〈今後の生き方の模索〉・第Ⅱ因子〈若さの喪失感〉とは，いずれも極めて弱い有意な正の相関が示されたが，第Ⅲ因子〈体力の衰え感〉・第Ⅳ因子〈死別恐怖〉とは無相関であった。また容姿維持向上努力尺度の第Ⅱ因子〈身体・健康への取組み〉は，日本女性用中年期危機尺度の第Ⅲ因子〈体力の衰え感〉とは極めて弱い有意な負の相関が示され，第Ⅱ因子〈若さの喪失感〉とは負の相関の有意傾向が見られたが，第Ⅰ因子〈今後の生き方の模索〉・第Ⅳ因子〈死別恐怖〉とは無相関であった。一方，容姿維持向上努力尺度の〈おしゃれ行動〉・〈身体・健康への取組み〉両因子はともに，ソーシャル・サポート個人得点とは弱い有意な正の相関が認めら

Table 5-33　容姿維持向上努力尺度得点と，日本女性用中年期危機尺度得点と
　　　　　　ソーシャル・サポート個人総得点との相関関係（n＝516）

| | | | 容姿維持向上努力尺度 | |
			Ⅰ おしゃれ行動	Ⅱ 身体・健康への取組み
日本女性用中年期危機尺度	Ⅰ 今後の生き方の模索	相関係数	.10*	.06
		n	514	512
	Ⅱ 若さの喪失感	相関係数	.10*	− .08†
		n	516	514
	Ⅲ 体力の衰え感	相関係数	− .07	− .15***
		n	516	514
	Ⅳ 死別恐怖	相関係数	− .02	− .05
		n	515	513
ソーシャル・サポート個人総得点		相関係数	.21***	.20***
		n	516	514

***$p<.001$, *$p<.05$, †$p<.10$

れ，中年期危機に対して同じ方向性や影響をもつ可能性が示された。

　この結果から，容姿の維持向上努力（中年期女性用）と日本女性用中年期危機尺度との有意な負の相関関係が２つの因子のみに見られたこと，かつ，１つは極めて弱い相関で，もう１つは有意傾向という微妙なものであったことを鑑みると，容姿の維持向上努力は女性の中年期危機を直接低減させる要因として想定することは妥当ではないかもしれない。この結果は，第４章でのソーシャル・サポート個人得点と女性の中年期危機尺度との相関関係と同様，第６章での女性の中年期危機の予防・軽減のモデルを考える上で，考慮する必要があるだろう。

7節　まとめ

　本章では，日本女性の容姿を維持向上する努力の意味とその内容について検討し，その上で女性の「老いの認識の始まりと死を巡る課題」としての中年期危機を予防，または軽減する要因としての可能性について検討した。その際，中年期女性が容姿を維持向上する努力に取組む理由として老いへの対応の他に考えられる，女性性─女らしくありたいと感じること─や，就業上の必要性─仕事をする上でのマナーの一環など─との関わりについて研究を行った。

　２節の研究4-1では，現代日本の中年期女性が女性性の観点から容姿を捉えているのか否かについて検討した。その結果，女性性の内容として〈外見的魅力〉が抽出されたことから，日本女性は外見的魅力を女性性の１つとして捉えていることが明らかとなった。しかし女子青年との世代間比較により，中年期女性は女子青年より女性性を重要視しておらず，とりわけ外見的魅力については女子青年よりも重視していないだけでなく，世の中一般で考えられているより自分自身はより重視していないことが示唆された。つまり，中年期女性は女らしく見られたいために容姿を維持向上する努力に取組んでは

いないと言えるだろう。また，女らしさに対する態度については，中年期女性は肯定的態度も否定的態度も女性性のネガティブなイメージとの相関が示され，外見的魅力とは無相関であったため，女らしさから距離を置き始めていることが示唆された。つまり，中年期女性が容姿を維持向上する努力に取組むのは女性性を重視してのことではない可能性が高い。

　3節の研究4-2では，現代日本の中年期女性が就業上の必要性という観点から容姿を維持向上する取組みを実施しているのか否かについて検討した。その結果，中年期女性が再就業する目的の中に，買い物（被服など）や体のメンテナンスならびに美容費が見出された。このことから，現代日本の中年期女性にとっての働く目的には，家計を助けるための経済的ニーズだけでなく，被服などの買い物や体のメンテナンスならびに美容費といった，自分自身の容姿を維持向上する努力に向けての取組みのための収入を得ることも含まれていることが示唆された。また，容姿を維持向上する努力には，自分のための（＝対自的）効果と他者のための（＝対他的）効果の双方が認められた。そして，自分のためには容姿の衰えを軽減させ精神的健康を保つ目的が見出され，中年期危機への対応に該当することが推察された。一方他者のためには，他者へ配慮し仕事へ反映させる目的が見出されたことから，就業との関連がより強く推察された。実際，中年期女性は自他双方のために容姿に配慮する人が多かったが，自分の意志ではなくあくまで社会生活の身だしなみの一環として捉えている人，つまり他者のためにのみ容姿に配慮している人は，退職後の容姿の維持向上努力への取組みについては否定的であった。一方，就業していなくても，自分のためにのみ容姿を維持向上する努力への取組みを積極的に行っている人も認められた。

　このことは，4節の研究4-3でも確認された。3節の研究4-2の結果より，中年期女性にとって，容姿を維持向上する努力には自分のためと他者のための両方の取組みがあり，かつ，主に自分自身のために容姿を維持向上する努力を実施していることが示唆されたので，ここでは定量的な調査を行った。

その結果，中年期女性は自分のための取組みを他者のための取組みより圧倒的に数多く行っていた。また女子青年に比較すると，全体的な取組み数ならびに自分のための取組み数に差はないものの，他者のための取組みはより行っていないことが示され，3節の研究4-2の結果が検証された。容姿を維持向上する努力の取組み内容については，中年期女性の特徴として，ヘアカラーや基礎化粧品への投資など，若さを保つ目的の取組みに重きを置いていることが推察された。

　5節の研究4-4では，中年期女性用の容姿維持向上努力尺度を作成し，女子青年用の尺度と比較検討することにより，その特徴ならびに意味づけを検討した。なお，尺度の作成にあたり本調査では，第3章で日本女性用中年期危機尺度を作成した際と同様，主観的中年期群とコア中年期群とではそれぞれ年齢範囲が異なるので，尺度の因子構造も異なる可能性が否定できないため，主観的中年期群とコア中年期群の両群を対象に別々の因子分析を行い，その両尺度の因子構造を踏まえた上で最終的な尺度の検討を行った。同様に女子青年用の尺度についても，コア青年期群と主観的青年期群の両群を対象に別々の因子分析を行い，両尺度の因子構造を踏まえた上で最終的な尺度の検討を行った。

　予備調査では，まず中年期女性，つまり母親世代と女子青年，つまり娘世代とで各項目得点を比較した結果，世代ごとに尺度の因子構造が異なる可能性が示唆され，両世代でそれぞれ尺度を作成する必要性が高まったので，別々に因子分析を試してみた。母親世代では，因子分析の結果〈おしゃれ行動〉・〈身体・健康への取組み〉・〈美への追求〉の3因子計23項目が得られ，α係数の算出より尺度の内的整合性が認められた。同様に娘世代では，〈健康への配慮〉・〈おしゃれ行動と情報収集〉・〈個の主張〉・〈美への追求〉の4因子計22項目が得られ，尺度の内的整合性も認められた。

　次に，予備調査で得られた尺度をもとにして，まず容姿維持向上努力尺度（中年期女性用）を作成した。その際，コア中年期群（43歳～60歳）を対象とし

た因子分析と，主観的中年期群（32歳～67歳）を対象とした因子分析とを実施した。すると，コア中年期群を対象に作成した尺度と主観的中年期群を対象にした尺度とでは，因子構造は同一で，項目構成もほとんど同じ結果となった。そこで，コア中年期群を対象に作成した尺度を容姿維持向上努力尺度（中年期女性用）として採用した。その上で，改めて主観的中年期群を対象にα係数を算出して尺度内の内的整合性を確認することにより，本尺度が広範囲の年齢の対象者に適用可能であることが示された。結果として，2因子計17項目の尺度が作成され，尺度の信頼性と妥当性も確認された。予備調査で得られた尺度と本尺度とを比較すると，予備調査の第Ⅲ因子〈美への追求〉が，今回の第Ⅰ因子〈おしゃれ行動〉に統合され，かつ，今回の第Ⅱ因子〈身体・健康への取組み〉がより項目が絞られた結果となった。

　さらに，容姿維持向上努力尺度（中年期女性用）と全く同様の手続きで，容姿維持向上努力尺度（女子青年用）を作成した。その際，コア青年期群（17歳～22歳）を対象とした因子分析と主観的青年期群（17歳～48歳）を対象とした因子分析を実施した。その結果，3因子計13項目の尺度が作成され，尺度の信頼性と妥当性も確認された。予備調査で得られた尺度と本尺度とを比較すると，今回，第Ⅰ因子が〈おしゃれ行動〉となり，予備調査の際に第Ⅰ因子であった〈健康への配慮〉が〈美への配慮〉となり，第Ⅱ因子となった。さらに，予備調査の第Ⅳ因子〈美への追求〉が今回の第Ⅰ因子〈おしゃれ行動〉に統合され，かつ，今回は各下位尺度の項目が絞られた結果となった。第Ⅲ因子は〈個の主張〉であった。このような結果になったのは，両尺度ともに，本調査では因子分析の前に天井効果および床効果の確認を行い，かつ，より広い年齢幅で多様なライフスタイルのサンプルに対してより大規模な質問紙調査を行ったためと考えられる。

　本研究により，容姿維持向上努力尺度を作成する過程の中で，容姿維持向上努力尺度（中年期女性用）と容姿維持向上努力尺度（女子青年用）とを別々に作成する必要性が示唆され，結果として因子構造が異なったことから，中

年期女性にとって，容姿を維持向上する努力は女子青年とは異なる意味をもつことが推察される。両尺度の因子構造と項目の内容を検討すると，いくつかの特徴が見出された。第一に，容姿維持向上努力尺度（中年期女性用）には〈個の主張〉因子が抽出されず〈おしゃれ行動〉因子の中に統合されていた。このことは，自我同一性を確立した容姿維持向上努力尺度（中年期女性用）ならでは特徴が伺え，中年期女性は自分らしさが自然におしゃれの中に取り入れられていることが推察される。また容姿維持向上努力尺度（中年期女性用）のみにスキンケアも含まれていた。

　第二に，容姿維持向上努力尺度（中年期女性用）にのみ〈身体・健康への取組み〉因子も健康維持に関連する項目が入っていた。つまり中年期女性にとって，健康でいることも容姿を維持向上する努力の1つであると考えられているようである。

　次に，中年期女性の容姿の維持向上努力への意味づけについて検討した。容姿維持向上努力尺度（中年期女性用）の全下位尺度が自意識尺度（公的・私的）と PSPP-J（魅力的なからだ・身体的自己価値）との正の相関が見られたことから，中年期女性の容姿の維持向上努力は自意識ならびに自尊感情と関連があることが示された。第1章4節および4節の研究4-3の中で，女性の中年期危機とその対処方略としての容姿の維持向上努力について言及したが，第3章では，女性の中年期危機状態尺度を作成した際に〈若さの衰え〉因子が見出され，解消方法として容姿の維持向上努力への取組みが選択される可能性が示唆された。阿部（2002）は，負の感情をストレス反応と捉え，化粧行動の感情調整（＝ストレス緩衝）効果について社会生理心理学の観点から検討している。本書では，これを更に進め，化粧行動だけでなく今回作成した容姿維持向上努力尺度が女性の中年期危機の予防または対応にどのように作用するのかを検討することが必要である。

　さらに，容姿維持向上努力尺度（中年期女性用）の尺度得点が個人のライフスタイルにより異なるのかを検討するために，家族状況を独立変数とした

第5章　中年期女性の容姿を維持向上する努力　207

ライフスタイルによる比較を実施した。その結果，第Ⅰ因子〈おしゃれ行動〉・第Ⅱ因子〈身体・健康への取り組み〉ともに家族状況による群間差は認められず，中年期女性の容姿の維持向上努力は，ライフスタイルにより異なるわけではないことがわかった。

　最後に6節では，5節で作成した中年期女性用の容姿維持向上努力尺度得点と，日本女性用中年期危機尺度得点およびソーシャル・サポート個人総得点との関連を確認するために相関係数を算出した。その結果，容姿維持向上努力尺度の第Ⅰ因子〈おしゃれ行動〉は，日本女性用中年期危機尺度の第Ⅰ因子〈今後の生き方の模索〉・第Ⅱ因子〈若さの喪失感〉のみと，いずれも極めて弱い有意な正の相関が示されたが，第Ⅲ因子〈体力の衰え感〉・第Ⅳ因子〈死別恐怖〉とは無相関であった。また容姿維持向上努力尺度の第Ⅱ因子〈身体・健康への取組み〉は，日本女性用中年期危機尺度の第Ⅲ因子〈体力の衰え感〉とは極めて弱い有意な負の相関が示され，第Ⅱ因子〈若さの喪失感〉とは負の相関の有意傾向が見られたが，第Ⅰ因子〈今後の生き方の模索〉・第Ⅳ因子〈死別恐怖〉とは無相関であった。一方，容姿維持向上努力尺度の〈おしゃれ行動〉・〈身体・健康への取組み〉両因子はともに，ソーシャル・サポート個人得点とは弱い有意な正の相関が認められ，中年期危機に対して同じ方向性や影響をもつ可能性が示された。これらの結果より，容姿を維持向上させる努力を女性の中年期危機を直接低減させる要因として想定することを再検討する必要性が示された。以上を踏まえ，第6章では，日本女性用中年期危機とソーシャル・サポートならびに容姿維持向上努力の因果関係に注目したモデルを検討する。

第6章　女性の中年期危機に対するソーシャル・サポートと容姿維持向上努力の効果〔研究5〕

1節　目的

　本章では，第2章～第5章までの分析結果を総合し，第1章5節で検討した現代日本女性の中年期危機の予防と軽減についての仮説検証とモデル構築を行う。以下に，第1章で提案したモデルをFigure 6-1に示す。

　これを第2章～第5章までの分析結果をもとに修正したものが，Figure 6-2である。その上で，これを第1章5節の仮説にあてはめると，以下の通りとなる。

①ソーシャル・サポート個人総得点と容姿維持向上努力尺度得点は，自尊感情尺度得点を高め，日本女性用中年期危機尺度得点を低下させることによ

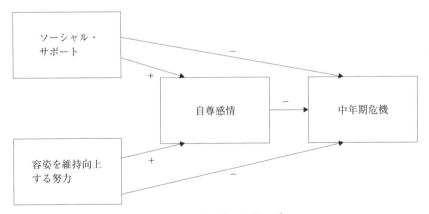

Figure 6-1　第1章の仮説モデル

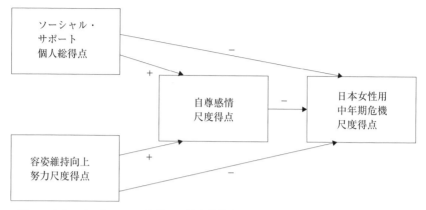

Figure 6-2　ソーシャル・サポート個人総得点・容姿維持向上努力尺度得点・自尊感情尺度得点・日本女性用中年期危機尺度得点からなる仮説モデル

り，間接的に中年期危機を予防する。

②ソーシャル・サポート個人総得点と容姿維持向上努力尺度得点は，日本女性用中年期危機尺度得点を低下させることにより，直接的に危機を軽減する。

　上記の仮説検証とモデル構築のために，まず2節では研究5-1として，自尊感情と，ソーシャル・サポート，容姿維持向上努力，および女性の中年期危機との因果関係について検討する。その際，第3章・第4章・第5章でそれぞれ検討してきた年齢ならびに家族状況というライフスタイルを考慮する。

　3節では研究5-2として，ソーシャル・サポート個人総得点，容姿維持向上努力尺度得点，自尊感情尺度得点と，日本女性用中年期危機尺度得点を用いたモデルを構築し，上記仮説の検証を行う。仮説モデルの構築にあたっては，構造方程式モデリング（Structural Equation Modeling 以下，SEMと記す）を採用する。具体的には，上記Figure 6-2の理論仮説モデルを共分散構造分析により評価し，必要であればモデルの改良を加え最適なモデルを構築する。その上で，女性の中年期危機に対するソーシャル・サポートと容姿維持向上努力の効果について検討する。

第6章　女性の中年期危機に対するソーシャル・サポートと容姿維持向上努力の効果　211

2節　自尊感情と，ソーシャル・サポート，容姿維持向上努力，および女性の中年期危機との因果関係（研究5-1）

⑴ 目的

　自尊感情尺度得点を算出し，ソーシャル・サポート個人総得点・容姿維持向上努力尺度得点・日本女性用中年期危機尺度得点との関連ならびに因果関係について確認し，その上で中年期危機に対するソーシャル・サポート，容姿維持向上努力，自尊感情の影響を検討する。

⑵ 方法

調査対象者　対象者E群（詳細については第1章7節を参照）。

　なお本研究では，そのうちの一部である，自らを中年期にあると回答した主観的中年期群516名（平均年齢48.21歳（標準偏差6.09歳），年齢範囲は32歳～67歳）のみを分析対象とした。ただし，質問項目ごとに未回答のデータがあるため分析ごとの人数には多少の増減がある。

調査内容（フェイスシートを除く）

①現在自分が属する人生上の時期，②容姿維持向上努力尺度

　第5章の研究4-4の本調査と同一。

②日本女性用中年期危機尺度

　第3章の研究2-3と同一。

③中年期女性用ソーシャル・サポート尺度

　第4章の研究3と同一。

④自尊感情尺度

　Rosenberg（1965）により作成された自尊感情尺度の10項目を邦訳した山本・松井・山成（1982）を用いて，自己の能力や価値についての評価的な感情を測定する。本研究ではこの尺度を形式・評定法も含めそのまま使用した。

212

1因子10項目で構成され，5件法（あてはまらない：1点，ややあてはまらない：2点，どちらともいえない：3点，ややあてはまる：4点，あてはまる：5点）で回答を求めた。（本尺度の項目内容については Table 6-1を参照）

　第1章3節で検討した通り，Vaux（1988）による知覚されたソーシャル・サポートのうち社会情緒的サポートは自尊心・自己評価を高めるとの指摘や，小杉（2005）のソーシャル・サポートが自尊感情・自己効力感などのポジティブ感情を高めるとの指摘に沿うと，第4章で作成された中年期女性用ソーシャル・サポート尺度と自尊感情尺度とは正の相関があると推測される。また，第5章の研究4-3の本調査にて，容姿維持向上努力尺度と日本語版身体的自己知覚プロフィール（PSPP-J）（内田・橋本・藤永，2003；内田・橋本，2004）との正の相関が示された。PSPP-J は自尊感情尺度の多面的・階層的な構造を有する下位尺度領域のうちの，身体領域における自己知覚を測定する尺度であるため，本研究でも，容姿維持向上努力尺度と自尊感情尺度とは正の相関が予測される。さらに，第1章3節で検討した通り，小杉（2005）は社会情緒的サポートが抑うつ・不安感情などのネガティブ感情の低下をもたらすとの指摘もしており，第4章の研究3にて，中年期女性用ソーシャル・サポート尺度と日本女性用中年期危機尺度とが概ね負の相関が示されたことから，本研究でも，日本女性用ソーシャル・サポート尺度と自尊感情尺度とが正の相関が示されれば，併せて女性用中年期危機尺度と自尊感情尺度との負の相関も予想される。

分析方法　統計分析ソフト SPSS15.0による統計的分析を用いた。

(3) 結果と考察

自尊感情尺度の内的整合性およびまとまりの確認

　本研究の分析対象者である主観的中年期群を対象に，自尊感情尺度の各項目平均値，α係数，各項目が削除された場合のα係数，I-T 相関係数を算出した（Table 6-1）。その結果，α係数については.85となり，十分な内的整合

第6章　女性の中年期危機に対するソーシャル・サポートと容姿維持向上努力の効果　213

Table 6-1　自尊感情尺度の各項目平均値（SD）・尺度全体および各項目を
削除した場合のα係数・I-T 相関（n＝516）

No.	質　問　項　目	平均値 （SD）	当該項目を削除し た場合のα係数	I-T 相関
自尊感情尺度全体　α＝.85				
1	少なくとも人並みには，価値のある人間で ある	3.81(.77)	.83	.60
2	色々な良い資質をもっている	3.73(.77)	.83	.58
3	敗北者だと思うことがよくある（R）	3.77(1.05)	.83	.53
4	物事を人並みには，うまくやれる	3.78(.79)	.83	.56
5	自分には，自慢できるところがあまりない(R)	3.17(1.05)	.83	.59
6	自分に対して肯定的である	3.51(.94)	.83	.55
7	だいたいにおいて，自分に満足している	3.44(.98)	.83	.61
8	もっと自分自身を尊敬できるようになりたい(R)	2.44(.97)	.87	.10
9	自分は全くだめな人間だと思うことがある(R)	3.54(1.18)	.82	.68
10	何かにつけて，自分は役に立たない人間だと 思う（R）	3.88(1.04)	.81	.74

（R）は逆転項目

性が確認された。しかし，「もっと自分自身を尊敬できるようになりたい
（逆転項目）」を削除すると，α係数が.87に上がることが示された。また，各
項目平均値についても「もっと自分自身を尊敬できるようになりたい（逆転
項目）」のみが2点台であり，それ以外の項目は全て3点以上であった。さ
らにI-T 相関についても「もっと自分自身を尊敬できるようになりたい（逆
転項目）」のみ $r=.10$ と非常に低く，それ以外の項目は $r=.53$～.74の範囲で
あった。そこで本研究では，自尊感情尺度の内的整合性と尺度のまとまりを
より高めるために「もっと自分自身を尊敬できるようになりたい（逆転項
目）」を今後の分析では用いないこととした。

自尊感情尺度得点の算出

　本尺度の「もっと自分自身を尊敬できるようになりたい（逆転項目）」を除
く全9項目の合計点を9で除した値を自尊感情尺度得点として算出した。自
尊感情尺度の平均得点は3.63点（標準偏差.67点）で，尺度上の3.5点（どちら

ともいえない：3点とややあてはまる：4点の中間あたり）近くに該当しており，
今回の対象者は，全体的には自分について若干自尊感情もっていることがわ
かる。

次に，1節で仮定した理論仮説モデルの可能性を確認する。

**自尊感情尺度得点と，ソーシャル・サポート個人総得点・容姿維持向上努力
尺度得点・日本女性用中年期危機尺度得点との関連の検討**

まず，自尊感情尺度得点と，第3章で作成した日本女性用中年期危機尺度
の各下位尺度得点，第4章で作成したソーシャル・サポート個人総得点，第
5章で作成した容姿維持向上努力尺度の各下位尺度得点とで相関係数を算出
した。結果を Table 6-2に示す。

Table 6-2　自尊感情尺度得点と，ソーシャル・サポート個人総得点，
　　　　　容姿維持向上努力尺度得点，および日本女性用中年期危機尺度得点との
　　　　　相関関係

			自尊感情尺度得点
ソーシャル・サポート個人総得点		相関係数	.29***
		n	512
容姿維持向上努力尺度	I おしゃれ行動	相関係数	.25***
		n	512
	II 身体・健康への取組み	相関係数	.24***
		n	510
日本女性用中年期危機尺度	I 今後の生き方の模索	相関係数	-.22***
		n	510
	II 若さの喪失感	相関係数	-.16***
		n	512
	III 体力の衰え感	相関係数	-.35***
		n	512
	IV 死別恐怖	相関係数	-.20***
		n	511

***$p < .001$

第6章　女性の中年期危機に対するソーシャル・サポートと容姿維持向上努力の効果　215

自尊感情尺度得点は，ソーシャル・サポート個人総得点・容姿維持向上努力尺度の第Ⅰ因子〈おしゃれ行動〉・第Ⅱ因子〈身体・健康への取組み〉と有意な弱い正の相関が，そして日本女性用中年期危機尺度の第Ⅰ因子〈今後の生き方の模索〉・第Ⅱ因子〈若さの喪失感〉・第Ⅲ因子〈体力の衰え感〉・第Ⅳ因子〈死別恐怖〉といずれも有意な弱い負の相関が示された。

このように，相関の強さは全体的に弱いものの，自尊感情尺度得点はソーシャル・サポート個人総得点ならびに容姿維持向上努力尺度の各下位尺度得点の全てと正の相関が，日本女性用中年期危機尺度の各下位尺度得点の全てと有意な負の相関が示されたことから，1節の理論仮説モデルの実現可能性が確認できたと言えよう。

日本女性用中年期危機尺度得点，ソーシャル・サポート個人総得点，容姿維持向上努力尺度得点，自尊感情尺度得点の年齢および家族状況比較

次に，日本女性用中年期危機尺度得点，ソーシャル・サポート個人総得点・容姿維持向上努力尺度得点，自尊感情尺度得点の年齢および家族状況比較を行う。第3章では日本女性用中年期危機尺度得点について，第4章ではソーシャル・サポート個人総得点について，第5章では容姿維持向上努力尺度得点について，それぞれ年齢比較と家族状況比較とを別々に行い影響を確認してきたが，ここでは年齢と家族状況の両者による影響について，交互作用を含めて確認する。

1）日本女性用中年期危機尺度得点の年齢および家族状況比較

日本女性用中年期危機尺度の各下位尺度得点に対し，2（年齢：中年期前期群，中年期後期群）×4（家族状況：未婚・子無し，既婚・子有り，既婚・子無し，離/死別・子有り）の2要因の分散分析を実施した。結果を Table 6-3に示す。

その結果，〈若さの喪失感〉尺度で年齢による有意な主効果（$F(1,506)=4.35, p<.05$）と，有意な交互作用（$F(3,506)=2.74, p<.05$）が認められた。

Table 6-3　年齢群と家族状況による日本女性用中年期危機尺度得点の分散分析結果
　　　　　（　）は *SD*，〈　〉は人数

年齢群	家族状況	Ⅰ今後の生き方の模索		Ⅱ若さの喪失感		Ⅲ体力の衰え感		Ⅳ死別恐怖	
1）中年期前期	①未婚・子無し	2.22(.50)	〈51〉	2.90(.52)	〈51〉	2.84(.48)	〈51〉	2.24(.56)	〈50〉
	②既婚・子有り	2.31(.60)	〈227〉	3.02(.59)	〈227〉	2.81(.62)	〈227〉	2.35(.58)	〈227〉
	③既婚・子無し	2.09(.60)	〈17〉	3.06(.58)	〈17〉	2.79(.76)	〈17〉	2.43(.64)	〈17〉
	④離/死別・子有り	2.53(.74)	〈15〉	2.97(.59)	〈15〉	2.92(.67)	〈15〉	2.38(.74)	〈15〉
	全体	2.29(.60)	〈310〉	3.00(.58)	〈310〉	2.82(.61)	〈310〉	2.34(.58)	〈309〉
2）中年期後期	①未婚・子無し	1.82(.26)	〈13〉	3.13(.63)	〈13〉	2.96(.41)	〈13〉	2.26(.65)	〈13〉
	②既婚・子有り	2.15(.61)	〈164〉	2.76(.61)	〈166〉	2.69(.56)	〈166〉	2.48(.45)	〈166〉
	③既婚・子無し	1.91(.47)	〈11〉	2.57(.49)	〈11〉	2.77(.62)	〈11〉	1.89(.62)	〈11〉
	④離/死別・子有り	2.47(.61)	〈14〉	2.71(.44)	〈14〉	2.43(.49)	〈14〉	2.25(.63)	〈14〉
	全体	2.14(.60)	〈201〉	2.77(.60)	〈204〉	2.70(.55)	〈204〉	2.25(.63)	〈204〉
主効果	年齢群	4.68*	1）>2）	4.35*	1）>2）	1.88	*n.s.*	.88	*n.s.*
	家族状況	5.07**	④>①，③	.84	*n.s.*	1.07	*n.s.*	1.31	*n.s.*
交互作用	年齢群＊家族状況	.61	*n.s.*	2.74*	注)	1.31	*n.s.*	1.91	*n.s.*

**p＜.01，*p＜.05
注）交互作用の結果は Figure 6-3参照。

結果を Figure 6-3に示す。交互作用が有意であったことから単純主効果の検定を行ったところ，家族状況において既婚・子有りと既婚・子無しで年齢による単純主効果が有意であり，いずれも中年期前期群が中年期後期群より有意に高かった（それぞれ $F(1,506)=19.51, p<.001; F(1,506)=4.65, p<.05$）。年齢における家族状況による単純主効果の有意差は見られなかった。つまり，既婚者は子どもの有無にかかわらず，中年期後期より中年期前期に若さの喪失感をより強く感じていると推察される。

〈今後の生き方の模索〉尺度得点では，年齢および家族状況による有意な主効果のみが認められ（$F(1,504)=4.68, p<.05; F(3,504)=5.07, p<.01$），中年期前期群の方が中年期後期群より有意に高く，また，離/死別・子有りが未婚・子無しならびに既婚・子無しより有意に高い結果となった。交互作用は見られなかった。つまり，家族状況にかかわらず中年期前期群の方が中年期後期群より，そして，年齢にかかわらず同じ子どもをもつ人でも離/死別

第6章　女性の中年期危機に対するソーシャル・サポートと容姿維持向上努力の効果　217

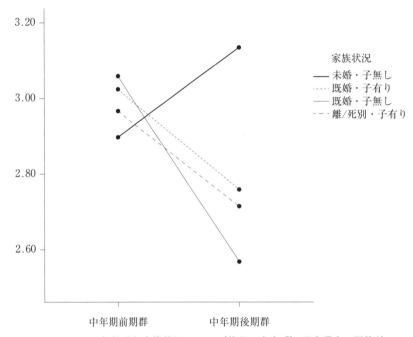

Figure 6-3　年齢群と家族状況による〈若さの喪失感〉尺度得点の平均値

経験者の方が未婚・既婚を問わず子どもがいない人より，将来の生き方について強く模索することがわかった。

〈体力の衰え感〉尺度得点および〈死別恐怖〉尺度得点では，いずれも年齢および家族状況による主効果も交互作用も認められなかった（それぞれ $F(1,506) = 1.88$, $n.s.$; $F(3,506) = 1.07$, $n.s.$; $F(3,506) = 1.31$, $n.s.$; $F(1,505) = .88$, $n.s.$; $F(3,505) = 1.31$, $n.s.$; $F(3,505) = 1.91$, $n.s.$）。つまり体力の衰え感と死別恐怖の中年期危機は，年齢および家族状況には影響を受けない危機であることが示された。

これらの結果より，中年期危機尺度得点は，年齢差と家族状況差とをあわせて考慮する必要性が示唆される。

2）ソーシャル・サポート個人総得点の年齢および家族状況比較

　ソーシャル・サポート個人総得点に対し，2（年齢：中年期前期群，中年期後期群）× 4（家族状況：未婚・子無し，既婚・子有り，既婚・子無し，離/死別・子有り）の 2 要因の分散分析を実施した。結果を Table 6-4に示す。

　その結果，年齢による有意な主効果（$F(1,506) = 12.97, p < .001$）と，家族状況による有意傾向の主効果（$F(3,506) = 2.37, p < .10$），ならびに有意な交互作用（$F(3,506) = 5.88, p < .01$）が認められた。結果を Figure 6-4に示す。交互作用が有意であったことから単純主効果の検定を行ったところ，家族状況において未婚・子無しと離/死別・子有りで年齢による単純主効果が有意であり，いずれも中年期前期群が中年期後期群より有意に高かった（それぞれ $F(1,506) = 11.20, p < .01；F(1,506) = 7.82, p < .01$）。また，年齢群において中年期前期群で家族状況による単純主効果が有意であり，未婚・子無しが既婚・

Table 6-4　年齢群と家族状況によるソーシャル・サポート個人総得点の分散分析結果（　）は SD,〈　〉は人数

年齢群	家族状況	ソーシャル・サポート個人総得点	
1）中年期前期	①未婚・子無し	3.05（.45）	〈51〉
	②既婚・子有り	2.86（.40）	〈227〉
	③既婚・子無し	3.13（.42）	〈17〉
	④離/死別・子有り	3.07（.36）	〈15〉
	全体	2.92（.42）	〈310〉
2）中年期後期	①未婚・子無し	2.62（.27）	〈13〉
	②既婚・子有り	2.88（.42）	〈166〉
	③既婚・子無し	3.03（.41）	〈11〉
	④離/死別・子有り	2.63（.72）	〈14〉
	全体	2.85（.45）	〈204〉
主効果	年齢群	12.97***	1）>2）
	家族状況	2.37†	③>②
交互作用	年齢群＊家族状況	5.88**	注）

***p < .001,　**p < .01,　†*p* < .10
注）交互作用の結果は Figure 6-4参照。

第6章　女性の中年期危機に対するソーシャル・サポートと容姿維持向上努力の効果　219

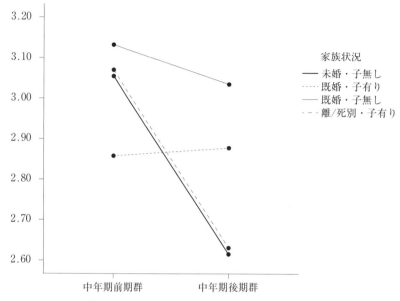

Figure 6-4　年齢群と家族状況によるソーシャル・サポート個人総得点の平均値

子有りよりも有意に高かった（$F(3,506)=5.42, p<.01$）。つまり，現在結婚していない人は，中年期後期より中年期前期にソーシャル・サポートを多く受け取っていると感じていることが示され，かつ，中年期前期群の中では，独身で子どもがいない人の方が既婚で子どもをもつ人よりも多くのサポートを感じていることも示された。

これらの結果より，ソーシャル・サポート個人総得点は，年齢差と家族状況差とをあわせて考慮する必要性が示唆される。

3）容姿維持向上努力尺度得点の年齢および家族状況比較

容姿維持向上努力尺度の各下位尺度得点に対し，2（年齢：中年期前期群，中年期後期群）×4（家族状況：未婚・子無し，既婚・子有り，既婚・子無し，離/死別・子有り）の2要因の分散分析を実施した。結果を Table 6-5 に示す。

Table 6-5 年齢群と家族状況による容姿維持向上努力尺度得点の
分散分析結果 （　）は *SD*，〈　〉は人数

年齢群	家族状況	Ⅰ おしゃれ行動		Ⅱ 身体・健康への取組み	
	①未婚・子無し	3.12(.66)	〈51〉	2.72(.80)	〈51〉
	②既婚・子有り	2.99(.74)	〈227〉	2.75(.70)	〈225〉
1）中年期前期	③既婚・子無し	3.44(.61)	〈17〉	2.91(.64)	〈17〉
	④離/死別・子有り	3.10(.71)	〈15〉	2.86(.76)	〈15〉
	全体	3.04(.73)	〈310〉	2.76(.71)	〈308〉
	①未婚・子無し	2.81(.74)	〈13〉	2.74(.67)	〈13〉
	②既婚・子有り	2.74(.72)	〈166〉	2.90(.77)	〈166〉
2）中年期後期	③既婚・子無し	2.88(.99)	〈11〉	2.85(.83)	〈11〉
	④離/死別・子有り	3.06(.43)	〈14〉	2.88(.54)	〈14〉
	全体	2.78(.73)	〈204〉	2.88(.75)	〈204〉
主効果	年齢群	6.41*	1)>2)	.09	*n.s.*
	家族状況	2.15†	*n.s.*	.32	*n.s.*
交互作用	年齢群＊家族状況	.64	*n.s.*	.27	*n.s.*

*p<.05，$^\dagger p$<.10

　その結果，〈おしゃれ行動〉尺度得点で年齢群による有意な主効果が認められ（F(1,506)=6.41,p<.05），中年期前期群の方が中年期後期群より有意に高かった。また，家族状況による有意傾向の主効果が認められたが（F(3,506)=2.15,p<.10），多重比較の結果，差がないことが確認された。交互作用は見られなかった。つまり，家族状況にかかわらず中年期前期群の方が中年期後期群より，おしゃれのための取組みを行っていることがわかった。

　〈身体・健康への取組み〉尺度得点では，年齢および家族状況による主効果も交互作用も認められなかった（F(1,504)=.09,*n.s.*; F(3,504)=.32,*n.s.*; F(3,504)=.27,*n.s.*）。

　これらの結果より，容姿維持向上努力尺度得点は，年齢差と家族状況差を考慮する必要性はあるものの，両者をあわせて考慮する必要性はないことが示唆される。

第6章 女性の中年期危機に対するソーシャル・サポートと容姿維持向上努力の効果 221

4）自尊感情尺度得点の年齢および家族状況比較

自尊感情尺度得点に対し，2（年齢：中年期前期群，中年期後期群）× 4（家族状況：未婚・子無し，既婚・子有り，既婚・子無し，離/死別・子有り）の2要因の分散分析を実施した。結果を Table 6-6に示す。

その結果，年齢群および家族状況による有意な主効果ならびに交互作用は見られなかった（$F(1,502) = .11$, n.s.; $F(3,502) = 1.79$, n.s.; $F(3,502) = .19$, n.s.）。つまり自尊感情尺度得点は，年齢および家族状況からの影響を受けないことが示された。

上記の結果より，自尊感情尺度得点は，年齢差と家族状況差を考慮する必要性はなさそうである。

以上より，モデル構築においては交互作用の見られた因子もあったことから，年齢差と家族状況差を考慮することが必要と考えられる。

Table 6-6　年齢群と家族状況による自尊感情尺度得点の分散分析結果 （ ）は SD，〈 〉は人数

年齢群	家族状況	自尊感情尺度得点	
1）中年期前期	①未婚・子無し	3.44(.84)	〈51〉
	②既婚・子有り	3.64(.67)	〈225〉
	③既婚・子無し	3.84(.73)	〈17〉
	④離/死別・子有り	3.42(.75)	〈15〉
	全体	3.61(.71)	〈308〉
2）中年期後期	①未婚・子無し	3.50(.74)	〈13〉
	②既婚・子有り	3.67(.60)	〈165〉
	③既婚・子無し	3.73(.53)	〈11〉
	④離/死別・子有り	3.57(.76)	〈13〉
	全体	3.66(.61)	〈202〉
主効果	年齢群	.11	n.s.
	家族状況	1.79	n.s.
交互作用	年齢群＊家族状況	.19	n.s.

日本女性用中年期危機尺度得点に対するソーシャル・サポート個人総得点，容姿維持向上努力尺度得点，および自尊感情尺度得点の因果関係の検討

さらに，日本女性用中年期危機尺度の各下位尺度得点を従属変数，ソーシ

Table 6-7　年齢群別の日本女性用中年期危機各下位尺度得点を従
ソーシャル・サポート個人総得点・容姿維持向上努力

	全体				
	I 今後の 生き方の 模索 (n=508)	II 若さの 喪失感 (n=510)	III 体力の 衰え感 (n=510)	IV 死別 恐怖 (n=509)	I 今後の 生き方の 模索 (n=307)
説明変数	β				
ソーシャル・サポート個人総得点	$-.13^{**}$	$-.01$	$-.01$	$.08^{\dagger}$	$-.08$
容姿維持向上努力尺度					
I おしゃれ行動	$.12^{*}$	$.23^{***}$	$.07$	$.03$	$.02$
II 身体・健康への取組み	$.09^{\dagger}$	$-.15^{**}$	$-.10^{*}$	$-.01$	$.17^{*}$
自尊感情尺度得点	$-.23^{***}$	$-.18^{***}$	$-.34^{***}$	$-.23^{***}$	$-.25^{***}$
R^2	$.09^{***}$	$.06^{***}$	$.13^{***}$	$.05^{***}$	$.08^{***}$

$^{***}p<.01,\ ^{**}p<.01,\ ^{*}p<.05,\ ^{\dagger}p<.10$

Table 6-8　家族状況別の日本女性用中年期危機各下位
ソーシャル・サポート個人総得点・容姿維

	未婚・子無し				既婚・子有り		
	I 今後の 生き方の 模索 (n=64)	II 若さの 喪失感 (n=64)	III 体力の 衰え感 (n=64)	IV 死別 恐怖 (n=63)	I 今後の 生き方の 模索 (n=386)	II 若さの 喪失感 (n=388)	III 体力の 衰え感 (n=388)
説明変数	β				β		
ソーシャル・サポート 個人総得点	$.11$	$-.29^{\dagger}$	$-.18$	$-.03$	$-.09^{\dagger}$	$.02$	$.02$
容姿維持向上努力尺度							
I おしゃれ行動	$.06$	$.25^{\dagger}$	$-.04$	$.05$	$.12^{*}$	$.24^{***}$	$.08$
II 身体・健康への取組み	$-.05$	$-.34^{*}$	$-.16$	$.12$	$.11^{\dagger}$	$-.15^{*}$	$-.08$
自尊感情尺度得点	$-.19$	$-.07$	$-.13$	$-.18$	$-.28^{***}$	$-.22^{***}$	$-.39^{***}$
R^2	$.05$	$.30^{*}$	$.11$	$.04$	$.10^{***}$	08^{***}	$.15^{***}$

$^{***}p<.01,\ ^{**}p<.01,\ ^{*}p<.05,\ ^{\dagger}p<.10$

ャル・サポート個人総得点，容姿維持向上努力尺度の各下位尺度得点，自尊感情尺度得点を説明変数とする重回帰分析を実施した。結果を Table 6-7および Table 6-8に示す。Table 6-7は年齢群別（主観的中年期全体，中年期前期，

属変数,
各下位尺度得点・自尊感情尺度得点を説明変数とする重回帰分析結果

中年期前期群			中年期後期群			
II若さの喪失感 (n=307)	III体力の衰え感 (n=307)	IV死別恐怖 (n=306)	I今後の生き方の模索 (n=201)	II若さの喪失感 (n=203)	III体力の衰え感 (n=203)	IV死別恐怖 (n=203)
β				β		
.01	.02	.02	− .23**	− .10	.09	.10
.18**	.05	.05	.17*	.20*	.04	− .02
− .07	− .12*	.05	.03	− .19*	− .04	− .06
− .29***	− .39***	− .31***	− .25***	.04	− .21**	− .09
.08***	.17***	.09***	.12***	.04†	.07**	.02

尺度得点を従属変数,
持向上努力各下位尺度得点・自尊感情尺度得点を説明変数とする重回帰分析結果

	既婚・子無し				離/死別・子有り			
IV死別恐怖 (n=388)	I今後の生き方の模索 (n=28)	II若さの喪失感 (n=28)	III体力の衰え感 (n=28)	IV死別恐怖 (n=28)	I今後の生き方の模索 (n=28)	II若さの喪失感 (n=28)	III体力の衰え感 (n=28)	IV死別恐怖 (n=28)
	β				β			
.10†	− .52*	− .42†	− .35	− .08	− .40*	.45*	.11	.21
.05	.11	.69*	.09	− .12	.32	− .11	.18	.18
− .0	.27	− .20	.06	− .15	− .18	.22	− .39†	− .22
− .29***	− .26	− .04	− .24	− .01	.11	− .17	− .31	− .03
.07***	.25	.26	.16	.09	.21	.22	.26	.09

224

中年期後期）比較であり，Table 6-8は家族状況別（未婚・子無し，既婚・子有り，既婚・子無し，離/死別・子有り）比較の結果である。以下に，各説明変数の中年期危機の各因子に対する大まかな傾向を検討する。

Table 6-7の結果から，主観的中年期全体の約70％の対象者を占める中年期前期群の結果は，主観的中年期全体の結果と全体的な傾向が類似していることがわかる。中年期前期群と中年期後期群とでは，有意な回帰式および説明変数の数と説明変数の各因子得点への影響度の強さより，中年期前期群への方が中年期後期群へよりも影響を強く及ぼしていることが示唆される。しかし〈今後の生き方の模索〉の中年期危機のみ，ソーシャル・サポート個人総得点の影響により中年期後期群への方がより危機を軽減する影響が強いことが示された。同じ中年期にあっても，年齢を重ねていくとソーシャル・サポートをより知覚できることにより将来の模索への軽減効果がより高くなることが推察された。各説明変数は年齢群により効果の程度が異なるものの，全体的には中年期危機の各因子に概ね同様の影響を与えていることが示された。説明変数ごとに見ていくと，ソーシャル・サポート個人総得点は〈今後の生き方の模索〉・〈死別恐怖〉の中年期危機を軽減していた。また容姿維持向上努力尺度得点については，〈おしゃれ行動〉因子は〈今後の生き方の模索〉・〈若さの喪失感〉の中年期危機を強めており，〈身体・健康への取組み〉因子は〈今後の生き方の模索〉の中年期危機を強め，〈若さの喪失感〉・〈体力の衰え感〉の中年期危機を軽減していた。つまり，〈若さの喪失感〉の中年期危機は〈おしゃれ行動〉因子により強められ，〈身体・健康への取組み〉因子により弱められる結果となり，容姿維持向上努力の中でもその下位因子によって中年期危機への影響が異なることが示された。このことから，容姿維持向上努力については因子ごとに分けたモデルを検討する必要性がある。一方，自尊感情尺度得点はほとんどの中年期危機を軽減する説明変数であることが示されたが，中年期後期群の〈若さの喪失感〉・〈死別恐怖〉の中年期危機にのみ，有意な影響を及ぼしていなかった。以上の結果と，第1章なら

第6章 女性の中年期危機に対するソーシャル・サポートと容姿維持向上努力の効果　225

びに第3章の研究2-3で検討した通り，中年期前期群と中年期後期群とでは，今回の説明変数（ソーシャル・サポート個人総得点，容姿維持向上努力の〈おしゃれ行動〉・〈身体・健康への取組み〉因子得点，自尊感情尺度得点）が各中年期危機に及ぼす程度や及ぼし方が異なる可能性がある。したがって，次節のモデル構築の際には，中年期前期群と中年期後期群とでそれぞれモデルの適合具合を確認する必要性もあるだろう。

　次に Table 6-8の結果から，主観的中年期全体の約76％の対象者を占める既婚・子有り群の結果は，主観的中年期全体の結果と全体的な傾向が類似していることがわかる。一方，各説明変数への影響が家族状況により異なることが示された。全ての回帰式が有意となり全ての説明変数が中年期危機の各因子の少なくともいずれかに有意な結果となったのは既婚・子有り群のみであり，既婚・子有り群に対して強い影響を及ぼしていることが示唆される。一方，未婚・子無し群は今回の説明変数での分析結果が有意となったのは〈若さの喪失感〉の中年期危機のみであり，既婚・子無し群と離/死別・子有り群では，各説明変数における個別の有意性は見られたものの，いずれの因子でも全体的な有意性が認められなかった。しかし Table 6-7の結果より，全体および年齢群別での分析においては概ね有意な分析結果が得られたことから，家族状況によって各中年期危機への影響が異なる可能性が推測される。したがって，次節では家族状況別にモデルを構築することが必要と考えられる。

3節　ソーシャル・サポート，容姿維持向上努力，自尊感情と女性の中年期危機を用いた仮説モデルの構築と検証（研究5-2）

⑴ 目的
　1節で検討した，ソーシャル・サポートと容姿維持向上努力が直接的に，かつ，自尊感情を介して間接的に女性の中年期危機に及ぼす効果についての

理論仮説モデルを評価し検討する。

⑵ 方法

調査対象者　対象者Ｅ群（詳細については第1章7節を参照）。

　なお本研究では，そのうちの一部である，自らを中年期にあると回答した主観的中年期群516名（平均年齢48.21歳（標準偏差6.09歳），年齢範囲は32歳〜67歳）のうち，データの調査内容項目に欠損値のない506名のみを分析対象とした。

調査内容（フェイスシートを除く）

①現在自分が属する人生上の時期，②容姿維持向上努力尺度

　　第5章の研究4-4の本調査と同一。

③日本女性用中年期危機尺度

　　第3章の研究2-3と同一。

⑤中年期女性用ソーシャル・サポート尺度

　　第4章の研究3と同一。

⑥自尊感情尺度

　　2節の研究5-1と同一。

分析方法　統計分析ソフト Amos19.0による SEM を採用した。

⑶ 結果と考察

SEM を用いたソーシャル・サポートと容姿維持向上努力と自尊感情による女性の中年期危機に対する予防と軽減モデル

　1節で検討した理論モデルおよび仮説に基づき，ソーシャル・サポートと容姿維持向上努力と自尊感情と日本女性の中年期危機からなるモデルをFigure 6-5と Figure 6-6の通り SEM モデル化し，共分散構造分析によるパス解析を実施した。日本女性用中年期危機尺度は下位尺度をもつため，潜在変数とした。なお，容姿維持向上努力尺度も下位尺度をもつが，3節の日本

第6章 女性の中年期危機に対するソーシャル・サポートと容姿維持向上努力の効果　227

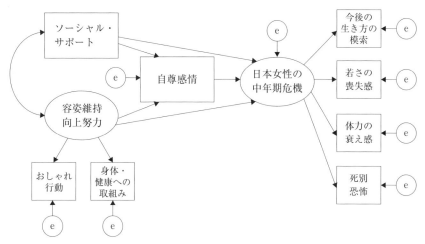

Figure 6-5　ソーシャル・サポート・容姿維持向上努力・自尊感情と日本女性の中年期危機からなる SEM モデル（容姿維持向上努力を潜在変数とする）

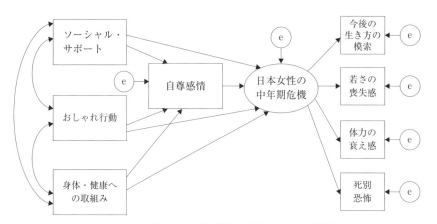

Figure 6-6　ソーシャル・サポート・容姿維持向上努力・自尊感情と日本女性の中年期危機からなる SEM モデル（容姿維持向上努力を観測変数とする）

女性用中年期危機尺度に対するソーシャル・サポート個人総得点，容姿維持向上努力尺度得点，および自尊感情尺度得点の因果関係の検討において，容姿維持向上努力尺度の〈おしゃれ行動〉・〈身体・健康への取組み〉因子が，

中年期危機の各因子に対しては，〈おしゃれ行動〉が強める影響を，〈身体・健康への取組み〉が強める影響と弱める影響の双方を与える可能性が示されたことから，潜在変数とせずそれぞれ独立した観測変数とするモデルの可能性が示唆された。そこで本研究では，容姿維持向上努力尺度を潜在変数とするモデルと各下位尺度をそれぞれ独立した観測変数とするモデルを作成し，比較を行う。Figure 6-5が容姿維持向上努力尺度を潜在変数とするモデル，Figure 6-6が容姿維持向上努力尺度の各下位尺度をそれぞれ独立した観測変数とするモデルである。なお，ソーシャル・サポート個人総得点と容姿維持向上努力尺度得点は，第5章の6節にて有意な正の相関が認められたことから共変関係を設けた。

1）容姿維持向上努力を潜在変数とするモデル（主観的中年期全体用）

容姿維持向上努力尺度を潜在変数としたモデルのパス解析の結果を

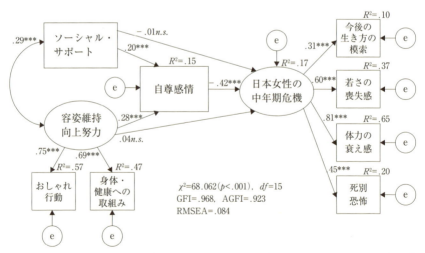

Figure 6-7　ソーシャル・サポート個人総得点・容姿維持向上努力尺度得点・自尊感情尺度得点の日本女性用中年期危機尺度得点に与える効果のパス解析結果1（容姿維持向上努力を潜在変数とする）

Figure 6-7に示す。数値は，R^2 が重決定係数である。記号のない数値のうち，ソーシャル・サポート個人総得点と容姿維持向上努力尺度得点との共変関係が相関係数，それ以外がパス係数となる。本モデルの適合指標を確認したところ，$\chi^2 = 68.062$ $(p<.001)$，自由度 = 15，GFI = .968，AGFI = .923，RMSEA = .084であった。GFIは .90を上回り，RMSEAは .10を下回る値が得られたが，あてはまりが良い基準である .05をかなり上回ったため，本モデルは改良を必要とする結果となった。

そこで，パス係数の値が有意ではなかったソーシャル・サポート個人総得点から日本女性用中年期危機尺度得点へのパス（パス係数 = − .01, *n.s.*）と，容姿維持向上努力尺度得点から日本女性用中年期危機尺度得点へのパス（パス係数 = .04, *n.s.*）を削除した。また修正指標をもとに，第Ⅰ因子〈今後の生き方の模索〉得点と第Ⅳ因子〈死別恐怖〉得点の各誤差変数同士に共変関係を設け，再度パス解析を実施した。結果を Figure 6-8 に示す。本モデルの

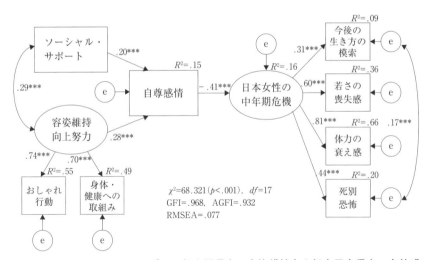

Figure 6-8　ソーシャル・サポート個人総得点・容姿維持向上努力尺度得点・自尊感情尺度得点の日本女性用中年期危機尺度得点に与える効果のパス解析結果2（容姿維持向上努力を潜在変数とする）

適合指標を確認したところ，$\chi^2 = 68.321$（$p < .001$），自由度$= 17$，GFI $= .968$，AGFI$= .932$，RMSEA$= .077$となった。改良前のモデルと比較すると，AGFIとRMSEAが改善された。

　ここまでの分析結果から，Figure 6-8のパス解析結果2より，ソーシャル・サポート個人総得点から自尊感情尺度得点へのパスと容姿維持向上努力尺度得点から自尊感情尺度得点へのパスはいずれも有意であり，プラスの影響を及ぼすことが示された（パス係数$= .20, p < .001$；パス係数$= .28, p < .001$）。また，自尊感情尺度得点から日本女性用中年期危機尺度得点へのパスは有意であり，マイナスの影響を及ぼしていた（パス係数$= - .41, p < .001$）。したがって，本モデルでは1節の仮説①「ソーシャル・サポート個人総得点と容姿維持向上努力尺度の各下位尺度得点は，自尊感情尺度得点を高め，日本女性用中年期危機尺度得点を低下させることにより，間接的に中年期危機を予防する。」は支持された。つまり，知覚されたソーシャル・サポートと自分の容姿の維持向上に向けた努力は，自尊感情を媒介して女性の中年期危機を軽減することが明らかとなった。一方，Figure 6-7のパス解析結果1より，ソーシャル・サポート個人総得点と容姿維持向上努力尺度得点から日本女性用中年期危機尺度得点へのパスはいずれも有意ではなかった（パス係数$= - .01$, $n.s.$；パス係数$= .04, n.s.$）。したがって，本モデルでは1節の仮説②「ソーシャル・サポート個人総得点と容姿維持向上努力尺度得点は，日本女性用中年期危機尺度得点を低下させることにより，直接的に危機を軽減する。」は支持されなかった。つまり，知覚されたソーシャル・サポートと自分の容姿の維持向上に向けた努力そのものが，女性の中年期危機を軽減するわけではないことが示唆された。

2）容姿維持向上努力を潜在変数とするモデル（中年期前期・中年期後期比較）

　ここで，第3章の研究2-3で検討した日本女性用中年期危機尺度得点の年齢比較の結果より，分析対象を最年少〜40歳代までの中年期前期と，50歳代

～最年長までの中年期後期の2グループに分けて再分析し，比較検討する。30歳代～60歳代までの極めて広い年齢幅の対象者をひとくくりにしてモデル化したFigure 6-8のパス解析結果2の適合度は，あてはまりが良いと言えるのに十分な値までには達していなかった。分析対象者を年齢により中年期前期群と中年期後期群の2群に分けて分析することにより，女性の中年期危機に対するソーシャル・サポートと容姿維持向上努力の効果の発達的な視点が示され，またその結果，適合指標もさらに改良される可能性がある。

そこで，Figure 6-8のパス解析結果2で評価したモデルに対して，対象者を中年期前期群（主観的中年期群の最年少～40歳代まで）と中年期後期群（主観的中年期群の50歳代～最年長まで）の2群に分け，多母集団同時分析を行った。結果をFigure 6-9に示す。

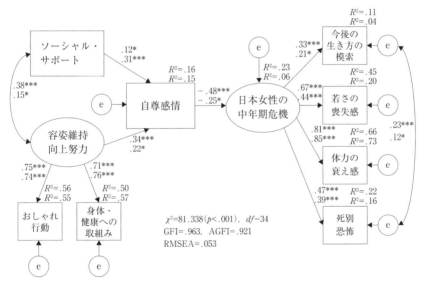

Figure 6-9　ソーシャル・サポート個人総得点・容姿維持向上努力尺度得点・自尊感情尺度得点の日本女性用中年期危機尺度得点に与える効果のパス解析結果2の多母集団同時分析結果（容姿維持向上努力を潜在変数とする）
　　　　　上段：中年期前期群（n=306），下段：中年期後期群（n=201）

分析結果の適合指標を確認したところ，$\chi^2 = 81.338$（$p < .001$），自由度＝34，GFI＝.963，AGFI＝.921，RMSEA＝.053であった。Figure 6-8の分析対象者をひとくくりにした分析と比較すると，GFIならびにAGFIの適合度はそれぞれ若干下がったが適合指標の値としては問題ないと判断された。またRMSEAの値も，あてはまりが良い基準である.05よりは僅かながら上回ったものの，他の指標と総合してほぼあてはまりが良いモデルであると判断された。

次に，中年期前期と中年期後期とでソーシャル・サポート，容姿維持向上努力，自尊感情の女性の中年期危機への影響の仕方の違いを検討するためにパス係数の差を確認した。結果を Table 6-9に示す。ソーシャル・サポート個人総得点から自尊感情尺度得点へのパスは，中年期前期群と中年期後期群とで有意差は見られず，中年期前期と中年期後期とで影響力の強さの違いはなかった（$z = 1.523$, n.s.）。容姿維持向上努力尺度得点から自尊感情尺度得点へのパスは，中年期前期群と中年期後期群とで有意な傾向が見られ，中年期前期への影響力の方が強い傾向であることがわかった（$z = 1.694$, $p < .10$）。自尊感情尺度得点から日本女性用中年期危機尺度得点へのパスは，中年期前期群と中年期後期群とで有意差が見られ，中年期前期への影響力の方が強いことが示された（$z = 2.493$, $p < .05$）。以上の検討結果から，今回の2つの集団での分析結果により，Figure 6-8で評価したモデルはどちらにもあてはまるが，一部時期によってパス係数に差があることから，2つのグループに分けて分析をした方がよりうまくいくことが示された。かつ，本モデルは中年期前期

Table 6-9　SEM モデルの分析結果によるパス係数と差の検定
（容姿維持向上努力を潜在変数とするモデル）

パスの内容	中年期前期群	中年期後期群	z 値
ソーシャル・サポート個人総得点→自尊感情尺度得点	.12*	.31***	1.523 n.s.
容姿維持向上努力尺度得点→自尊感情尺度得点	.34***	.22*	1.694[†]
自尊感情尺度得点→日本女性用中年期危機尺度得点	− .48***	− .25**	2.493*

***$p < .001$，**$p < .01$，*$p < .05$，[†]$p < .10$

群に対しての効果の方がより強く働くことが明らかとなった。つまり，中年期前期と中年期後期とでソーシャル・サポートと容姿維持向上努力の影響力と内容に違いがあることが示唆される。

3) 容姿維持向上努力を独立した観測変数とするモデル（主観的中年期全体用）

容姿維持向上努力尺度の〈おしゃれ行動〉・〈身体・健康への取組み〉因子をそれぞれ独立した2つの観測変数としたモデルのパス解析の結果をFigure 6-10に示す。本モデルの適合指標を確認したところ，$\chi^2=59.861$ ($p<.001$)，自由度$=13$，GFI$=.972$，AGFI$=.923$，RMSEA$=.084$であった。本モデルもGFIは.90を上回り，RMSEAは.10を下回る値が得られたが，あてはまりが良い基準である.05をかなり上回ったため，本モデルは改良を必要とする結果となった。

そこで，パス係数の値が有意ではなかったソーシャル・サポート個人総得

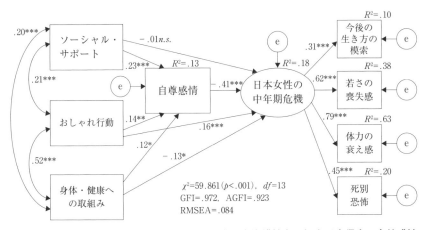

Figure 6-10　ソーシャル・サポート個人総得点・容姿維持向上努力尺度得点・自尊感情尺度得点の日本女性用中年期危機尺度得点に与える効果のパス解析結果3（容姿維持向上努力を2つの観測変数とする）

点から日本女性用中年期危機尺度得点へのパス（パス係数 = − .01, *n.s.*）を削除した。また修正指標をもとに，日本女性用中年期危機尺度の〈今後の生き方の模索〉因子得点と〈死別恐怖〉因子得点の各誤差変数同士に共変関係を設け，再度パス解析を実施した。結果を Figure 6-11に示す。本モデルの適合指標を確認したところ，$\chi^2 = 59.890$（$p<.001$），自由度 = 14，GFI = .972，AGFI = .929，RMSEA = .080となった。改良前のモデルと比較すると，AGFIとRMSEAが若干改善された。

　ここまでの分析結果から，Figure 6-11のパス解析結果4より，ソーシャル・サポート個人総得点から自尊感情尺度得点へのパスと，容姿維持向上努力尺度の〈おしゃれ行動〉因子得点から自尊感情尺度得点へのパスおよび容姿維持向上努力尺度の〈身体・健康への取組み〉因子得点から自尊感情尺度得点へのパスはいずれも有意であり，プラスの影響を及ぼすことが示された（パス係数 = .23, $p<.001$；パス係数 = .14, $p<.01$，パス係数 = .24, $p<.05$）。また，自尊感情尺度得点から日本女性用中年期危機尺度得点へのパスは有意であり，

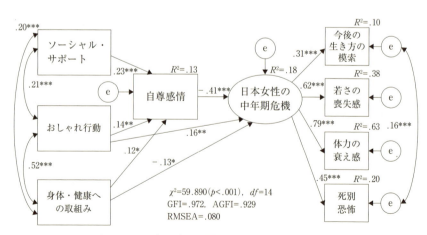

Figure 6-11　ソーシャル・サポート個人総得点・容姿維持向上努力尺度得点・自尊感情尺度得点の日本女性用中年期危機尺度得点に与える効果のパス解析結果4（容姿維持向上努力を2つの観測変数とする）

第 6 章 女性の中年期危機に対するソーシャル・サポートと容姿維持向上努力の効果　235

マイナスの影響を及ぼしていた（パス係数 = − .41, $p <$ .001）。したがって，本モデルでは 1 節の仮説①「ソーシャル・サポート個人総得点と容姿維持向上努力尺度の各下位尺度得点は，自尊感情尺度得点を高め，日本女性用中年期危機尺度得点を低下させることにより，間接的に中年期危機を予防する。」は支持された。つまり，知覚されたソーシャル・サポートと自分の容姿の維持向上に向けた努力は，自尊感情を媒介して女性の中年期危機を軽減することが明らかとなった。一方，Figure 6-10 のパス解析結果 3 より，ソーシャル・サポート個人総得点から日本女性用中年期危機尺度得点へのパスは有意ではなかった（パス係数 = − .01, $n.s.$）が，容姿維持向上努力尺度の〈おしゃれ行動〉因子得点から日本女性用中年期危機尺度得点へのパスは有意でプラスの影響を及ぼし，〈身体・健康への取組み〉因子得点から日本女性用中年期危機尺度得点へのパスは有意でマイナスの影響を及ぼしていた。したがって，本モデルでは 1 節の仮説②「ソーシャル・サポート個人総得点と容姿維持向上努力尺度得点は，日本女性用中年期危機尺度得点を低下させることにより，直接的に危機を軽減する。」は，一部支持された。つまり，知覚されたソーシャル・サポートは女性の中年期危機を軽減するわけではないが，自分の容姿の維持向上に向けた努力のうち，おしゃれをする取組みは直接的には中年期危機を強め，一方で自分の身体や健康をケアする取組みは中年期危機を軽減することが示唆された。

4）容姿維持向上努力を独立した観測変数とするモデル（中年期前期・中年期後期比較）

　ここで，容姿維持向上努力尺度を潜在変数とするモデルと同様に，分析対象を最年少〜40歳代までの中年期前期と，50歳代〜最年長までの中年期後期の 2 グループに分けて再分析し，比較検討する。Figure 6-11 のパス解析結果 4 の適合度も，あてはまりが良いと言えるのに十分な値までには達しておらず，分析対象者を中年期前期群と中年期後期群の 2 群に分けて分析するこ

とにより，女性の中年期危機に対するソーシャル・サポートと容姿維持向上努力の効果の発達的な視点が示され，またその結果，適合指標もさらに改良される可能性がある。

そこで，Figure 6-11のパス解析結果4で評価したモデルに対して，対象者を中年期前期群（主観的中年期群の最年少～40歳代まで）と中年期後期群（主観的中年期群の50歳代～最年長まで）の2群に分け，多母集団同時分析を行った。結果を Figure 6-12に示す。

分析結果の適合指標を確認したところ，$\chi^2 = 76.450$（$p < .001$），自由度=28，GFI=.965，AGFI=.911，RMSEA=.059であった。Figure 6-11の分析対象者をひとくくりにした分析と比較すると，GFIならびにAGFIの適合度はそれぞれ若干下がったが適合指標の値としては問題ないと判断された。またRMSEAの値も，あてはまりが良い基準である.05よりはやや上回ったも

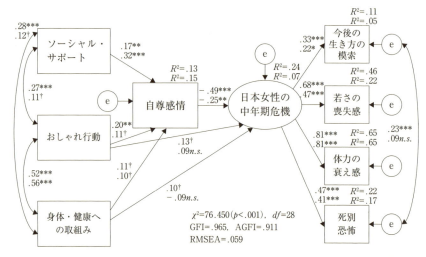

Figure 6-12　ソーシャル・サポート個人総得点・容姿維持向上努力尺度得点・自尊感情尺度得点の日本女性用中年期危機尺度得点に与える効果のパス解析結果4の多母集団同時分析結果（容姿維持向上努力を2つの観測変数とする）
上段：中年期前期群（n=306），下段：中年期後期群（n=201）

第 6 章　女性の中年期危機に対するソーシャル・サポートと容姿維持向上努力の効果　　237

のの，他の指標と総合してほぼあてはまりが良いモデルであると判断された。
なお，中年期後期群での容姿維持向上努力尺度の〈おしゃれ行動〉因子得点
から日本女性用中年期危機尺度得点へのパスと，容姿維持向上努力尺度の
〈身体・健康への取組み〉因子得点から日本女性用中年期危機尺度得点への
パスはいずれも有意ではなくなり，中年期後期群での容姿維持向上努力から
女性の中年期危機への直接効果が認められないことが示された。
　次に，中年期前期と中年期後期とでソーシャル・サポート，容姿維持向上
努力，自尊感情の女性の中年期危機への影響の仕方の違いを検討するために
パス係数の差を確認した。結果を Table 6-10に示す。ソーシャル・サポート
個人総得点から自尊感情尺度得点へのパスは，中年期前期群と中年期後期群
とで有意差は見られず，中年期前期と中年期後期とで影響力の強さの違いは
なかった（$z=1.118, n.s.$）。容姿維持向上努力尺度の〈おしゃれ行動〉因子得
点と〈身体・健康への取組み〉因子得点から自尊感情尺度得点へのパスは，
いずれも中年期前期群と中年期後期群とで有意差は見られず，中年期前期と
中年期後期とで影響力の強さの違いはなかった（$z=1.128, n.s., z=.279, n.s.$）。
自尊感情尺度得点から日本女性用中年期危機尺度得点へのパスは，中年期前

Table 6-10　SEM モデルの分析結果によるパス係数と差の検定
（容姿維持向上努力を観測変数とするモデル）

パスの内容	中年期前期群	中年期後期群	z 値
ソーシャル・サポート個人総得点→自尊感情尺度得点	.17**	.32***	1.118 *n.s.*
容姿維持向上努力尺度の〈おしゃれ行動〉因子得点→自尊感情尺度得点	.20***	.11†	1.128 *n.s.*
容姿維持向上努力尺度の〈身体・健康への取組み〉因子得点→自尊感情尺度得点	.11†	.10†	.279 *n.s.*
自尊感情尺度得点→日本女性用中年期危機尺度得点	−.49***	−.25**	2.428*
容姿維持向上努力尺度の〈おしゃれ行動〉因子得点→日本女性用中年期危機尺度得点	.13†	.09 *n.s.*	.587 *n.s.*
容姿維持向上努力尺度の〈身体・健康への取組み〉因子得点→日本女性用中年期危機尺度得点	−.10†	−.09 *n.s.*	.333 *n.s.*

***$p<.001$，**$p<.01$，*$p<.05$，†$p<.10$

期群と中年期後期群とで有意差が見られ，中年期前期への方が影響力が強い
ことが示された（$z = 2.428, p < .05$）。容姿維持向上努力尺度の〈おしゃれ行
動〉因子得点と〈身体・健康への取組み〉因子得点から日本女性用中年期危
機尺度得点へのパスは，いずれも中年期前期群と中年期後期群とで有意差は
見られず，中年期前期と中年期後期とで影響力の強さの違いはなかった
（$z = .587, n.s., z = .333, n.s.$）。以上の検討結果から，今回の2つの集団での分析
結果により，Figure 6-11で評価したモデルはどちらにもあてはまるが，一
部時期によってパス係数に差があることから，2つのグループに分けて分析
をした方がよりうまくいくことが示された。かつ，本モデルは中年期前期群
に対しての効果の方がより強く働くことが明らかとなった。つまり，中年期
前期と中年期後期とでソーシャル・サポートと容姿維持向上努力の影響力と
内容に違いがあることが示唆される。

5）容姿維持向上努力を潜在変数とするモデルと独立した観測変数とする
モデルの比較

　上記1）～4）の分析結果より，SEMを用いたソーシャル・サポートと容
姿維持向上努力と自尊感情を用いた女性の中年期危機に対する予防と軽減モ
デルとして，容姿維持向上努力尺度を2つの因子をもつ潜在変数とするモデ
ル（以下，モデル1と記す，モデルの詳細はFigure 6-9を参照）と，容姿維持向上
努力尺度の2因子をそれぞれ別個の観測変数とするモデル（以下，モデル2と
記す，モデルの詳細はFigure 6-12を参照）とが想定され，それぞれ構築された。
以下に，両モデルについて比較検討し，より最適なモデルを採択する。

　モデル1・モデル2ともに，対象者をひとくくりにして分析するより，中
年期前期群と中年期後期群とに分けての同時多母集団分析の結果の方が，よ
りモデルの適合指標が改善されていたことから，どちらのモデルを採択する
にせよ同時多母集団分析でのモデルとなることがわかる。それぞれの適合指
標を比較すると，GFIとAGFIについてはモデル1がそれぞれ.963と.921で，

モデル2が.965と.911であり，ほとんど差はない。また，RMSEAについて
はモデル1が.053でモデル2が.059であり，モデル1の方が若干ではあるが，
よりあてはまりが良いことがわかる。さらに，異なるモデルの比較の際に用
いられるAICについては，モデル1が143.368で，モデル2が164.450であ
り，モデル1の値の方がより低かった。

　上記の結果から，モデル1，すなわち容姿維持向上努力を潜在変数とし，
年齢を中年期前期群と中年期後期群とでグルーピングしたモデルの方が，今
回の理論仮説モデルとしてより適合していると考えられる。

6）容姿維持向上努力を潜在変数とするモデルの家族状況別比較

　次に，上記5）で採択されたSEMを用いたソーシャル・サポートと容姿
維持向上努力と自尊感情による女性の中年期危機に対する予防と軽減モデル
（容姿維持向上努力を潜在変数とした）を主観的中年期群の家族状況により群分
けした対象群（未婚・子無し群，既婚・子有り群，既婚・子無し群，離/死別・子有
り群）にあてはめ，必要に応じて改良を加えた上で，家族状況別のモデル構
築を検討する。

既婚・子有り群でのモデルの検討

　まず，主観的中年期の対象者の約76％を占め，最も対象者数が多い既婚・
子有り群（386名）でのモデル構築を試みることとした。分析手順は上記1）
～2）と同様である。

　既婚・子有り群を対象としたモデル1のパス解析の結果をFigure 6-13に
示す。なお，本結果に至るまでのモデルの改良については割愛する。本モデ
ルの適合指標を確認したところ，$\chi^2 = 56.802$（$p < .001$），自由度 = 17，GFI
= .965，AGFI = .926，RMSEA = .078であった。GFIおよびAGFIは.90を
上回り，RMSEAはあてはまりが良い基準である.05よりはやや高めであっ
たものの，.10を下回る値が得られた。

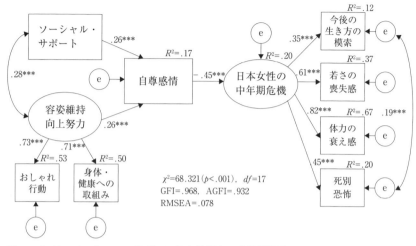

Figure 6-13 ソーシャル・サポート個人総得点・容姿維持向上努力尺度得点・自尊感情尺度得点の日本女性用中年期危機尺度得点に与える効果のパス解析結果 5（既婚・子有り群を対象とする）

次に，Figure 6-13のパス解析結果 5 で評価したモデルに対して，対象者を中年期前期群と中年期後期群の 2 群に分け，多母集団同時分析を行った。結果を Figure 6-14 に示す。

分析結果の適合指標を確認したところ，$\chi^2 = 67.368$ ($p < .01$)，自由度＝34，GFI＝.959，AGFI＝.913，RMSEA＝.051であった。Figure 6-13の分析対象者をひとくくりにした分析と比較すると，GFIならびにAGFIの適合度はそれぞれ若干下がったが適合指標の値としては問題ないと判断された。またRMSEAの値も，あてはまりが良い基準である.05よりはわずかながら上回ったものの，他の指標と総合してほぼあてはまりが良いモデルであると判断された。そして，既婚・子有り群のモデルにおいても，1節の仮説①「ソーシャル・サポート個人総得点と容姿維持向上努力尺度の各下位尺度得点は，自尊感情尺度得点を高め，日本女性用中年期危機尺度得点を低下させることにより，間接的に中年期危機を予防する。」のみが支持され，つまり，知覚

第6章 女性の中年期危機に対するソーシャル・サポートと容姿維持向上努力の効果　241

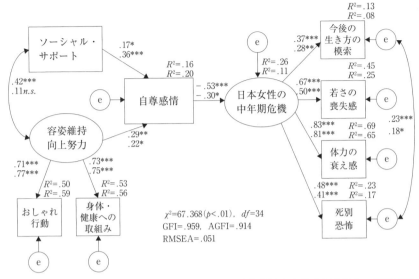

Figure 6-14　ソーシャル・サポート個人総得点・容姿維持向上努力尺度得点・自尊感情尺度得点の日本女性用中年期危機尺度得点に与える効果のパス解析結果5の多母集団同時分析結果（既婚・子有り群を対象とする）
上段：中年期前期群（n=323），下段：中年期後期群（n=163）

Table 6-11　SEMモデルの分析結果によるパス係数と差の検定
（既婚・子有り群を対象とする）

パスの内容	中年期前期群	中年期後期群	z値
ソーシャル・サポート個人総得点→自尊感情尺度得点	.17*	.36***	1.699†
容姿維持向上努力尺度得点→自尊感情尺度得点	.29**	.22*	1.002 n.s.
自尊感情尺度得点→日本女性用中年期危機尺度得点	−.53***	−.30**	1.971*

***$p<.001$，**$p<.01$，*$p<.05$，†$p<.10$

されたソーシャル・サポートと自分の容姿の維持向上に向けた努力は，自尊感情を媒介して女性の中年期危機を軽減することが明らかとなった。

　さらに，中年期前期と中年期後期とでソーシャル・サポート，容姿維持向上努力，自尊感情の女性の中年期危機への影響の仕方の違いを検討するために，パス係数の差を確認した。結果をTable 6-11に示す。ソーシャル・サポ

ート個人総得点から自尊感情尺度得点へのパスは，中年期前期群と中年期後期群とで有意な傾向が見られ，中年期後期の影響力の方が強い傾向であることがわかった（$z=1.699, p<.10$）。この結果は，中年期女性のソーシャル・サポート利用の発達的変化を示している可能性が示唆される。容姿維持向上努力尺度得点から自尊感情尺度得点へのパスは，中年期前期群と中年期後期群とで有意差が見られず，中年期前期群と中年期後期群とで影響力の強さの違いはなかった（$z=1.002, n.s.$）。自尊感情尺度得点から日本女性用中年期危機尺度得点へのパスは，中年期前期群と中年期後期群とで有意差が見られ，中年期前期の方が影響力が強いことが示された（$z=1.971, p<.05$）。以上の検討結果から，今回の2つの集団での分析結果により，Figure 6-13で評価したモデルはどちらにもあてはまるが，一部時期によってパス係数に差があることから，2つのグループに分けて分析をした方がよりうまくいくことが示された。かつ，本モデルは中年期前期群に対しての効果の方がより強く働くことが明らかとなった。つまり，中年期前期と中年期後期とでソーシャル・サポートと容姿維持向上努力の影響力と内容に違いがあることが示唆される。

未婚・子無し群でのモデルの検討

次に，2番目に人数の多い未婚・子無し群（63名）でのモデル構築を試みた。

未婚・子無し群を対象としたモデル1のパス解析の結果を Figure 6-15に示す。本モデルの適合指標を確認したところ，$\chi^2=19.150$（$n.s.$），自由度 = 17，GFI = .932，AGFI = .901，RMSEA = .045であった。GFI および AGFI は.90を上回り，RMSEA はあてはまりが良い基準である.05を下回る値が得られた。本モデルの特徴としては，中年期危機尺度の第Ⅰ因子〈今後の生き方の模索〉尺度得点へのパスと，ソーシャル・サポート個人総得点から自尊感情尺度得点へのパスと，自尊感情尺度得点から日本女性用中年期危機尺度得点へのパスが有意でなくなったこと（パス係数 = - .12, $n.s.$, パス係数 = - .08,

第6章 女性の中年期危機に対するソーシャル・サポートと容姿維持向上努力の効果 243

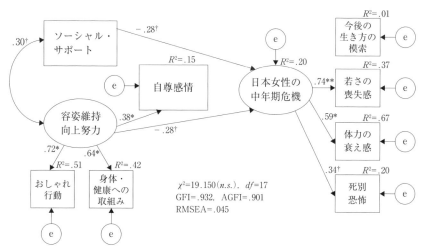

Figure 6-15 ソーシャル・サポート個人総得点・容姿維持向上努力尺度得点・自尊感情
尺度得点の日本女性用中年期危機尺度得点に与える効果のパス解析結果6
（未婚・子無し群を対象とする）

n.s., パス係数 = -.23, n.s.）と，有意傾向ではあるものの，ソーシャル・サポート尺度得点と容姿維持向上努力尺度得点の日本女性用中年期危機尺度得点へのパスが示されたことである（パス係数 = -.28, $p<.10$, パス係数 = -.28, $p<.10$）。これらの結果より，未婚・子無し群での分析では1節の仮説②「ソーシャル・サポート個人総得点と容姿維持向上努力尺度得点は，日本女性用中年期危機尺度得点を低下させることにより，直接的に危機を軽減する。」のみが支持される結果となった。独身で子どものいない中年期女性にとって，自尊感情により中年期危機が予防・軽減されることはないようである。一方で，有意傾向ではあるものの，ソーシャル・サポートと自分の容姿を維持向上する努力は将来のことを模索する中年期危機以外の危機に対し，直接的な効果があることが示唆された。

なお，本モデルで中年期前期と中年期後期での同時多母集団分析を実施したところ，エラーとなり確認できなかった。しかし，上記の通り本モデルは

あてはまりが良い基準を既に満たしているため，本研究においてはFigure 6-15のモデルを未婚・子無し群のモデルとする。

既婚・子無し群でのモデルの検討

さらに，既婚・子無し群（28名）でのモデル構築を試みた。

既婚・子無し群を対象としたモデル1のパス解析の結果をFigure 6-16に示す。本モデルの適合指標を確認したところ，$\chi^2 = 25.457$ (n.s.)，自由度=18，GFI=.834，AGFI=.668，RMSEA=.124であった。GFIおよびAGFIは.90を下回り，RMSEAはあてはまりが悪い基準である.10を上回る値となったため，本モデルは適切なモデルとして成立していないと判断され，今回の仮説に基づくモデルは構築できなかった。

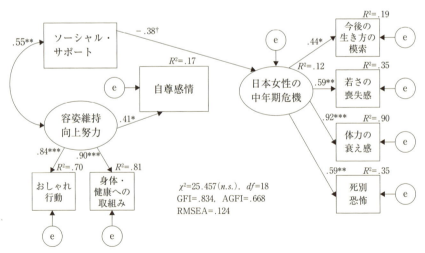

Figure 6-16　ソーシャル・サポート個人総得点・容姿維持向上努力尺度得点・自尊感情尺度得点の日本女性用中年期危機尺度得点に与える効果のパス解析結果7（既婚・子無し群を対象とする）

離/死別・子無し群でのモデルの検討

最後に，離/死別・子無し群（28名）でのモデル構築を試みた。

離/既婚・子無し群を対象としたモデル1のパス解析の結果をFigure 6-17に示す。本モデルの適合指標を確認したところ，χ^2＝22.953（_n.s._），自由度＝18，GFI＝.854，AGFI＝.707，RMSEA＝.101であった。GFIおよびAGFIは.90を下回り，RMSEAはあてはまりが悪い基準である.10を上回る値となったため，本モデルは適切なモデルとして成立していないと判断され，今回の仮説に基づくモデルは構築できなかった。

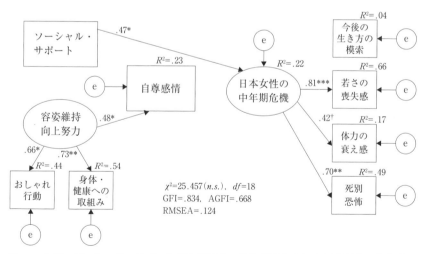

Figure 6-17　ソーシャル・サポート個人総得点・容姿維持向上努力尺度得点・自尊感情尺度得点の日本女性用中年期危機尺度得点に与える効果のパス解析結果 8（離/死別・子有り群を対象とする）

4節　まとめ

　本章では，第1章5節で検討した，現代日本女性の中年期危機の予防と軽減についての仮説を検証しモデルを構築することを目的に研究を行った。

　2節では，まず自尊感情尺度得点を算出し，ソーシャル・サポート個人総得点・容姿維持向上努力尺度得点・日本女性用中年期危機尺度得点との相関を確認した。その結果，相関の強さは全体的に弱いものの，自尊感情尺度得点はソーシャル・サポート個人総得点ならびに容姿維持向上努力尺度の各下位尺度得点の全てと正の相関が，日本女性用中年期危機尺度の各下位尺度得点の全てと有意な負の相関が見られたことから，1節のモデルと仮説の実現可能性が確認できた。

　次に，日本女性用中年期危機尺度得点，ソーシャル・サポート個人総得点・容姿維持向上努力尺度得点，自尊感情尺度得点の年齢と家族状況の両者による影響を改めて確認するために，日本女性用中年期危機尺度の各下位尺度得点，ソーシャル・サポート個人総得点，容姿維持向上努力尺度の各下位尺度得点，自尊感情尺度得点に対して，それぞれ2（年齢：中年期前期群，中年期後期群）×4（家族状況：未婚・子無し，既婚・子有り，既婚・子無し，離/死別・子有り）の2要因の分散分析を実施した。

　その結果，日本女性用中年期危機尺度の〈若さの喪失感〉尺度得点およびソーシャル・サポート個人総得点において年齢と家族状況の交互作用が認められ，また，日本女性用中年期危機尺度の〈今後の生き方の模索〉尺度得点では年齢および家族状況の主効果が，容姿維持向上努力尺度の〈おしゃれ行動〉尺度得点でも年齢の主効果がそれぞれ認められたことから，モデルの作成には年齢差と家族状況差とを考慮する必要性が示唆された。

　さらに，日本女性用中年期危機尺度得点に対するソーシャル・サポート個人総得点，容姿維持向上努力尺度得点，および自尊感情尺度得点の因果関係

を検討するために，日本女性用中年期危機尺度の各下位尺度得点を従属変数，
ソーシャル・サポート個人総得点，容姿維持向上努力尺度の各下位尺度得点，
自尊感情尺度得点を説明変数とする重回帰分析を実施した。

　年齢群別（主観的中年期全体，中年期前期群，中年期後期群）比較の結果から，
各説明変数は年齢群により効果の程度が異なるものの，中年期危機の各因子
に概ね同様の影響を与えていることが示され，中年期前期群への方が中年期
後期群よりも影響が強いことが示唆された。また，容姿維持向上努力につい
ては因子ごとに中年期危機に対する効果が異なる可能性が示されたため，各
因子得点をそれぞれ別の変数として分けたモデルを検討する必要性が示唆さ
れた。あわせて，中年期前期群と中年期後期群とでは，今回の説明変数が各
中年期危機に及ぼす程度や及ぼし方が異なる可能性も示され，中年期前期群
と中年期後期群とでそれぞれモデルの適合具合を確認する必要性も示唆され
た。

　家族状況別比較の結果から，説明変数への影響が家族状況により異なるこ
とが示され，特に概ね全説明変数が中年期危機の各因子に有意な結果となっ
たのは既婚・子有り群のみであった。一方，未婚・子無し群は今回の説明変
数での分析結果が有意となったのは〈若さの喪失感〉因子得点のみであり，
既婚・子無し群と離/死別子有り群では，各説明変数における個別の有意性
は見られたものの，いずれの因子でも全体的な有意性が認められなかった。
しかし，全体および年齢群別での分析においては概ね有意な分析結果が得ら
れたことから，家族状況によって各中年期危機への影響が異なる可能性が推
測され，家族状況別にモデルを構築する必要性が示唆された。

　3節では，1節で検討した理論モデルおよび仮説に基づき，ソーシャル・
サポートと容姿維持向上努力と自尊感情と日本女性用中年期危機尺度からな
るモデルを SEM モデル化し，共分散構造分析によるパス解析を行い，モデ
ルを評価した。

　主観的中年期群全体を対象とした分析では，2節の日本女性用中年期危機

尺度得点に対するソーシャル・サポート個人総得点，容姿維持向上努力尺度得点，および自尊感情尺度得点の因果関係の検討結果から，容姿維持向上努力尺度を潜在変数とするモデル1と独立した2つの観測変数とするモデル2が想定された。対象者を年齢群で分けない分析結果に加え，対象者を中年期前期群と中年期後期群の2群に分けた多母集団同時分析により再分析し，比較検討した。その結果，モデル1が採択され，ソーシャル・サポートと容姿維持向上努力が自尊感情を媒介して間接的に中年期危機を低減するモデルが構築された。つまり，本モデルでは1節の仮説①は支持されたが，仮説②は棄却された。中年期前期群と中年期後期群とでパス係数の差を確認したところ，一部のパスで差が認められた。容姿維持向上努力尺度得点から自尊感情尺度得点へのパスでは，中年期前期群の方が強い影響を及ぼす傾向があることが示された。また，自尊感情尺度得点から日本女性用中年期危機尺度得点へのパスでも，中年期前期群の方が強い影響を及ぼすことが明らかとなった。なお，ソーシャル・サポート個人総得点から自尊感情尺度得点へのパスでは，中年期後期群の方が数値は高いものの有意差はなかった。この結果，本モデルでは中年期前期と中年期後期とでソーシャル・サポートと容姿維持向上努力の影響力と内容に違いがあることが示唆された。

　次に，採択された容姿維持向上努力尺度を潜在変数とするモデル1を主観的中年期群の家族状況別の対象群にあてはめ，家族状況別のモデル構築を検討した。

　最も人数の多い既婚・子有り群（386名）を対象としたモデル1のパス解析の結果，ソーシャル・サポートと容姿維持向上努力が自尊感情を媒介して間接的に中年期危機を低減するモデルが構築された。つまり，本モデルでは1節の仮説①は支持されたが，仮説②は棄却された。また，中年期前期群と中年期後期群とでパス係数の差を確認したところ，一部のパスで差が認められた。ソーシャル・サポート個人総得点から自尊感情尺度得点へのパスでは，中年期後期群の方がより強い傾向であった。容姿維持向上努力尺度得点から

自尊感情尺度得点へのパスでは，中年期前期群と中年期後期群との有意差が認められなかった。自尊感情尺度得点から日本女性用中年期危機尺度得点へのパスでは，中年期前期の方がより強いことが示された。この結果，本モデルでも，中年期前期と中年期後期とでソーシャル・サポートと容姿維持向上努力の影響力と内容に違いがあることが示唆された。

　未婚・子無し群（63名）を対象としたパス解析結果では，中年期危機尺度の第Ⅰ因子〈今後の生き方の模索〉尺度得点へのパスと，ソーシャル・サポート個人総得点から自尊感情尺度得点へのパスと，自尊感情尺度得点から日本女性用中年期危機尺度得点へのパスが有意でなくなり，有意傾向ではあるものの，ソーシャル・サポート個人総得点と容姿維持向上努力尺度得点から日本女性用中年期危機尺度得点へのパスが示された。これらの結果より，未婚・子無し群での分析では1節の仮説②は支持されたが，仮説①は棄却された。独身で子どものいない中年期女性にとって，自尊感情により中年期危機が予防・軽減されることはないようであった。一方で，有意傾向ではあるもののソーシャル・サポートと自分の容姿を維持向上する努力は将来のことを模索する中年期危機以外の危機に対し，直接的な効果がある可能性が示唆された。なお，本モデルでは中年期前期と中年期後期での同時多母集団分析を実施したところ，エラーとなり確認できなかったが，本モデルはあてはまりが良い基準を既に満たしているため，本研究においては年齢をグルーピングしないモデル（Figure 6-15を参照）を未婚・子無し群のモデルとした。

　既婚・子無し群（28名）ならびに離/死別・子有り群（28名）を対象としたパス解析結果では，いずれも適合指標もあてはまりが良いモデルの基準となる数値に比較して悪く，適切なモデルとして成立していないと判断され，今回の仮説に基づくモデルは構築できなかった。既婚・子無し群と離/死別・子有り群のモデルの構築については，今後の課題である。

　これらの分析結果より，以下の通り考察する。まず，自尊感情を高めているのはソーシャル・サポートと容姿維持向上努力とでは，全体的には容姿維

持向上努力の方がより強いことが推察された。また，中年期女性のうち30歳代〜40歳代の人達への方が，ソーシャル・サポートより容姿維持向上努力の方が自尊感情を高める傾向がより高く，かつ，自尊感情が中年期危機をより低減することが示唆された。しかしながら，ソーシャル・サポートも容姿維持向上努力も中年期危機への明らかな直接効果はなかったので，ソーシャル・サポートや容姿維持向上努力が中年期危機を直接低減するわけではないことも示唆された。ただし，既婚・子有り群でのみ，ソーシャル・サポート個人総得点から自尊感情尺度得点へのパスで50歳代〜60歳代の人達への影響力の方が強い傾向となった。このことは，中年期女性のソーシャル・サポート利用の発達的変化の可能性を示唆すると言えよう。かつ，未婚・子無し群でのみ，ソーシャル・サポートと容姿維持向上努力が中年期危機を直接軽減する効果のある傾向が示され，家族状況が大きく異なる既婚・子有り群と未婚・子無し群とでは，中年期危機に対するソーシャル・サポートと容姿向上努力と自尊感情の効果も異なる可能性が示唆された。

　今後は，未婚・子無し群を対象としたモデルを再確認し，今回成立しなかった既婚・子無し群，離/死別子有り群を対象としたモデルを構築するために，家族状況がこれらに該当するサンプルを集めて大規模な質問紙調査をする必要があると考えられる。あわせて，ソーシャル・サポートがより効果的に働く媒介変数を検討していくことも必要であろう。

第7章　総括と展望

　本書では，現代日本女性の中年期と中年期危機に注目し，知覚されたソー
シャル・サポートと自分の容姿を維持向上する努力とが，女性の中年期危機
に及ぼす予防・軽減効果について検討した。本章では，総括として，本書で
実施した研究で得られた結果を概観した上で総合的な考察を行い，現代日本
女性の生涯発達に関する1つの知見として，中年期危機の予防・軽減に有効
な提言を行う。

1節　結果の概要

　本書では，以下を各章の主な目的として研究を実施した。
第1章：研究を行うにあたり，指針ならびに研究の前提となる中年期の発達
課題，および発達課題としての中年期危機について先行研究を整理する。そ
の上で，研究目的である現代日本女性の中年期危機の予防・軽減について，
理論仮説ならびに仮説モデルを提案する。
第2章：現代日本女性にとっての中年期の時期区分について，探索的研究を
実施する（研究1）。
第3章：現代日本女性の中年期危機を測定する尺度を作成する（研究2）。
第4章：中年期女性へのソーシャル・サポートについて検討し，現代日本の
中年期女性が知覚するソーシャル・サポートを測定する尺度を作成する（研
究3）。
第5章：中年期女性が自分の容姿を維持向上する努力について，その意味と
内容を検討した上で，現代日本女性の容姿を維持向上する努力を測定する尺
度を作成する（研究4）。

第 6 章：3 節 1 ）～ 6 ）までの結果を総合し，女性の中年期危機に対するソーシャル・サポートと容姿維持向上努力の効果を検討することにより，第 1 章で提案した現代日本女性の中年期危機の予防・軽減についての仮説検証ならびにモデル構築を行う（研究 5 ）。

(1) **第 1 章：先行研究の展望と，本研究での理論仮説ならびに仮説モデルの提案**

　1 章では，1 節～ 4 節で中年期の発達課題ならびに発達課題としての中年期危機の先行研究を概観した結果，発達課題を「喪失体験による役割の変化についての課題」と「老いの始まりの認識による死をめぐる課題」の 2 つに整理した。その上で，現代日本女性のライフスタイルに共通する中年期危機の予防・軽減要因としてソーシャル・サポートと容姿を維持向上する努力を想定した。

　5 節では，本研究での目的と意義を明らかにし，かつ，研究目的に沿った理論仮説ならびに仮説モデルを構築した。理論仮説は以下の 2 点である。

① ソーシャル・サポートと容姿を維持向上する努力は自尊感情を増加させ，間接的に中年期危機を軽減させることにより，危機を予防する。

② ソーシャル・サポートと容姿を維持向上する努力は直接的に中年期危機を低下させることにより，危機を軽減する。

　上記の通り，ソーシャル・サポートと容姿を維持向上する努力を中年期危機の予防・軽減の要因と仮定するが，直接中年期危機を低減するだけでなく，媒介変数として自尊感情を仮定した。本研究の仮説モデルは Figure 7-1 の通りである。

(2) **第 2 章：現代日本女性の中年期の時期区分についての探索的研究（研究 1 ）**

　2 章では，本書で検討対象とする中年期の時期区分についてのデータを得

第7章　総括と展望　253

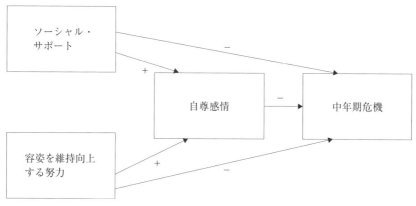

Figure 7-1　本研究の仮説モデル（Figure 1-1の再掲）

ることを目的とした。

　2節では，中年期の時期区分についての回答より，中年期女性が世の中一般的に考える中年期の一般的開始年齢を43.01歳，一般的終了年齢を60.96歳と捉えていたのに対して，女子青年は一般的開始年齢を38.51歳，一般的終了年齢を54.63歳と捉えていた。つまり，女性同士でも世代が異なると中年期の時期区分の捉え方については大きな差異が生じており，中年期女性は女子青年に比べると，中年期を早く始まって欲しくない，そして早く終わって欲しくないと考えていることが示唆された。この結果から，中年期女性自身が世の中一般的に考える中年期の時期区分として43歳～60歳（小数点以下切捨て）という年齢範囲が得られ，本書では，この43歳～60歳を中年期のコア（核）と仮定し，コア中年期と命名した。また，中年期女性が自分としては何歳くらいから中年期が始まるのかを考えた場合の個人的開始年齢は，一般的開始年齢に比べると有意に高かったことから，個人的終了年齢についても一般的終了年齢との差が見られる可能性が推測された。そこで今後研究を進めるにあたり，対象者自身が自らを中年期と考える時期区分（主観的中年期）を確認する必要性が示唆された。また期間については，コア中年期は約20年

にわたり，主観的中年期もコア中年期と同じかそれ以上の長期間にわたるものと予想されたことから，中年期を１つの時期として扱って良いのかどうかについての検討の必要性が示された。

次に，現代日本女性の中年期の捉え方の特徴として，年代を問わず開始理由については［若さの喪失］より，終了理由については，個々人の中で想像する［時期区分］の設定より捉えることが示された。したがって，老いの発達課題を中年期危機として捉えた場合に，［若さの喪失］は少なくとも中年期初期の危機としては該当する可能性があることが示唆され，日本女性用中年期危機尺度を作成する際に［若さの喪失］を新たな因子の候補として検討する必要性が示された。

(3) 第３章：現代日本女性の中年期危機を測定する尺度の作成（研究２）

３章では，現代日本女性の中年期危機を測る尺度を作成し，その構造を明らかにした。その上で，作成した日本女性用中年期危機尺度得点の調査対象者の年齢比較による中年期のグルーピングの再検討と，家族状況比較によるライフスタイルの考慮の検討を目的とした。

２節の研究2-1では，長尾（1990）の中年期の危機状態尺度（女性用）を用い，現代中年期女性のデータでの再分析を行うことにより，尺度の因子構造と利用可能性を検討した。その結果，長尾（1990）とは異なる内容の〈体力と気力の衰え感〉・〈今後の生き方の模索〉・〈死別恐怖〉・〈家族への執着〉という４因子20項目が得られた。新旧尺度の因子および項目内容を検討した結果，再分析後尺度の方が現代日本女性の中年期危機をより表していることが示唆されたが，長尾（1990）の尺度が開発されてから今日までの，日本における少子高齢化の進行や，女性の高学歴化と男女雇用機会均等法の定着，経済環境の変化などにより女性を巡る状況が大きく変化していることを考慮し，さらに修正を加えた新たな尺度を作成する必要性が示唆された。

３節の研究2-2では，面接調査により女性の中年期危機の体験を詳細に検

討することで危機の内容を再吟味した。その結果，中年期危機の具体的内容
として［体力・気力の衰え］・［容姿の衰え］・［「オバサン」の自覚］・［更年
期障害］・［自分の選択への悔い］・［将来への不安］・［大切な対象の喪失］が
カテゴリーとして生成された。これらは身体機能の変化，外見の変化，過去
の生き方の悔いと将来の不安，喪失体験に分類され，岡本（1985）の中年期
に経験する心理的変化の否定的特徴である「身体感覚の変化」・「時間的展望
のせばまりと逆転」・「生産性の限界感の認識」・「老いと死への不安」と比較
すると，［容姿の衰え］と［「オバサン」の自覚］を除き，ほぼ一致した。こ
のことから［容姿の衰え］と［「オバサン」の自覚］の中年期危機は，質問
紙調査では抽出できなかった女性特有の中年期危機と考えられ，研究2-1で
検討した長尾（1990）の尺度には入っていなかったが，本研究により外見の
衰えに対応する因子を想定した新たな尺度についての検討の可能性が示唆さ
れた。

　また面接調査では，中年期女性がソーシャル・サポートとして夫や家族だ
けでなく友人やペットなど，幅広い他者を知覚していることがわかるととも
に，エステやおしゃれなどの容姿の維持向上に向けての取組みもソーシャ
ル・サポートとして語っていた。この結果は，第2章の研究1で検討した，
世間一般的に考える中年期の開始年齢より自分自身の開始年齢を遅く捉えた
理由—自分は何らかの取組みにより中年期を遅くできると考えるからではな
いか—との推測との合致が示唆された。つまり，第1章4節で検討した通り，
女性の中年期危機の予防・軽減要因としての容姿を維持向上する努力の可能
性が示唆され，今後の検討の必要性が高まった。

　4節の研究2-3では，［容姿の衰え］と［「オバサン」の自覚］についての
項目を反映させた日本女性用中年期危機尺度を改めて作成し，その尺度の信
頼性ならびに妥当性を検討した。尺度作成にあたっては，コア中年期と主観
的中年期とではそれぞれ年齢範囲が異なるので，尺度の因子構造も異なる可
能性を否定できないため，コア中年期群と主観的中年期群の両群で別々の因

子分析を行い，その両尺度因子構造を踏まえた上で最終的な尺度の検討を行った。また，作成した日本女性用中年期危機尺度得点の調査対象者の年齢間比較と家族状況間比較により，中年期のグルーピングおよびライフスタイルの考慮の必要性について確認した。

尺度作成の前提として，まず調査対象者に主観的中年期の判断を求めたところ，自らを中年期と捉える時期は40歳代と50歳代が圧倒的多数を占めているものの，30歳代や60歳代にも多数存在することが明らかとなり，今後の中年期検討の際は，自らを中年期と考える30歳代や60歳代の対象者も分析に含めて様々な分析が可能となるよう，サンプルを検討する必要が示唆された。

コア中年期群を対象に作成した尺度と主観的中年期群を対象にした尺度とでは，順番は若干異なるものの因子構造は同一で，項目構成もほとんど同じ結果となった。そこで，コア中年期群を対象に作成した尺度を日本女性用中年期危機尺度として採用することとし，改めて主観的中年期群を対象にα係数を算出して尺度内の内的整合性を確認することにより，本尺度が広範囲の年齢の対象者に適用可能であることが示された。本尺度は，研究2-1により長尾（1990）の尺度が〈体力と気力の衰え感〉・〈今後の生き方の模索〉・〈死別恐怖〉・〈家族への執着〉の4因子に整理されたものに，研究2-2で得られた［容姿の衰え］と［「オバサン」の自覚］の危機に該当する項目を満たす第Ⅱ因子〈若さの喪失感〉が付け加えられた結果，4因子構造で合計17項目となった。〈若さの喪失感〉因子以外の3因子は，全て研究2-1の因子とほぼ同一で，項目構成も同様の結果となった。なお，本尺度の作成においては，従来の女性の中年期危機の典型と考えられてきた空の巣症候群に起因する〈家族への執着〉因子を想定したが，最終的には因子として成立しなかった。この結果から，現代日本における社会状況の変化により中年期女性の多くが心理的に空の巣にならない状態に変化しており，むしろ巣立たない子に対する心理的危機の存在が示唆された。

本尺度の信頼性と妥当性の検討では，α係数およびI-T相関（全体・下位）

第7章　総括と展望　257

の検討より信頼性が確認され，SRS-18との相関関係の検討より基準関連妥
当性が確認された。

　調査対象者の各下位尺度得点の年齢比較を実施した結果，〈今後の生き方
の模索〉・〈若さの喪失感〉・〈体力の衰え感〉因子得点で最年少～40歳代まで
と50歳代以上～最年長の2群とで差が認められ，いずれも最年少～40歳代ま
での方が高かった。また第1章2節で検討した通り，日本の平均閉経年齢の
時期（50～51歳あたり（浅野，2005））も考慮し，女性の中年期危機研究の際は，
主観的中年期群を1グループとして分析するのではなく，40歳代までの中年
期前期群と50歳代以上の中年期後期群の2グループに分けて分析する必要性
も示唆された。

　さらに，様々なライフスタイルの中でも最も個人のライフコースを決定づ
ける要因と考えられる婚姻状況および子の有無より合成した「家族状況」
（未婚・子無し，既婚・子有り，既婚・子無し，離/死別・子有り）での比較を実施
した。その結果，日本女性用中年期危機尺度得点は〈今後の生き方の模索〉
因子得点でのみ，離/死別・子有り群が未婚・子無し群および既婚・子無し
群よりも有意に高かった。しかし全体で見ると，家族状況による顕著な群間
差は認められないことが推察された。

⑷ 第4章：中年期女性へのソーシャル・サポートを測定する尺度の作成　（研究3）

　4章では，中年期女性用ソーシャル・サポート尺度について検討し，その
上で，日本女性用中年期危機尺度と中年期女性用ソーシャル・サポート尺度
との関連についても確認することを目的とした。

　2節では，中年期女性用ソーシャル・サポート尺度の検討のために先行研
究を整理し，本書での今後の分析にふさわしい尺度として「Jichi Medical
School ソーシャルサポートスケール（JMS-SSS）」（堤・堤・折口・高木・詫
摩・萱場・五十嵐，1994；堤・萱場・石川・苅尾・松尾・詫摩，2000）を選択した。

そして，修正（①配偶者をパートナー（夫・恋人）と読み替える，②パートナー以外の家族は，同居／別居は問わない，③パートナーのサポート項目では，オリジナル尺度で削除された2項目も組み込む）後，中年期女性用ソーシャル・サポート尺度として採用した。

　3節では，中年期女性用ソーシャル・サポート尺度を用い，現代中年期女性のデータでの再分析を行うことにより，中年期女性のソーシャル・サポートを測る尺度としての内的整合性ならびに各サポート源別の尺度のまとまりを確認した。

　次に，今回の対象者が主に誰をサポート源として知覚しているのかを確認した結果，ほとんどの中年期女性にとって，パートナー，家族，友人がサポート源として意識されていることが示された。そして，ソーシャル・サポート個人総得点と各サポート得点を算出し，相関分析を実施した結果，全てのサポート得点とソーシャル・サポート個人総得点との間で非常に強い正の相関が見られ，各サポート得点間でも概ね正の相関が示された。次に，知覚するサポート源の数が多いほど個人総得点が高くなるのかを検討した結果，ソーシャル・サポート個人総得点のサポート源の数による有意差が見られず，つまり中年期女性にとって，サポート源の数の多さがより多くのソーシャル・サポートを受けているという知覚にはつながらないことが示された。この結果から，中年期女性は皆それぞれ自分に必要なサポートを自分に利用可能なサポート源から，または利用可能なサポート源を組み合わせて知覚しているものと推測された。以上の結果はまた，各サポート得点が全体的に個人総得点に依存している可能性が示唆され，森・三浦（2007）の指摘に沿うものであると判断された。したがって本書では，この後の分析ではソーシャル・サポート尺度の得点については，サポート源ごとの得点ではなく個人総得点を用いることとした。その上で，ソーシャル・サポート個人総得点の家族状況比較により，個人のライフスタイルによってソーシャル・サポート個人総得点が異なるのかを確認した結果，既婚・子無し群が既婚・子有り群よ

りも有意に高かった。しかし全体で見ると，家族状況による顕著な群間差は
ないと考えられた。

　4節では，ソーシャル・サポート個人総得点と日本女性用中年期危機尺度
得点との相関関係を確認した。その結果，ソーシャル・サポート個人総得点
は，日本女性用中年期危機尺度のうち〈今後の生き方の模索〉・〈体力の衰え
感〉因子得点のみと極めて弱い有意な負の相関が見られた。この結果から，
ソーシャル・サポートを女性の中年期危機を直接低減させる要因として考え
ることについて再検討の必要性が示唆された。

⑸ 第5章：中年期女性の容姿を維持向上する努力を測定する尺度の作成（研究4）

　5章では，中年期女性が自分の容姿を維持向上する努力について，その意
味と内容を検討した上で，中年期危機を予防・軽減する要因としての可能性
について検討することを目的とした。その際，中年期女性が容姿を維持向上
する努力に取組む理由として老いへの対応の他に考えられる，女性性や就業
上の必要性との関わりの側面からの検討も行った上で，現代日本女性の容姿
維持向上努力尺度を作成した。尺度作成にあたり，中年期女性の容姿を維持
向上する努力の特徴をより浮き立たせるために，女子青年用の尺度もあわせ
て作成し比較検討した。さらに，作成した尺度の各下位尺度得点の家族状況
比較を実施し，個人のライフスタイルによって中年期女性の容姿を維持向上
する努力が異なるのかを確認した。最後に，日本女性用中年期危機尺度なら
びに中年期女性用ソーシャル・サポート尺度との関連についても確認した。

　2節の研究4-1では，現代日本の中年期女性が女性性の観点から容姿を捉
えているのか否かについて検討した。その結果，現代日本女性は外見的魅力
を女性性の1つとして捉えていることが示された。しかし女子青年との世代
間比較により，中年期女性は女子青年より女性性を重視しておらず，とりわ
け外見的魅力については女子青年よりも重視していないだけでなく，世の中

一般で考えられているより自分自身はより重視していないことが示唆された。つまり，中年期女性は女らしく見られたいために容姿を維持向上する努力に取組んではいないと判断された。また女らしさに対する態度については，中年期女性は伝統的な「女らしさ」を追求する態度も「女らしさ」から脱却しようとする態度も女性性のネガティブなイメージとの相関が見られ，かつ外見的魅力とは無相関であったため，女らしさから距離を置き始めていることが示唆された。つまり，中年期女性が容姿を維持向上する努力を行うのは女性性を重視してのことではない可能性が高まった。

　3節の研究4-2では，現代日本の中年期女性が就業上の必要性という観点から容姿を維持向上する取組みを実施しているのか否かについて，面接調査により検討した。その結果，再就業する目的の中に，買い物（被服など）や体のメンテナンスならびに美容費が見出されたことから，現代日本の中年期女性にとっての働く目的は，家計を助けるための経済的ニーズだけでなく，被服などの買い物や体のメンテナンスならびに美容費といった，自分の容姿を維持向上する努力のための収入を得る目的もあることが示唆された。また，容姿を維持向上する努力には，自分のための効果と他者のための効果の双方が認められた。そして，自分のためには容姿の衰えを軽減させ精神的健康を保つ目的が見出され，中年期危機への対応に該当することが推察された。一方他者のためには，他者へ配慮し仕事へ反映させることが見出され，就業との関連がより強く推察された。実際，自他双方のために容姿に配慮する人が多かったが，自分の意志ではなくあくまで社会生活の身だしなみの一環として捉えている，すなわち他者のためにのみ容姿に配慮している人は，退職後の容姿を維持向上する努力については否定的であった。一方，就業していなくても，自分のためにのみ容姿を維持向上する努力を積極的に行っている人も認められた。

　4節の研究4-3では，3節の研究4-2の中年期女性にとって容姿を維持向上する努力には，自分のためと他者のための両方の取組みがあり，主に自分の

ために実施しているという結果について定量的に確認し，あわせて5節の尺度作成時の質問項目内容の確認も行った。その結果，中年期女性は自分のための取組みを他者のための取組みより圧倒的に数多く行っており，女子青年に比較すると，全体的な取組み数ならびに自分のための取組み数に差はないものの，他者のための取組みはより行っていないことが示され，3節の研究4-2の結果が検証された。容姿を維持向上する努力の内容については，中年期女性の特徴として，ヘアカラーや基礎化粧品への投資など，若さを保つ目的の取組みを重視することが推察された。

　5節の研究4-4では，現代日本の中年期女性用の容姿維持向上努力尺度を作成し，女子青年用の尺度と比較検討することにより，その特徴および意味づけを検討した。なお尺度の作成にあたり，本調査では第3章で日本女性用中年期危機尺度を作成した際と同様，コア中年期群と主観的中年期群の両群を対象に別々の因子分析を行い，その両尺度の因子構造を踏まえた上で最終的な尺度の検討を行った。同様に女子青年用の尺度の際も，コア青年期群と主観的青年期群の両群を対象に別々の因子分析を行うことにより作成した。

　予備調査では，中年期女性用尺度では〈おしゃれ行動〉・〈身体・健康への取組み〉・〈美への追求〉の3因子計23項目が得られた。女子青年用尺度では〈健康への配慮〉・〈おしゃれ行動と情報収集〉・〈個の主張〉・〈美への追求〉の4因子計22項目が得られ，両尺度ともに尺度の内的整合性が認められた。

　本調査では，予備調査で得られた両尺度をもとにして，まず容姿維持向上努力尺度（中年期女性用）を作成した。すると，コア中年期群を対象に作成した尺度と主観的中年期群を対象にした尺度とで因子構造は同一で，項目構成もほとんど同じ結果となった。そこで，コア中年期群を対象に作成した尺度を容姿維持向上努力尺度（中年期女性用）として採用した。その上で，主観的中年期群を対象にα係数を算出して尺度内の内的整合性を確認することにより，本尺度が広範囲の年齢の対象者に適用可能であることが示された。結果として〈おしゃれ行動〉・〈身体・健康への取組み〉の2因子17項目の尺

度が作成され，尺度の信頼性と妥当性も確認された。予備調査で得られた尺度と本尺度とを比較すると，予備調査の第Ⅲ因子〈美への追求〉が，今回の第Ⅰ因子〈おしゃれ行動〉に統合され，かつ，今回の第Ⅱ因子〈身体・健康への取組み〉が，より項目が絞られていた。

　次に，容姿維持向上努力尺度（中年期女性用）と同様の手続きで，容姿維持向上努力尺度（女子青年用）を作成した。その結果，〈おしゃれ行動〉・〈美への配慮〉・〈個の主張〉の３因子13項目の尺度が作成され，尺度の信頼性と妥当性も確認された。予備調査で得られた尺度と本尺度とを比較すると，第Ⅰ因子が〈おしゃれ行動〉となり，予備調査の際に第Ⅰ因子であった〈健康への配慮〉の項目が絞られ〈美への配慮〉となり第Ⅱ因子に変わった。さらに，予備調査の第Ⅳ因子〈美への追求〉は今回抽出されなかった。

　本研究において，容姿維持向上努力尺度を作成する過程の中で中年期女性用尺度と女子青年用尺度とを別々に作成する必要性が示唆され，結果として因子構造が異なったことから，中年期女性にとって，容姿を維持向上する努力は女子青年とは異なる意味をもつことが推察された。両尺度の因子構造と項目内容を検討したところ，第一に，中年期女性用尺度には〈個の主張〉因子が抽出されず〈おしゃれ行動〉因子の中に統合されていた。このことは自我同一性を確立した中年期女性用尺度の特徴が伺え，中年期女性は自分らしさが自然におしゃれの中に取り入れられていることが推察された。また中年期女性用尺度のみにスキンケアも含まれていた。第二に，中年期女性用尺度の〈身体・健康への取組み〉因子は，女子青年用尺度の〈美への配慮〉因子と項目内容が類似してはいるものの，中年期女性用尺度にのみ，健康維持に関する項目が含まれていた。つまり中年期女性にとって，健康でいることも容姿を維持向上する努力の１つと考えられていることが推測された。

　中年期女性の容姿を維持向上する努力の意味づけの検討では，容姿維持向上努力尺度（中年期女性用）の全下位尺度が自意識尺度（公的・私的）とPSPP-J（魅力的なからだ・身体的自己価値）との正の相関が見られたことから，

中年期女性の容姿の維持向上努力は自意識および自尊感情と関連があること
が示された。第1章4節および4節の研究4-3の中で，女性の中年期危機と
その対処方略としての容姿を維持向上する努力について言及したが，第3章
では，女性の中年期危機状態尺度を作成した際に〈若さの衰え〉因子が見出
され，解消方法として容姿の維持向上努力への取組みが選択される可能性が
示唆され，本研究によりその可能性が高まった。さらに，中年期女性用尺度
の各下位尺度得点の家族状況比較により，個人のライフスタイルにより中年
期女性の容姿を維持向上する努力が異なるのかを確認した結果，中年期女性
用尺度の各下位尺度得点の家族状況による群間差はないことが示唆された。

　最後に6節では，5節で作成した中年期女性用の容姿維持向上努力尺度得
点と，日本女性用中年期危機尺度得点およびソーシャル・サポート個人総得
点との相関関係を確認した。その結果，〈おしゃれ行動〉因子得点は日本女
性用中年期危機尺度の〈今後の生き方の模索〉・〈若さの喪失感〉因子のみと
極めて弱い有意な正の相関が見られ，〈身体・健康への取組み〉因子得点は
日本女性用中年期危機尺度の〈体力の衰え感〉のみと極めて弱い有意な負の
相関が，〈若さの喪失感〉因子のみと負の相関の有意傾向が見られた。この
結果から，容姿の維持向上努力が女性の中年期危機を直接低減させる要因と
して想定することの再検討の必要性が示唆された。一方，容姿維持向上努力
尺度得点とソーシャル・サポート個人総得点は各下位尺度得点ともに有意な
正の相関があり，中年期危機に対して同じ方向性や影響を及ぼす可能性が示
された。

⑹　第6章：女性の中年期危機に対するソーシャル・サポートと容姿維持
　　向上努力の効果についての仮説検証とモデル構築（研究5）

　6章では，第1章で提案した現代日本女性の中年期危機の予防と軽減につ
いての仮説検証と，モデル構築を目的とした。仮説は以下の通りである。①
ソーシャル・サポート個人総得点と容姿維持向上努力尺度得点は，自尊感情

尺度得点を高め，日本女性用中年期危機尺度得点を低下させることにより，間接的に中年期危機を予防する。②ソーシャル・サポート個人総得点と容姿維持向上努力尺度得点は，日本女性用中年期危機尺度得点を低下させることにより，直接的に危機を軽減する。

　2節では，まず自尊感情尺度得点を算出し，ソーシャル・サポート個人総得点・容姿維持向上努力尺度得点・日本女性用中年期危機尺度得点との相関を確認した。その結果，自尊感情はソーシャル・サポートならびに容姿維持向上努力により高まる可能性が示され，かつ，全ての中年期危機を予防・軽減する可能性も示された。これらの結果から，第1章の仮説とモデルの実現可能性が確認できた。

　次に，日本女性用中年期危機尺度得点，ソーシャル・サポート個人総得点，容姿維持向上努力尺度得点，自尊感情尺度得点の年齢および家族状況の交互作用による影響を確認した。その結果，日本女性用中年期危機尺度の〈若さの喪失感〉因子得点とソーシャル・サポート個人総得点で，年齢および家族状況の交互作用が認められたことから，年齢群と家族状況を合わせて考慮したモデル構築の必要性が示された。

　さらに，日本女性用中年期危機尺度得点に対するソーシャル・サポート個人総得点，容姿維持向上努力尺度得点，自尊感情尺度得点の因果関係を検討するために，重回帰分析を実施した。その結果，年齢群別（主観的中年期全体，中年期前期群，中年期後期群）比較により，容姿維持向上努力尺度得点については因子ごとに中年期危機に対する効果が異なる可能性が示されたため，各因子得点をそれぞれ別の変数として分けたモデルを検討する必要性が示唆された。あわせて，中年期前期群と中年期後期群とでは各説明変数が各中年期危機に及ぼす程度や及ぼし方が異なる可能性が示され，中年期前期群と中年期後期群とでそれぞれモデルの適合具合を確認する必要性が示唆された。また家族状況別（未婚・子無し，既婚・子有り，既婚・子無し，離/死別・子有り）比較により，説明変数への影響が家族状況によって異なることが示された。つ

まり，家族状況によって説明変数の各中年期危機への影響が異なる可能性が推測され，家族状況別にモデルを構築する必要性が示唆された。

3節では，ソーシャル・サポートと容姿維持向上努力と自尊感情と日本女性用中年期危機尺度からなるモデルを，構造方程式モデリングを用いて評価した。

2節の検討結果を受けて，主観的中年期群全体を対象とした分析では，容姿維持向上努力尺度を潜在変数とするモデル1と独立した2つの観測変数とするモデル2が想定された。対象者を年齢群で分けない分析に加え，対象者を中年期前期群と中年期後期群の2群に分けた多母集団同時分析を実施し比較検討した結果，モデル1が採択され，ソーシャル・サポートと容姿維持向上努力が自尊感情を媒介して間接的に中年期危機を低減するモデルが構築された。つまり，仮説①は支持されたが，仮説②は棄却された。各変数間のパス係数を見ると，自尊感情を高めているのはソーシャル・サポートと容姿維持向上努力とで比較すると，全体的には容姿維持向上努力の方が強いことが推察された。中年期前期群と中年期後期群とでの変数間のパス係数の差を見ると，容姿維持向上努力から自尊感情へのパスで中年期前期群の方がより強い傾向があり，自尊感情から中年期危機へのパスで中年期前期群の方がより強いことがわかった。なお，ソーシャル・サポートから自尊感情へのパスでは，有意差はなかった。これにより，中年期前期群はソーシャル・サポートより容姿維持向上努力の方が自尊感情を高める傾向がより強く，かつ，自尊感情が中年期危機をより低減することが示唆された。

次に，採択された容姿維持向上努力尺度を潜在変数とするモデル1を主観的中年期群の家族状況別の対象群にあてはめ，家族状況別のモデル構築を検討した。

既婚・子有り群（386名）を対象としたモデル1のパス解析に加え，対象者を中年期前期群と中年期後期群の2群に分けた多母集団同時分析を実施した結果，ソーシャル・サポートと容姿維持向上努力が自尊感情を媒介して間接

的に中年期危機を低減するモデルが構築された。つまり，本モデルでも仮説
①は支持されたが，仮説②は棄却された。各変数間のパス係数を見ると，自
尊感情を高めているのはソーシャル・サポートと容姿維持向上努力とでは，
全体的には同程度の強さであることが推察された。中年期前期群と中年期後
期群とでの変数間のパス係数の差を見ると，ソーシャル・サポートから自尊
感情へのパスで中年期後期群の方がより強い傾向があり，自尊感情から中年
期危機へのパスで中年期前期群の方がより強いことがわかった。なお，容姿
維持向上努力から自尊感情へのパスでは，有意差はなかった。これにより，
中年期後期群は容姿維持向上努力よりソーシャル・サポートの方が自尊感情
を高める傾向がより強く，かつ，中年期前期群は自尊感情が中年期危機をよ
り低減することが示唆された。

　未婚・子無し群（63名）を対象としたパス解析結果では，中年期危機尺度
の第Ⅰ因子〈今後の生き方の模索〉尺度得点へのパスが有意でなくなり，女
性の中年期危機のうち〈今後の行き方の模索〉以外の危機への効果のみが認
められるモデルとなった。また，有意傾向ではあるものの，ソーシャル・サ
ポート個人総得点と容姿維持向上努力尺度得点の日本女性用中年期危機尺度
得点へのパスが示された。この結果から，本モデルでは仮説②は支持された
が，仮説①は棄却された。つまり，ソーシャル・サポートと容姿維持向上努
力が、将来のことを模索する中年期危機以外の危機に対し，直接的な効果が
ある可能性が示唆された。なお，本モデルでは対象者を年齢群で分けないモ
デルがあてはまりが良い適合基準を満たしているため，これを最終的なモデ
ルとして採択した。

　既婚・子無し群（28名）および離/死別・子有り群（28名）を対象としたパ
ス解析結果では，いずれの適合指標もあてはまりが良いモデルの基準となる
数値を満たさず，適切なモデルとして成立していないと判断されたため，今
回の仮説に基づくモデルは構築できなかった。既婚・子無し群と離/死別・
子有り群のモデルの構築については，今後の課題となった。

2節　総合的考察

　本節では，これまでの研究結果から得られた知見をもとに，第1章で検討した現代日本女性の中年期の時期区分および捉え方，発達課題として中年期危機，中年期女性へのソーシャル・サポート，中年期女性の容姿維持向上努力への取組み，ソーシャル・サポートと容姿維持向上努力を用いた中年期危機の予防と軽減について，以下，順に列挙しながら総合的に考察する。

⑴　現代日本女性の考える中年期とはいつを指すのか

　第2章の研究1より，中年期女性自身が中年期と考える主観的中年期と世の中一般的に中年期と考えるコア中年期という異なる中年期の捉え方と，それらを用いた2つの時期区分が見出された。本研究では，コア中年期は43歳〜60歳という年齢範囲が得られた。これについては開始年齢と終了年齢を訊ねているため，年齢範囲として時期区分の捉え方を指していると考えられ，中年期女性自身が‘世の中一般的に考える中年期の時期’としては概ね妥当だと判断できよう。一方，主観的中年期については開始年齢は訊ねているものの，自分を老年期と考える人を除き，終了年齢の予想を求めるのは不可能と判断し，具体的な年齢を訊ねていない。したがって，本研究では，結果として年齢範囲は自分を中年期と考える調査対象者の最年少であった32歳〜最年長であった67歳（ともに第3章の研究2-3の尺度作成時の年齢）となったが，厳密には，主観的中年期の年齢範囲は存在しないことになる。実際，主観的中年期を選択した圧倒的多数の対象者は40歳代と50歳代ではあったが，30歳代や60歳代にも自分を中年期と考える人が多数存在することが示されている。したがって本研究より，現代日本女性の考える中年期とは，世の中一般的な中年期については43歳〜60歳という年齢範囲が，実際個々人が自分として考えた場合，早ければ30歳代前半から中年期と考える人もいれば遅ければ60歳

代後半まで中年期と考える人もいる，という知見が得られたと言えよう。つまり，自分が中年期か否かは自分で現実吟味し実感した上で判断するものであり，それが心性や発達に影響を及ぼすことになると考えられる。

また，中年期の捉え方の１つとして開始理由と終了理由を用いる方法もある。本研究より，開始理由については［若さの喪失］—身体機能の衰え，容姿の衰え，オバサンのイメージ，若さの喪失への言及—が具体的に挙げられ，自分を中年期にあると感じる特徴として明示されたと言えるだろう。一方，終了理由については今回は［時期区分］—年齢的区分け，時期区分への言及—といった実感を伴わないと推察される特徴が得られた結果となったが，これについては，今後例えば主観的老年期にあると考える人を対象に中年期の終了理由を訊ねることにより，実証的データが得られるだろう。

なお，このように中年期女性自身が世の中一般的に考える時期区分と，自分自身にとっての時期区分がずれていることが判明したため，研究を進める上で，筆者が最も苦心したのはこのズレを考慮することとなった。そして試行錯誤の結果，対象者自身に時期区分の選択を委ねるのが最良と判断し，主観的時期区分を設けた経緯がある。したがって本書では，現代日本女性用中年期危機尺度と容姿維持向上努力尺度を作成する際，コア中年期と主観的中年期を用いて対象者を群分け後，両群を用いて尺度を作成し比較検討した。その結果，コア中年期群と主観的中年期群とで作成した尺度の違いは両尺度ともに項目数のみで，因子構造は同一であったので，今回はコア中年期群を対象として作成した尺度を，それぞれ現代日本女性用中年期危機尺度ならびに容姿維持向上努力尺度として採用した。本研究で使った２つの時期区分を用いてそれぞれの尺度を作成し比較検討するという今回の一連の手法は，成人期の個人差を測る尺度を作成する方法論として１つの指針を提出したと考えられる。

第7章　総括と展望　269

⑵　現代日本女性の中年期危機の特徴

　第1章の先行研究の整理より，第3章の研究2（2-1, 2-2, 2-3）では，現代日本女性の中年期危機の実態について検討し，長尾（1990）の尺度をベースに新たな尺度を作成した。

　面接調査より危機の内容を丁寧に読み取り，［容姿の衰え］と［「オバサン」の自覚］に関する項目を反映させて再分析をした結果，長尾（1990）には入っていなかった〈若さの喪失感〉因子が抽出され，〈今後の生き方の模索〉・〈体力の衰え感〉・〈死別恐怖〉因子とともに，4因子全17項目の日本女性用中年期危機尺度が作成された。〈若さの喪失感〉因子が抽出されたことは，現代日本の中年期女性にとっての新たな中年期危機の因子が見出されたことになり，意義があると考えられる。

　本尺度の各因子を第1章2節で整理した中年期発達課題として再整理すると，〈若さの喪失感〉・〈体力の衰え感〉・〈死別恐怖〉因子は「老いの認識の始まりによる死をめぐる課題」，すなわち老いと死の課題に，〈今後の生き方の模索〉因子は「喪失体験による役割の変化についての課題」，すなわち喪失体験と役割変化の課題とに分けられると考えられ，第1章2節での整理の妥当性がある程度認められた。ということは，現代日本女性の中年期危機の多くは，老いと死の課題，特に中年期という時期を考えると老いの課題であると考えられる。このことは，従来の女性の中年期危機の典型的な例として挙げられてきた空の巣症候群に直結する〈家族への執着〉因子が，本研究により現代日本女性の中年期危機としては考えられなくなったということと関連していることが示唆される。

　本書では，不適応状態ではない，発達課題としての中年期危機を乗り越え，またはあまり意識せずに適応している中年期女性を対象とした。つまり，今回の各尺度得点の平均点が2点（あまりない）〜3点（時々ある）あたりの範囲に集まったことは，そのあたりの得点となる主観的中年期群の人が，老いを中心とした緩やかな変化として中年期危機を実感しつつ，適応している現

270

代日本の中年期女性と捉えることができるだろう。

(3) 中年期女性が知覚するソーシャル・サポートの特徴

第4章の研究3より，現代日本の中年期女性用のソーシャル・サポート尺度を検討した結果，「Jichi Medical School ソーシャルサポートスケール（JMS-SSS）」（堤・堤・折口・高木・詫摩・萱場・五十嵐，1994；堤・萱場・石川・苅尾・松尾・詫摩，2000）が選択され，本書では研究の趣旨に沿い使用方法を修正し用いた。その後，尺度得点の算出方法を検討するために，①中年期女性が誰をサポート源として知覚しているのか，②ソーシャル・サポート個人総得点と各サポート源別得点との相関，③知覚するサポート源の数が多いほどソーシャル・サポート個人総得点が高くなるか，について検討した。その結果，①についてはほとんどの中年期女性にとってサポート源としてパートナー・家族・友人が知覚されているおり，②についてはソーシャル・サポート個人総得点と全サポート源別得点とで非常に強い正の相関があり，③についてはソーシャル・サポート個人総得点のサポート源の数による有意差は見られず，サポート源の数の多さがより多くのサポートを受けているという知覚につながらないことが示された。これらの結果より，本書ではソーシャル・サポートの得点については個人総合得点を用いることとした。つまり，現代日本の中年期女性が知覚するソーシャル・サポートを測る際は，サポート源およびサポート内容を分けない総得点を用いることが可能であると実証的に示されたと言えよう。またあわせて，本研究より明らかになった中年期女性が知覚するソーシャル・サポートの新たな知見は，上記検討結果の②と③，とりわけ③が特徴的である。つまり中年期女性は，各個人がそれぞれ自分に利用可能なサポート源から，または利用可能なサポート源を組み合わせて自分に必要なサポートを必要な程度知覚できるよう選び取っているものと思われる。したがって，中年期女性は必要な援助要請，または相談相手を確保できる能力が高いことが推察され，これがまさに生涯発達において「関係

性」が重要となる（杉村，1999；伊藤，1999）中年期女性のソーシャル・サポートの特徴であり，サポートの活用法であることが示唆される。

⑷ 現代中年期女性の容姿維持向上努力の特徴

　第1章2節の先行研究の整理より，現代日本女性の中年期危機を予防・軽減する要因として容姿を維持向上する努力を想定し，容姿維持向上努力尺度（中年期女性用）を作成した。その際，女子青年用尺度もあわせて作成し比較検討することで，中年期女性が自分の容姿を維持向上する努力の内容と意味づけについて検討した。

　研究4-1より，中年期女性が容姿を維持向上する努力に取組むのは女らしさを重視してのことではない可能性が高く，研究4-2より，就業上の必要性の観点からは自分のための（＝対自的）効果と他者のための（＝対他的）効果の双方があることが示された。かつ，自分のための努力には，容姿の衰えを軽減させ精神的健康を保つ目的が見出されたことから，中年期危機への対応に該当することが推察された。一方他者のための努力には，他者へ配慮し仕事へ反映させる目的が見出されたことから，就業との関連がより強く推察された。さらに研究4-3より，中年期女性は自分のための努力を圧倒的に多く実施していることがわかった。

　作成された容姿維持向上努力尺度（中年期女性用）は〈おしゃれ行動〉・〈身体・健康への取組み〉の2因子17項目で，容姿維持向上努力尺度（女子青年用）は，〈おしゃれ行動〉・〈美への配慮〉・〈個の主張〉の3因子13項目となった。中年期女性用尺度には女子青年用尺度で抽出された〈個の主張〉因子が抽出されず，第Ⅰ因子の〈おしゃれ行動〉の中に統合されていた。この結果から，自我同一性を確立した中年期女性の容姿の維持向上努力の特徴が伺え，中年期女性は自分らしさが自然におしゃれの中に取り入れられていることが推察された。また中年期女性用尺度の〈おしゃれ行動〉因子のみに，スキンケアに関する項目も含まれていた。また第Ⅱ因子は，中年期女性用尺

度は〈身体・健康への取組み〉と，女子青年用尺度は〈美への配慮〉となった。理由としては中年期女性用尺度にのみ，健康維持に関する項目が含まれているためであり，このことから中年期女性にとって，健康でいることも容姿を維持向上する努力の1つであると考えられていることが推測された。

中年期女性の容姿の維持向上努力への意味づけの検討結果から，中年期女性の容姿の維持向上努力は自意識ならびに自尊感情と関連があることが示され，中年期女性が自分のためにも他者のためにも容姿の維持向上努力への取組みを行っていることが示された研究4-2の結果と合致した。

⑸ **女性の中年期危機に対するソーシャル・サポートと容姿維持向上努力の効果**

第6章の研究5の結果より，女性の中年期危機に対するソーシャル・サポートと容姿維持向上努力の効果が確認された。

第一に，女性の中年期危機に対するソーシャル・サポートと容姿維持向上努力の効果は，年齢により異なる。今回，主観的中年期全体を対象としたモデルの構築により，女性の中年期危機の変化する区切りの時期を考慮してグルーピングした中年期前期群と中年期後期群とでは，同一モデルにおける各変数間の影響の強さが異なることが示された。ソーシャル・サポートと容姿維持向上努力が自尊感情を媒介変数として間接的に女性の中年期危機を軽減する過程となったが（Figure 7-2），ソーシャル・サポートが自尊感情を高める効果には年齢群差が認められなかったものの，容姿維持向上努力が自尊感情を高める効果は中年期前期群の方が強い傾向があり，自尊感情が中年期危機を軽減する効果も中年期前期群の方が強かった。つまり，中年期前期の人達の方が，容姿維持向上努力をすることで，より中年期危機を軽減していることが示唆される。このように，本研究において中年期前期と中年期後期の年齢による2グループを想定したことは，意義があったと考えられる。

第二に，女性の中年期危機に対するソーシャル・サポートと容姿維持向上

第7章　総括と展望　273

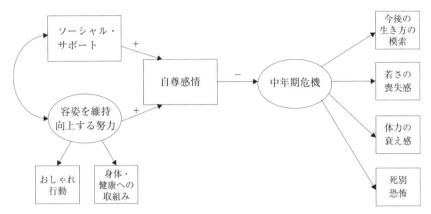

Figure 7-2　女性の中年期危機に対するソーシャル・サポートと容姿維持向上努力の効果モデル（主観的中年期全体，既婚・子有り群）

努力の効果は，家族状況により異なる。対象者を家族状況により群分けした結果，異なる複数のモデルが構築された。既婚・子有り群では，ソーシャル・サポートと容姿維持向上努力が自尊感情を媒介変数として間接的に女性の中年期危機を軽減するモデルとなった（Figure 7-2）。かつ，本モデルにおける年齢群による各変数間の影響の強さが異なることも示され，容姿維持向上努力が自尊感情を強める効果には年齢群差が認められなかったものの，ソーシャル・サポートが自尊感情を強める効果は中年期後期群が強い傾向があり，自尊感情が中年期危機を軽減する効果は中年期前期群の方が強いことが示された。つまり既婚・子有り群では中年期後期群の方がソーシャル・サポートを用いることにより，中年期危機を間接的に軽減する傾向が強いことが示唆される。また未婚・子無し群では，傾向ではあるもののソーシャル・サポートと容姿維持向上努力が直接的に女性の中年期危機を軽減し，かつ，対象者を年齢群で分けないモデルとなった（Figure 7-3）。

　なお，既婚・子無し群と離/死別・子有り群については，今回の理論仮説に基づくモデルは構築されなかった。しかし今回，対象者全ての家族状況のパターンに合致したモデルは構築されなかったが，2つの家族状況に合致す

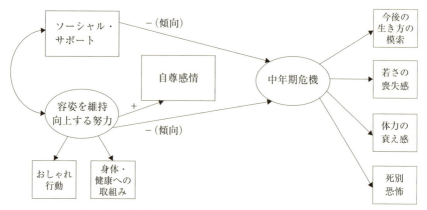

Figure 7-3　女性の中年期危機に対するソーシャル・サポートと容姿維持向上努力の効果モデル（未婚・子無し群）

るモデルが構築できたことや，そもそも家族状況によって異なるモデルを構築する必要性を示したことは意義があると考えられる。

　本研究より，女性の中年期危機に対するソーシャル・サポートと容姿維持向上努力の効果は年齢と家族状況により異なり，単一のモデルとしては構築されないことが示された。またこれらの結果は，第1章で整理した通り，成人女性のライフスタイルの多様化とそれにより個々人のライフコースが大きく異なることを考えれば妥当であろう。重要なことは，本人が自らの年齢や家族状況を意識し，それに見合った利用可能で無理のないソーシャル・サポートと容姿維持向上努力を利用することであり，その結果，各自の中年期危機に対応することが可能となると考えられる。

　さらに，今後中年期研究を行う際の留意点として，どのような特徴をもつ人を対象とするのかにより異なる結果となることが示唆され，中年期研究の難しさが改めて浮き彫りにされた。(2)でも述べたが，従来，中年期危機に関しては役割の変化が注目されることが多く，女性の中年期危機の典型的な例として空の巣症候群が指摘されてきた。しかし今回，現代日本の流れとして女性の中年期危機から〈家族への執着〉という因子が抽出されなくなり，

かつ，〈若さの喪失感〉という因子を加え，その対応要因として容姿の維持向上努力（健康的に見えるということも含めて）を想定し，自尊感情を高めることにより中年期危機を低減することが示せたのは，中年期研究における新たな知見である。現代の日本女性の中年期危機の予防・軽減方略について新たな知見を得ることができたとも言えよう。

なお，今回の結果からはソーシャル・サポートの効果が容姿の維持向上努力に比較すると強くはないことが示唆されたが，ソーシャル・サポートが女性の中年期危機に対してより機能するためには，自尊感情とは異なる媒介変数を検討する必要があると考えられる。先行研究（Vaux, 1988；小杉，2005など）を見る限り，自己評価，自己効力感などが考えられるかもしれない。あわせて，サポート・ネットワークへの取組みも考慮する必要があると考えられる。第1章3節で整理したように，「女縁」（上野・電通ネットワーク研究会，1988）と呼ばれる子育て後の中年期主婦が自ら構築する趣味と志による女性同士のネットワークを想定すると，たとえ特定の友人がいない場合でも，自らがサポート・ネットワークを構築・活用することにより，中年期危機を予防・低減することができるかもしれない。今後は，サポート・ネットワークの利用可能性（ネットワークの数や範囲など）の検討も重要だと考えられる。

また同様に，容姿の維持向上努力が女性の中年期危機に対してさらに強く機能するためにも，やはり媒介変数を検討する必要があるだろう。その場合，先行研究（Havighurst, 1972；吉村，1997など）を見る限り，エイジレスの感覚や，自己受容などが考えられるかもしれない。いずれにしても，中年期危機低減のための媒介変数を今後も検討していくことが重要となる。

3節　本研究の意義－生涯発達的視点から捉えた現代日本女性の中年期

第1章5節において，本研究の意義について3点挙げた。本節では，改め

276

て研究により得られた結果を踏まえ，本研究の意義について評価する。

(1) 現代中年期女性が考える中年期の特徴の整理

本研究の第一の意義として，現代中年期女性が考える中年期の特徴を整理したことが挙げられる。従来，中年期研究においては中年期の時期区分の定義の困難さが指摘されており，そのことが中年期研究の発展を妨げる原因の1つとなっていた可能性がある。それについて，今回2つの中年期の時期区分が見出され，中年期について現代日本の中年期女性自身がどのように捉えているかを整理し，実証的な知見を得たことは大きいと考えられる。

それとともに，女性の中年期危機の中に，従来中年期女性は年齢とともに諦めて受け入れるものとされてきた，容姿や美しさの劣化を引き起こす〈若さの喪失感〉因子が見出されたことは，その因子の対応としての容姿の維持向上努力とともに，超高齢化社会を迎える日本における中年期女性の精神的健康増進への新たな知見ともなるはずである。

(2) 女性の中年期危機に対する容姿の維持向上努力とソーシャル・サポートのセルフケア効果の可能性

本研究の第二の意義として，阿部（2002）の負の感情をストレス反応と捉えた化粧行動の感情調整（＝ストレス緩衝）効果についての指摘を受け，本研究が容姿の維持向上努力として化粧行動だけでなくファッションやダイエットなどの美容や健康の維持増進に関する行動および意識も含め，女性の中年期危機の予防・軽減に作用することを検証したことが挙げられる。本研究の結果は，今後の成人女性の生涯発達研究の発展に寄与するものと考えられる。

さらにストレス・コーピングの文脈で検討すると，容姿の維持向上努力は，まさに疾病を予防し慢性的ストレス反応を引き起こさないためのセルフケアの効果が非常に高いと考えられる。なぜなら，老いの課題である〈若さの喪失感〉への対応として自分なりの方法で容姿を維持向上する努力を続けるこ

とは，効果の大小に個人差はあるものの誰でも何らかの結果が確認しやすい。またその結果は，自分自身が日々実感として評価するものであり他者評価には左右されないため，自分の基準内での'それなりの'危機の解決や，それに伴う自己評価の上昇につながると考えられる。一方役割の課題については，他者評価を必要とすることが多いため，自己の内面だけでは危機解決が困難であろう。

　またソーシャル・サポートについても，本研究では容姿の維持向上努力と比べると中年期危機の予防・軽減効果が高くはなかったが，自尊感情を高め，間接的に中年期危機を低減する効果は認められた。また，第4章の研究3の結果より，中年期女性の特徴としてサポート源の数の多さにかかわらず自分が必要なサポートを知覚していることが示唆されたことから，生涯発達において「関係性」を重要な要素として機能させてゆく中年期女性にとって，ソーシャル・サポートの有効な活用は，中年期危機への対応のみならず，超高齢化社会で精神的健康を保ちながら生きるための重要な要因であると考えられる。そのために，自尊感情以外の媒介変数を検討し，ソーシャル・サポートの機能をより生かして中年期危機を低減させるモデルを見つけることが求められよう。

⑶ 女性の中年期危機に対する容姿維持向上努力とソーシャル・サポートの臨床的介入への基礎資料の提供

　第三の意義として，本研究が生涯発達における中年期女性の心理特性を明らかにすることにつながり，かつ，中年期危機により不適応状態に陥っている女性への臨床的介入についての基礎資料を提供したことが挙げられる。

　本研究では，不適応状態の特性を明らかにしたり治療を目的とせず，不適応状態に陥っていない女性を対象に，発達課題としての中年期危機を乗り越え，またはあまり意識せずに適応してゆくための危機の予防・軽減を目的とした。その結果，現代日本女性の中年期危機に対するソーシャル・サポート

と容姿の維持向上努力の効果が一定程度示されたことは，次のステップとして，不適応状態に陥っている女性相談者への臨床的介入の際に，年齢や家族状況に加え，本研究で検討した発達課題を考慮した生涯発達的視点を取り入れることで，相談者の支援に有効な効果をもたらす可能性が考えられるだろう。

なお最後に，第1章5節で意義として挙げた，女性の中年期危機の予防・軽減へのライフスタイルに共通する要因の検討について述べる。本研究の結果より，女性の中年期危機に対するソーシャル・サポートと容姿の維持向上努力の効果が年齢と家族状況により異なり，単一のモデルとしては構築されないことが示された。このことから，現代日本の自分が中年期にあると考える女性に対して，知覚するソーシャル・サポートならびに容姿を維持向上する努力がみな等しく中年期危機を軽減するわけではないことが，実証的に示された。かつ，今後の中年期研究ならびに生涯発達研究においては，年齢や家族状況を考慮することの重要性が改めて示唆されたと言えよう。

4節　今後の課題

本節では，本研究の課題について述べる。

第一の課題は，家族状況別のモデル構築において，既婚・子無し群と離/死別・子有り群でモデルが構築できなかったことである。これらについては，それぞれの群の中に異なる心性の対象者が含まれている可能性が考えられる。たとえば既婚・子無し群であれば，子どもがいない理由は様々（欲しくなかった，欲しかったが産まれなかった，欲しかったが何らかの事情により産まなかったなど）であろうし，離/死別・子有り群でも離婚と死別との違いは大きいだろう。そのために，群の中で1つのまとまったモデルを構築できなかったのかもしれない。この点については，面接調査などから対象者の心性を丁寧に聞き取り多くのデータを積み重ねた上で，対象者の群分けとそれに合った理

論仮説を再検討し，研究を進めたい。

　第二の課題は，本研究の結果について考察する際に，コホートへの考慮が必要かもしれない点である。今回は，容姿の維持向上努力がより機能するのは中年期前期群との結果が示唆されたが，それは実際に中年期前期群の特徴かもしれないし，コホートの問題かもしれない。理由としては，現在40歳代後半〜50歳代前半のコホートは，均等法第1世代が約半数であり，かつバブル世代であるため，本研究の結果はこのコホートの傾向が影響を及ぼしている可能性がある。なお，現時点で40歳代前半〜これから中年期に差し掛かる年齢のコホートは，いわゆるバブル景気後の「失われた10年」と言われる時期に社会人になっており，全く異なる価値観や心性をもっているかもしれない。したがって，本研究で得られた結果やモデルについては今後も継続的に検討を重ねていく必要があるだろう。

　第三は，前節でも触れた，女性の中年期危機に対する容姿維持向上努力とソーシャル・サポートの臨床的介入への可能性の検討である。まず，中年期の女性相談者の見立ての際に，本研究で検討した発達課題を考慮した生涯発達的視点を取り入れることで，支援に有効な効果をもたらす可能性が示唆される。また，ストレス・コーピングとしてのセルフケア効果を期待してセッションの中に取り入れたり，認知行動療法を用いる際に，主に行動面に焦点を当てたワークとして組み込むことは有効であると推測される。さらに，閉経の経験有無による心理変化に伴う中年期危機の有り様について，心理教育をすることも場合によっては有効であろう。相談者が，閉経前後で更年期や閉経そのものへの意識変化が生じる傾向について予め知識をもつことにより，危機の予防にもつながると考えられる。

　第四に，今回は女性を対象としたが，現代日本の中年期男性への一般化も課題である。第1章4節で，日本での美を追求する中高年向けのファッション雑誌や化粧品の発売ならびにメーカー側の中高年層への販売強化などについて触れたが，この傾向は今や男性に波及していると言えよう。野村

(2012) によると, 「熟メン (p.12)」と呼ばれる若返りを目指す中年男性達が増えており, エステやジムでのトレーニング, 食事管理などに励んでいるという。彼らはまさに本研究での容姿の維持向上努力を実践していると言え, 今後, 本研究の対象となり得る中年期男性が増えていくことが予想される。本研究の中年期男性への一般化も視野に入れ, 注目していきたいと考える。

　最後に, 本研究で得られた知見を生涯発達研究ならびに実践場面で役立たせ, 日本女性の, そしていずれは日本男性についても中年期危機の予防と軽減につなげることができれば幸いである。

引用文献

阿部恒之 (2002). ストレスと化粧の社会生理心理学　フレグランスジャーナル社

秋山美栄子・長田由紀子 (2003). 老年期イメージとメノポーズに対する女性の態度に関する研究　人間科学研究（文教大学）, **25**, 73-79.

天野俊康 (2010). 男性更年期障害－テストステロンとアンチエイジング　アンチ・エイジング医学, **6**, 486-491.

安藤香織 (2004). 図式を利用する KJ 法　無藤隆・山田曜子・南博文・麻生武・サトウタツヤ（編）質的心理学－創造的に活用するコツ　新曜社　pp. 192-198.

浅野千恵 (2005). 性・こころ・からだ　井上輝子・江原由美子（編）女性のデータブック第4版－性・からだから政治参加まで　有斐閣　pp. 27-51.

跡上富美・平石皆子・吉沢豊予子 (2002). 中高年女性の更年期に対する意識　日本母性看護学雑誌, **2**, 11-19.

東清和 (1986). 男性性・女性性の二元的モデル　早稲田大学大学院文学研究科紀要, **32**, 39-49.

Bem, S. L. (1974). The measurement of psychological androgyny. *Journal of Consulting and Clinical Psychology*, **42**, 155-162.

Blos, P. (1962). *On adolescence: A psychoanalytic interpretation*. New York: The Free Press. (ブロス, P. 野沢英司（訳）(1971). 青年期の精神医学　誠信書房)

Carstensen, L. L., Pasupathi, M., Mayr, U., & Nesselroade, J. R. (2000). Emotional experience in everyday life across the adult life span. *Journal of Personality and Social Psychology*, **79**, 644-655.

Charles, S. T., Reynolds, C. A., & Gatz, M. (2001). Age-related differences and change in positive and negative affect over 23 years. *Journal of personality and social psychology*. **80**, 136-151.

Cobb, S. (1976). Social support as a moderator of life stress. *Psychosomatic Medicine*, **38**, 300-314.

大坊郁夫 (2001). 化粧と顔の美意識　高木修（監）大坊郁夫（編）シリーズ21世紀の社会心理学9 化粧行動の社会心理学　北大路書房　pp. 119.

江原由美子・長谷川公一・山田昌弘・天木志保美・安川一・伊藤るり (1989). ジェンダーの社会学－女たち／男たちの世界　新曜社

江見康一 (2005). 「老いるショック」は3度来る！－人生90年の時代　かんき出版

Erikson, E. H. (1950). *Childhood and society*. New York: W. W. Norton. (エリクソン, E. H. 仁科弥生 (訳) (1977/1980). 幼児期と社会 1・2 みすず書房)

Flavell, J. H. (1970). Cognitive Changes in Adulthood. In Goulet, L. R., & Baltes, P. B. (Eds.), *Life-span Developmental Psychology: Research and Theory* New York: Academic Press, pp. 247-253.

藤井弘・上地安昭 (1992). 中年期危機の母親に対する時間制限心理療法 カウンセリング研究, **25**, 68-76.

福岡欣政 (2000a). ソーシャル・サポート 堀洋道 (監修) 松井豊 (編) 心理測定尺度集Ⅲ—心の健康をはかる〈適応・臨床〉 pp. 40-43.

福岡欣政 (2000b). コラム サポート内容とサポート源を分類する試み 堀洋道 (監修) 松井豊 (編) 心理測定尺度集Ⅲ—心の健康をはかる〈適応・臨床〉 pp. 65-67.

福島章 (1992). 青年期の心—精神医学からみた若者 講談社現代新書

Gilligan, C. (1982). *In a Different Voice: Psychological Theory and Women's Development*. Cambridge: Harvard University Press. (ギリガン, C. 岩男寿美子 (監訳) 生田久美子・並木美智子 (共訳) (1986). もうひとつの声—男女の道徳観のちがいと女性のアイデンティティ 川島書店)

Gould, R. L. (1978). *Transformations: Growth and Change in adult life*. New York: Simon & Schuster.

Haan, N. (1972). Personality Development from adolescence to adulthood in the Oakland growth and guidance studies. *Semin Psychiatry*, **4**, 399-414.

Harker, L., & Keltner, D. (2001). Expressions of positive emotion in women's college yearbook pictures and their relationship to personality and life outcomes across adulthood. *Journal of Personality and Social Psychology*, **80**, 112-124.

長谷綾子 (1997). 中年期女性における発達課題の検討—Epigenetic Chart との比較から 教育学科研究年報, **23**, 83-90.

長谷川裕美子・杉本秀芳・武井和夫 (1997). 緊張型頭痛患者の一事例からみた身体的痛みと心理的要因の関係, その関わりについて 精神分析研究, **41**, 295-297.

橋本剛 (2005). ソーシャルサポート ストレスと対人関係 ナカニシヤ出版 pp. 1-27.

Havighurst, R. J. (1948). *Developmental Tasks and Education*. New York: David Mckay. (ハヴィガースト, R. J. 荘司雅子 (訳) (1958). 人間の発達課題と教育—幼年期から老年期まで 牧書店)

Havighurst, R. J. (1972). *Developmental Tasks and Education* (*3rd edition*). New York: David Mckay.(ハヴィガースト，R. J. 児玉憲典・飯塚裕子（訳）(1997). ハヴィガーストの発達課題と教育－生涯発達と人間形成　川島書店)

林廓子・西原亜矢子 (2008). 老いの自覚と終末期の展望　藤崎宏子・平岡公一・三輪建二（編）お茶の水女子大学21世紀 COE プログラム　誕生から死までの人間発達科学5　ミドル期の危機と発達－人生の最終章までのウェルビーイング　金子書房　pp. 179-198.

林真一郎 (2005). 男性役割と感情制御　風間書房

Heckhausen, J. (2001). Adaptation and resilience in midlife. In M. E. Lachman (Ed.), *Handbook of midlife development*. New York: John Wiley & Sons, Inc. pp. 345-394.

Heilbrun, A. B. (1976). Measurement of masculine and feminine sex role identities as independent dimensions. *Journal of Consulting and Clinical Psychology*, **44**, 183-190.

Helson, R., & Wink, P. (1992). The self in middle age. In M. E. Lachman, & J. B. James (Eds.) *Multiple path of midlife development*. Chicago: The University of Chicago Press. pp. 21-43.

東山弘子 (1992). 中年期女性にとっての子離れ　氏原寛・川上範夫・東山紘久（共編）中年期のこころ－その心理的危機を考える　培風館　pp. 140-155.

久田満・千田茂博・簑口雅博 (1989). 学生用ソーシャルサポート尺度作成の試み(1)　日本社会心理学会第30回大会発表論文集，143-144.

堀内和美 (1993). 中年期女性が報告する自我同一性の変化－専業主婦，看護婦，小・中学校教師の比較　教育心理学研究，**41**，11-21.

House, J. S. (1981). *Work stress and social support*. Reading, MA: Addison-Wesley.

稲葉昭英・浦光博・南隆男 (1987). 「ソーシャルサポート」研究の現状と課題　哲学，**85**，109-149.

稲葉昭英 (1992). ソーシャル・サポート研究の展開と問題　家族研究年報，**17**，67-78.

石田英子 (1994). ジェンダ・スキーマの認知相関指標における妥当性の検証　心理学研究，**64**，417-425.

石蔵文信 (2008). 男性更年期外来に付き添う妻たちの悩み（女性のこころと悩み）　心の科学，**141**，101-107.

石崎優子・石崎達郎・桂戴作・織田正昭・日暮眞・原節子 (1996). 母性性に関する

心身医学的研究（第1報）—現代の日本人のもつ母性性のイメージについて　心身医学，**36**，468-474.

伊藤美奈子（1999）．個人と社会という観点からみた成人期女性の発達　岡本祐子（編著）女性の生涯発達とアイデンティティ—個としての発達・かかわりの中での成熟　北大路書房　pp.87-112.

伊藤美奈子（2000）．中年期女性の個人志向性・社会志向性の発達に関与する要因—年齢，ライフスタイル，理想と現実のずれに注目して　ジェンダー研究，**3**，131-147.

伊藤裕子（1978）．性役割の評価に関する研究　教育心理学研究，**26**，1-11.

伊藤裕子（1986）．性役割特性語の意味構造—性役割測定尺度（ISRS）作成の試み　教育心理学研究，**34**，168-174.

岩間暁子（2008）．女性の就業と家族のゆくえ—格差社会のなかの変容　東京大学出版会

岩佐一・権藤恭之・増井幸恵・稲垣宏樹・河合千恵子・大塚理加・小川まどか・高山緑・繭牟田洋美・鈴木隆雄（2007）．日本語版「ソーシャル・サポート尺度」の信頼性ならびに妥当性—中高年者を対象とした検討　厚生の指標，**54**，26-33.

岩谷澄香（2001）．閉経前後の女性の生活および性に関する認識　神戸市看護大学短期大学部紀要，**20**，39-49.

Jaques, E. (1965). Death and the mid-life crisis. *International Journal of psychoanalysis*, **43**, 502-514.

Jung, C. G. (1933). The stages of life. In *The Collected Works of Carl Jung*, Vol. 8 (1960). Princeton University Press.

神田道子（1993）．性差別の変動過程を説明する「折り合い行動」概念　女性学研究会（編）　ジェンダーと性差別　勁草書房　pp.22-41.

笠原嘉（1976）．今日の青年期精神病理像　笠原嘉・清水将之・伊藤克彦（編）　青年の精神病理1　弘文堂　pp.3-27.

笠原嘉（1977）．青年期　中公新書

柏木惠子（1974）．青年期における性役割の認知（Ⅲ）—女子学生青年を中心として　教育心理学研究，**22**，205-215.

柏木惠子・高橋惠子（1995）．発達心理学とフェミニズム　ミネルヴァ書房

河源・松田公志（2010）．男性の更年期障害　公衆衛生，**74**，120-123.

川喜田二郎（1967）．発想法　中公新書

川喜田二郎（1970）．続・発想法　中公新書

川島蓉子（2003）．"美しさ"求めるミドルエイジのファッション意識　化粧文化，**43**，20-25.

木下康仁（2003）．グラウンデッド・セオリー・アプローチの実践―質的研究への誘い　弘文堂

国立社会保障・人口問題研究所（2003）．「結婚の利点・独身の利点」第12回出生動向基本調査―結婚と出産に関する全国調査：独身者調査の結果概要　〈http://www.ipss.go.jp/ps-doukou/j/doukou12_s/chapter2.html#22a〉（2015 年 10 月 10 日）

小杉正太郎（2005）．本書の読み方―監訳者の序文にかえて　ソーシャル・サポートの測定と介入　コーエン，S.ら　小杉正太郎・島津美由紀・大塚泰正・鈴木綾子（監訳）　川島書店　pp. i-iii.（Cohen, S., Underwood, L. G., & Gottlieb, B. H.（2000）. *Social Support Measurement and Intervention*. New York: Oxford University Press.）

厚生労働省（2000）．「人生の各段階の課題」健康日本21（総論）〈http://www1.mhlw.go.jp/topics/kenko21_11/s0.html#A6〉（2015年10月10日）

厚生労働省（2015）．「働く女性の状況」 平成26年版 働く女性の実情　2015年10月〈http://www.mhlw.go.jp/bunya/koyoukintou/josei-jitsujo/dl/14b.pdf〉（2015年10月10日）

久保田幹子・中村　敬（2005）．中年期の危機と性差　教育と医学，**53**，60-68.

國吉知子（1997）．中年期女性の身体イメージと自己評価の関連性―身体変化受容の内的過程について　京都大学教育学部紀要，**43**，171-182.

串崎幸代（2005）．E. H. Erikson のジェネラティヴィティに関する基礎的研究―多面的なジェネラティヴィティ尺度の開発を通して　心理臨床学研究，**23**，197-208.

Lachman, M. E., & Baltes, P. B.（1994）. Psychological ageing in lifespan perspective. In M. Rutter & D. F. Hay（Eds.）, *Development through life: A handbook for clinicians*. Oxford: Blackwell Science Ltd. pp. 583-606.

Lachman, M. E. & Bertrand, R. M.（2001）. Personality and the self in midlife. In M. E. Lachman（Ed.）*Handbook of midlife development*. New York: John Wiley & Sons, Inc. pp. 279-309.

Levinson, D. J.（1978）. *The Seasons of a Man's Life*. New York: Alfred A Knopf Inc.（レビンソン，D. J. 南博（訳）（1980）．人生の四季―中年をいかに生きるか　講談社）

Levinson, D. J.（1996）. *The Seasons of a Woman's Life*. New York: Alfred A Knopf

Inc.

前原武子・大城麻理（1997）．中年期有職女性と無職女性のストレスとソーシャルサポート　琉球大学教育学部紀要，第一部・第二部，**50**，297-306.

松井豊・山本真理子・岩男寿美子（1983）．化粧の心理的効用　マーケティング・リサーチ，**21**，30-41.

松岡弥玲（2006）．理想自己の生涯発達—変化の意味と調節過程を捉える　教育心理学研究，**54**，45-54.

宮城まり子（2006）．人生90年時代のライフキャリアデザイン—自立への準備とクオリティー・オブ・ライフ　クォータリー生活福祉研究，**15**，17-33.

宮崎文子（2001）．あなたとわたしの更年期　大分看護科学研究，**2**，47-49.

水野将樹（2004）．青年は信頼できる友人との関係をどのように捉えているのか—グラウンデッド・セオリー・アプローチによる仮説モデルの生成　教育心理学研究，**52**，170-185.

Montepare, J. M., & Lachman, M. E. (1989). "You're only as old as you feel": Self-perception of age, fears of aging, and life satisfaction from adolescence to old age. *Psychology and Aging*, **4**, 73-78.

森慶輔・三浦香苗（2007）．職場における短縮版ソーシャルサポート尺度の開発と信頼性・妥当性の検討—公立中学校教員への調査を基に　昭和女子大学生活心理研究所紀要，**9**，74-88.

本山俊一郎（2004）．長女の発病を契機に外傷記憶の再燃した1例—中年期心性に注目した心的外傷の取り扱いについて　精神療法，**30**，66-75.

村田孝次（1989）．生涯発達心理学の課題　培風館

鍋田恭孝（1991）．容貌へのこだわりの意味するもの　Imago，**2**，186-193.

鍋田恭孝（2004）．容姿をめぐる心理と病理　こころの科学，**117**，10-13.

長尾博（1990）．アルコール依存症者と健常者との中年期の危機状態の比較　精神医学，**32**，1325-1331.

内閣府（2004）．「均等法第一世代の女性の未来観」男女共同参画白書（全体版）平成16年版コラム〈http://www.gender.go.jp/about_danjyo/whitepaper/h16/danjyo_hp/html/column/col01_03_00_02_01.html〉（2015年10月10日）

内閣府（1998）．「『中年』—その不安と希望」平成10年版国民生活白書　1998年12月〈http://www5.cao.go.jp/seikatsu/whitepaper/h10/wp-p198-000h1.html〉（2015年10月10日）

内閣府（2013）．「就業分野における男女共同参画」男女共同参画白書（概要版）平成

25年版　2013年6月〈http://www.gender.go.jp/about_danjyo/whitepaper/h25/gaiyou/html/honpen/b1_s02.html〉（2015年10月10日）

中村敏子・藤原珠江（2006）．成人前期女性の抱く「中年期イメージ」とは　30代後半〜40代前半の女性を対象とした調査から　日本心理学会第70回大会発表論文集，359.

難波淳子（2000）．中年期の日本人女性の自己の発達に関する一考察―語られたライフヒストリーの分析から　社会心理学研究，**15**，164-177.

Neugarten, B. L. & Datan, N.（1974）．The Middle Years. In S. Arieti, & E. B. Brody（Eds.）*American Handbook of Psychiatry*（2nd）vol.1 New York: Basic Books.

Neugarten, B. L.（1975）. Adult personality toward a psychology in the life cycle. In W. C. Sze（Ed.）, *The Human Life Cycle*. New York: Jason Aronson.

Neugarten, B. L.（1979）. Time, age, and the life cycle. *American Journal of Psychiatry*, **136**, 887-897.

日本産科婦人科学会（2008）．閉経〔期〕日本産科婦人科学会（編）　産科婦人科用語集・用語解説集　金原出版　pp. 281.

日経ビジネス（2009）．アラフォーと一過性お祭り騒ぎ症候群―大阪万博跡地に見る無惨なニッポン―nikkei BPnet「伊東乾の常識の源流探訪　2009年6月16日」〈http://business.nikkeibp.co.jp/article/manage/20090615/197574/〉（2015年10月10日）

野口裕二（1991）．高齢者のソーシャルサポート―その概念と測定　社会老年学，**34**，37-48.

野村昌二（2012）．男たちはどこまで若返る？　アエラ，**25**，12-17.

大橋正和（1990）．社会変動と中年期　飯田　眞（編）中年期の精神医学　医学書院　pp. 45-62.

岡堂哲雄（1999）．家族のライフ・コースと発達段階　岡堂哲雄（編）　家族心理学入門　補訂版　培風館　pp. 87-97.

岡本祐子（1985）．中年期の自我同一性に関する研究　教育心理学研究，**33**，295-306.

岡本祐子（1986）．成人期における自我同一性ステイタスの発達経路の分析　教育心理学研究，**34**，352-358.

岡本祐子（1991）．成人女性の自我同一性発達に関する研究　広島中央女子短期大学紀要，**28**，7-26.

岡本祐子（1995）．人生半ばを越える心理　南博文・やまだようこ（編）　講座 生涯

発達心理学 第5巻 老いることの意味－中年・老年期　金子書房　pp. 41-80.

岡本祐子 (1996). 育児期における女性のアイデンティティ状態と家族関係に関する研究　日本家政学会誌，**47**，849-860.

岡本祐子 (1999). 女性の生涯発達に関する研究の展望と課題　岡本祐子 (編著) 女性の生涯発達とアイデンティティ－個としての発達・かかわりの中での成熟　北大路書房　pp. 1-30.

岡本祐子 (2002). 現代社会と女性　岡本祐子・松下美和子 (編) 新・女性のためのライフサイクル心理学　福村出版　pp. 10-18.

Peck, R. (1956). Psychological developments in the second half of life. In J. E. Anderson (Ed.), *Psychological aspects of Aging.* Washington D. C.: American Psychological Association. pp. 42-53.

Rook, K. S. (1987). Social support versus companionship: Effects on life stress, loneliness and evaluation by others. *Journal of Personality and Social Psychology*, **52**, 1132-1147.

Rosenberg, M. (1965). *Society and the adolescent self-image.* Prinston: Princeton University Press.

戈木クレイグヒル滋子 (2005). 質的研究法ゼミナール－グラウンデッド・セオリー・アプローチを学ぶ　医学書院

戈木クレイグヒル滋子 (2006). ワードマップ グラウンデッド・セオリー・アプローチ－理論を生みだすまで　新曜社

佐藤哲哉・茂野良一・滝沢謙二・飯田眞 (1986). 中年期の発達課題と精神障害－ライフサイクル論の観点から－第1，2，3回　精神医学，**28**，732-742，980-991，1208-1217.

Schaie, K. W., & Willis, S. L. (2001). *Adult development and aging* (5th ed.). Prentice Hall. (岡林秀樹 (訳) (2006). 成人発達とエイジング 第5版　ブレーン出版　pp. 70-71.)

関塚真美・坂井明美・島田啓子・田淵紀子・亀田幸枝・笹川寿之・小池浩司・保田ひとみ (2002). 中年期女性の心理特性　金沢大学つるま保健学会誌，**26**，99-102.

Sheehy, G. (1974). *Passages: Predictable crises of adult life.* New York: E. P. Dutton & Co. (シーヒィ，G. 深沢道子 (訳) (1978). パッセージ－人生の危機　プレジデント社)

柴田玲子 (2001). 中年期女性のとっての閉経と更年期　日本更年期医学会雑誌，**9**，247-255.

引 用 文 献　　289

嶋信宏（1991）．大学生のソーシャルサポートネットワークの測定に関する一研究　教育心理学研究，**39**，440-447.

清水紀子（2004）．中年期の女性における子の巣立ちとアイデンティティ　発達心理学研究，**15**，52-64.

周玉慧（1993）．在日中国系留学生用ソーシャル・サポート尺度作成の試み　社会心理学研究，**8**，235-245.

Spence, J. T., Helmreich, R. L., & Stapp, J. (1975). Ratings of self and peers on sex role attributes and their relation to self-esteem and conceptions of masculinity and femininity. *Journal of Personality and Social Psychology*, **32**, 29-39.

Staudinger, U. M., & Bluck, S. (2001). A view on midlife development from life-span theory. In M. E. Lachman (Ed.), *Handbook of midlife development.* New York: John Wiley & Sons, Inc. pp. 3-39.

Stewart, A. J., & Ostrove, J. M. (1998). Woman's personality in middle age: Gender, history and midcourse corrections. *American Psychologist*, **53**, 1185-1194.

Strauss, A., & Corbin, J. (1990). *Basics of qualitative research: Grounded theory procedures and techniques.* Newbury Park, CA: Sage.（ストラウス，A.・コービン，J. 南裕子（監訳）（1999）．質的研究の基礎－グラウンデッド・セオリーの技法と手順　医学書院）

菅原育子（2007）．中年期・高齢期の発達　日本児童研究所（編）児童心理学の進歩－2007年版－　金子書房　pp. 143-170.

菅原健介（1993）．メーキャップとアイデンティティー　資生堂ビューティーサイエンス研究所（編）　化粧心理学－化粧と心のサイエンス　フレグランスジャーナル社　pp. 155-160.

菅原健介（2001）．化粧による自己表現－動機，効用，アイデンティティー　大坊郁夫（編）　シリーズ21世紀の社会心理学9 化粧行動の社会心理学　北大路書房　pp. 102-113.

菅原健介（1984）．自意識尺度（Self-consciousness scale）日本語版作成の試み　心理学研究，**55**，184-188.

杉村和美（1999）．現代女性の青年期から中年期までのアイデンティティ発達　岡本祐子（編著）女性の生涯発達とアイデンティティ－個としての発達・かかわりの中での成熟　北大路書房　pp. 55-86.

鈴木伸一・嶋田洋徳・三浦正江・片柳弘司・右馬埜力也・坂野雄二（1997）．新しい心理的ストレス反応尺度（SRS-18）の開発と信頼性・妥当性の検討　行動医学

研究, 4, 22-29.

鈴木ゆかり・互恵子 (1993). 化粧することの理由を考える2－化粧したときの気持ち　資生堂ビューティーサイエンス研究所（編）化粧心理学　フレグランスジャーナル社　pp. 276-280.

田畑洋子 (1992). 中年期女性のこころと身体　氏原寛・川上範夫・東山紘久（共編）中年期のこころ－その心理的危機を考える　培風館　pp. 67-82.

田中亜紀子 (2008). 満足できない女たち－アラフォーは何を求めているのか　PHP新書

田中奈保美 (2006). キャリア女性にとっての中年期－うつを乗り切る　岡本祐子（編）中年の光と影－うつを生きる　至文堂　pp. 145-154.

田仲由佳 (2009). 中年期女性における更年期症状と閉経に対する意識の実態　神戸大学大学院人間発達環境学研究科研究紀要, 3, 107-113.

田仲由佳・上長然・齊藤誠一 (2011). 中年期の女性の閉経段階と精神的健康の関連－意識と症状を媒介として　心理学研究, 81, 551-559.

田中佑子 (2004). 中年期女性のストレスとソーシャル・サポート　関係学研究, 32, 77-87.

堤明純・萱場一則・石川鎮清・苅尾七臣・松尾仁司・詫摩衆三 (2000). Jichi Medical school ソーシャルサポートスケール（JMS-SSS）：改訂と妥当性・信頼性の検討　日本公衆衛生雑誌, 47, 866-878.

堤明純・堤要・折口秀樹・高木陽一・詫摩衆三・萱場一則・五十嵐正紘 (1994). 地域住民を対象とした認知的社会的支援尺度の開発　日本公衆衛生雑誌, 41, 965-974.

内田若希・橋本公雄・藤永博 (2003). 日本語版身体的自己知覚プロフィール－尺度の開発と性および身体活動レベルによる差異の検討　スポーツ心理学研究, 30, 27-39.

内田若希・橋本公雄 (2004). 日本語版身体的自己知覚プロフィールにおける回答形式の改訂－改訂版の作成と男女差の検討　スポーツ心理学研究, 31, 19-28.

上野千鶴子・電通ネットワーク研究会 (1988). 「女縁」が世の中を変える－脱専業主婦（えんじょいすと）のネットワーキング　日本経済新聞社

氏原寛・川上範夫・東山紘久 (1992). 中年期のこころ－その心理的危機を考える　培風館

浦光博 (1992). セレクション社会心理学8　支えあう人と人－ソーシャル・サポートの社会心理学　サイエンス社

後山尚久（2005）．女性と男性の更年期 Q&A―お互いの心身の変化を理解するために　ミネルヴァ書房

宇山侊男・鈴木ゆかり・互恵子（1990）．メーキャップの心理的有用性　香粧会誌，**14**，163-168.

Vaillant, G. E. (1974). Natural history of male psychological health Ⅱ. *Some antecedents of healthy adult adjustment.* Arch Gen Psychiatry 31.

Vaillant, G. E. (1975). Natural history of male psychological health Ⅲ. *Empirical dimensions of mental health.* Arch Gen Psychiatry 32.

Vaux, A. (1988). *Social Support: Theory, research, and intervention.* New York: praeger.

山田昌弘（1999）．パラサイト・シングルの時代　ちくま新書

山口素子（1985）．男性性・女性性の2側面についての検討　心理学研究，**56**，215-221.

山本真理子・松井豊・岩男寿美子（1982）．化粧の心理的効用（Ⅰ・Ⅱ）　日本社会心理学会第23回大会発表論文集，103-106.

山本真理子・松井豊・山成由紀子（1982）．認知された自己の諸側面の構造　教育心理学研究，**30**，64-68.

山崎篤（2012）．生涯発達において"選択する主体を抱える"カウンセラーの態度―ある30代女性との心理療法過程を通して　心理臨床学研究，**30**，217-227.

吉村薫（1997）．美の基準と中年期　女性ライフサイクル研究，**7**，72-81.

善積京子（2005）．結婚・家族はどう変ったか　井上輝子・江原由美子（編）女性のデータブック第4版―性・からだから政治参加まで　有斐閣　pp.1-26.

油井邦雄（1995）．女性性の概念とその実証的検証　宮本忠雄（監）油井邦雄（編）女性性の病理と変容―現代社会における女性性とその逸脱構造　新興医学出版社　pp.1-26.

和田実（1998）．大学生のストレスへの対処，およびストレス，ソーシャルサポートと精神的健康の関連―性差の検討　実験心理学研究，**38**，193-201.

若本純子（2010）．老いと自己概念の媒介機能から捉えた中高年期発達の機序―発達のコンポーネントとリスク　風間書房

Waskel, S. A. (1992). Intensity of midlife crisis on responses to the death concern scale. *The Journal of Psychology*, **126**, 147-154.

Whitbourne, S. K. (2001). The physical aging process in midlife: Interactions with psychological and sociocultural factors. In M. E. Lachman (Ed.) *Handbook of midlife development*. New York: John Wiley & Sons, Inc. pp. 109–155.

Zimet, G. D., Dahlem, N. W., Zimet, S. G., & Farley, G. K. (1988). The multidimensional scale of perceived social support. *Journal of Personality Assessment*, **52**, 30–41.

初 出 一 覧

初出は以下のとおりである。ただし学位論文および本書執筆にあたって，大幅な削除や加筆訂正，データの再分析・再考察などを行っている。

第1章
瀬戸山聡子（2009）．女性性に関する研究の動向と展望について－生涯発達的視点の必要性－ 昭和女子大学女性文化研究所紀要，36，15-32.

第2章
書き下ろし

第3章
瀬戸山聡子・島谷まき子（2008）．女性の中年期危機の特徴について－ストレッサーおよびソーシャルサポートとの関連－ 昭和女子大学大学院生活機構研究科紀要，17，69-83.
瀬戸山聡子・島谷まき子（2008）．女性は中年期危機をどのように体験しているのか－危機のプロセスにおけるストレッサーおよびソーシャルサポートの影響－ 昭和女子大学生活心理研究所紀要，10，75-87.
瀬戸山聡子（2012）．中年期の危機状態尺度（女性用）の作成と信頼性・妥当性の検討 昭和女子大学大学院生活機構研究科紀要，21，31-44.

第4章
書き下ろし

第5章
瀬戸山聡子・藤崎春代（2009）．現代中年期女性は女性性をどのように捉えているのか－質問紙調査による女子青年との比較－ 昭和女子大学生活心理研究所紀要，11，67-77.

294

瀬戸山聡子・藤崎春代（2010）．中年期女性の就業意識と容姿向上努力－均等法第
一世代の女性達への面接調査より－　昭和女子大学女性文化研究所（編）　昭
和女子大学女性文化研究叢書第七集『女性と仕事』　御茶の水書房　pp. 153-
175.

第 6 章
　書き下ろし

第 7 章
　書き下ろし

あ と が き
―謝辞に代えて―

　本書は，平成27年度昭和女子大学博士論文出版助成を受け，筆者が2013年春に提出した学位論文をまとめ直し，刊行するものです。本書を執筆するにあたり，多くの方々からご指導，ご協力をいただきました。お世話になりました全ての皆様に，心より御礼申し上げます。振り返ると，心理学研究を始めて今日までの間，素晴らしい出会いとご厚意に恵まれ，そのおかげで今の自分があることに深く感謝申し上げます。

　成人の心理発達，とりわけ現代日本女性の発達課題と中年期危機というテーマと向き合い10年が経ちました。中年期といえば，一般的に大人としても社会人としても成熟・安定し，様々な分野の最前線で役割を担い，公私ともに多忙かつ充実した時期と思われますが，実際の中年期はそれほど揺るぎない心理状態で過ごせるわけではありません。そして，誰もが迎える老い，いずれは経験するさまざまな役割の変化を受け入れながら，人生の総仕上げとなる老年期への準備期間でもある中年期をどのように過ごすかは，まさに筆者自身の課題でもありました。本書は，現代日本の中年期女性の生涯発達のある小さな一要因に関する複数の実証的研究をまとめたものです。今後も，本研究で明らかになった研究課題について真摯に取組み，研究で得た知見を臨床活動にも生かしながら精進していきたいと思っております。まず，質問紙調査ならびに面接調査にご協力くださいました先生方，学生の皆様ならびにお母様方，そして友人・知人を含む多くの現代日本女性の皆様に厚く御礼申し上げます。

　学位論文の審査時には主査の昭和女子大学教授の藤崎春代先生，副査の鵜養啓子先生，掛川典子先生，多くのご要職にあってご多忙の中で外部副査を

お引き受けくださいました白梅学園大学教授の無藤隆先生には，あたたかく丁寧なご指導をたくさんいただき心より感謝申し上げます。とりわけ主査である藤崎先生には，修士課程2年の時にお目にかかり，そこから6年間にわたって指導教官としてご指導いただきました。研究については手法のみならずデータへの向き合い方，論理的な考察への導き方，学位論文としてのまとめ方，そして何より研究者としての在り方についても，熱心に丁寧にご指導くださいました。いくら言葉を尽くしても足りないくらい心から感謝しております。無藤先生には，主に発達心理学の理論とデータ分析の面から的確なご指導をいただけた結果，学位論文が発達心理学の研究論文として完成できたと思います。鵜養先生には，ご専門の臨床心理学や成人女性として観点から貴重なご指摘と，読み手の視点から論文全体のまとめ方について率直なご意見を数多くいただきました。掛川先生には，ご専門の女性学，また鵜養先生と同様に成人女性の先輩としての観点から，成人女性研究の方法論について心理学とは異なる視点からご指導いただきました。ありがとうございました。

　藤崎先生との出会いを与えてくださった三浦香苗先生には，修士論文の審査の際に審査委員としてお世話になり，中年期研究を志すきっかけを与えていただきました。さらに，学位論文執筆の際にもご指導・ご助言をいただき，本当に感謝しております。昭和女子大学の島谷まき子先生には，修士課程時代の指導教官として研究の面白さを教えていただきました。学位論文執筆の際も，常にあたたかで示唆に富んだご助言をいただきました。そして，今城周造先生と清水裕先生には，折々でデータ分析についてアドバイスいただき，ご多忙の中たくさんのお時間を頂戴しました。ありがとうございました。

　データ収集の際には，足利工業大学の森慶輔先生，明星大学の西本絹子先生，昭和女子大学の石井正子先生，昭和女子大学人間社会学部心理学科の先生方，ピースマインド・イープ（株）の西川あゆみ会長，市川佳居副社長ならびに多くの従業員の皆様にご協力を賜りました。さらに，藤崎春代研究室

の仲間として学び合ったゼミ生の皆様，昭和女子大学の木村あやの先生，増淵裕子先生をはじめとする同じ大学院の先輩・同輩・後輩の皆様にも心より御礼申し上げます。ゼミや授業，院生室で活発な議論を交わし楽しく有意義な時間を過ごせたことは何よりの支えとなりました。

　本書の出版に際しては，風間書房の風間敬子社長，風間社長をご紹介くださった藤崎春代先生，編集部の斉藤宗親氏にも大変お世話になりました。ここに記して感謝致します。

　最後に，まさに筆者が中年期に差し掛かった時期に心理学を学び直し一生の道として志すことを応援してくれた亡き父と，常に筆者のことを気にかけ精神的に支え子どもでいさせてくれた母，いつも筆者を励まし居心地良い関係を築いてくれた成蹊小・中・高・大学時代の幼なじみ達，そして，体調や気分の良し悪しにかかわらず筆者を受け入れ，精神的に寄り添い伴走してくれたパートナーに心から感謝します。

2015年12月　　瀬戸山　聡子

著者略歴

瀬戸山聡子（せとやま　あきこ）

略歴
1964年　東京出身
1987年　成蹊大学法学部卒業後，企業での社会人生活を経て
2007年　昭和女子大学大学院生活機構研究科心理学専攻臨床心理学講座修了
　　　　／修士（心理学）
2013年　昭和女子大学大学院生活機構研究科生活機構学専攻生活文化大講座
　　　　修了／博士（学術）

資格
臨床心理士，産業カウンセラー，CEAP（Certified Employee Assistance Professional）（国際EAP協会認定国際EAPコンサルタント）

所属
ピースマインド・イープ株式会社コンサルティング本部EAPスーパーバイザー兼国際EAP研究センター主席研究員
明星大学・聖徳大学兼任講師
昭和女子大学女性文化研究所特別研究員
昭和女子大学生活心理研究所特別研究員，外部スーパーバイザー

著書
『女性と仕事』（昭和女子大学女性文化研究所編，御茶の水書房，2010年，共著）
『女性とキャリアデザイン』（昭和女子大学女性文化研究所編，御茶の水書房，2016年，共著）

現代日本女性の中年期危機についての研究
—危機に対するソーシャル・サポートと容姿を維持向上する努力の効果—

2016年2月29日　初版第1刷発行

著　者　　瀬　戸　山　聡　子

発行者　　風　間　敬　子

発行所　　株式会社　風　間　書　房
〒101-0051　東京都千代田区神田神保町1-34
電話 03（3291）5729　FAX 03（3291）5757
振替 00110-5-1853

印刷　太平印刷社　　製本　高地製本所

©2016　Akiko Setoyama　　　　　　　NDC分類：140
ISBN978-4-7599-2117-5　　Printed in Japan

JCOPY〈（社）出版者著作権管理機構 委託出版物〉
本書の無断複製は，著作権法上での例外を除き禁じられています。複製される場合はそのつど事前に（社）出版者著作権管理機構（電話 03-3513-6969，FAX 03-3513-6979，e-mail: info@jcopy.or.jp）の許諾を得て下さい。